交流分析にもとづくカウンセリング

再決断療法・人格適応論・感情処理法をとおして学ぶ

倉成宣佳

［著］

ミネルヴァ書房

はじめに

　本書は，「交流分析」の考え方，中でも「再決断療法」と「人格適応論」の考え方を活用したカウンセリングの一つのあり方を示した手引きである。理論をわかりやすく正確に伝えるために，交流分析や再決断療法・人格適応論に関する書籍や論文から多く引用・参照しつつ，筆者が臨床を通して知ったことを付け加える形で記述している。とくに図表の多くは既刊の書籍・論文から引用している。
　第1章では，交流分析の理論の一部を説明している。カウンセリング理論だけでなく，発達理論やコミュニケーション理論を包含する交流分析の理論はとても幅広いものであるが，それらのうちでカウンセリングにおいて頻繁に使う理論を選び解説している。
　第2章では，再決断療法を行うにあたって必要な理論と技法についてまとめている。とくに「禁止令」の概念については既刊の書よりかなり紙幅を割いて詳細に説明している。
　第3章では，カウンセリングにおいて活用し効果を得ている「感情処理法」と「愛着のカウンセリング」について解説している。これらは交流分析や再決断療法の理論とは異なる部分があるものの，それらを活用したカウンセリング手法であり，再決断療法と併用することでカウンセリングの効果をより上げることが期待できる方法である。
　第4章では，人格適応論について解説している。人格適応論を活用することにより，クライアントとより関係を深め，深みのあるカウンセリングを実現できる。人格適応論は交流分析や再決断療法の枠を超えて全てのカウンセラーにとって役に立つであろう。
　本書が，カウンセリングにおいてすでに交流分析を活用しているカウンセラーの方や，カウンセリングに再決断療法や人格適応論の技法を取り入れたい

方，またカウンセラーを目指す方のために役立てば幸いである。

　2015年2月

倉成宣佳

目　次

はじめに

第1章　交流分析の理論 ……………………………………………… 1
1　交流分析の哲学 ………………………………………………… 2
2　自我状態の構造 ………………………………………………… 3
3　自我状態の機能モデル ………………………………………… 5
（1）自我状態の機能モデルとは……6
（2）自我状態の機能の識別……9
（3）自我状態の分析「エゴグラム」……12
4　自我の構造上の問題 …………………………………………… 13
（1）自我の汚染と除外……13
（2）共生関係……15
5　ストローク …………………………………………………… 17
（1）ストロークの種類……17
（2）ストローキング・プロフィール……19
（3）ストロークに対する基本的欲求……20
（4）時間の構造化……20
6　値引き ………………………………………………………… 21
（1）値引きとは……21
（2）受動的行動……22
（3）値引きのレベルと領域とタイプ……23
7　交流のパターン ………………………………………………… 24
8　対　　決 ……………………………………………………… 26
9　人生の基本的構え ……………………………………………… 27
10　心理ゲーム …………………………………………………… 28
（1）ゲームの特色と種類……29
（2）ゲームの役割……31

　　　　（3）ゲームを演じる理由……32
　11　ラケット感情………………………………………………………33
　12　人生脚本…………………………………………………………33
　　　　（1）人生脚本の形成……34
　　　　（2）決断理論……35
　　　　（3）禁止令……35
　　　　（4）拮抗禁止令とドライバー……36
　　　　（5）ミニ脚本……37
　　　　（6）禁止令を隠すものとしての拮抗禁止令……38
　　　　（7）行動プログラム……40
　13　自我状態の二次構造……………………………………………41
　14　人生脚本の形成…………………………………………………43
　　　　（1）脚本のマトリックス……44
　　　　（2）幼児期の初期の脚本……45
　　　　（3）幼児期の後期の脚本……46
　15　人生脚本を持続する仕組み……………………………………47
　　　　（1）ラケットシステム……47
　　　　（2）脚本信条と感情……48
　　　　（3）ラケット的表出……49
　　　　（4）強化された記憶（reinforcing memories）……50
　　　　（5）人生脚本の結末……50
　　　　（6）人生脚本への介入……50
　16　プロセス脚本……………………………………………………51
　17　交流分析が目指すゴール………………………………………53
　　　　（1）勝者の脚本……53
　　　　（2）カウンセリングのゴール……56

第2章　再決断療法……………………………………………………57
　1　再決断療法の誕生…………………………………………………57
　2　再決断療法の理論的背景…………………………………………60
　　　　（1）人生脚本と禁止令……60

（2）禁止令の解説……60
　　（3）禁止令の診断表……87
　3　再決断を実施するには…………………………………………………93
　　（1）再決断とイムパス……93
　　（2）3つのイムパス……94
　4　再決断のプロセスと再決断療法の技法………………………………97
　　（1）再決断療法のワークのプロセス……97
　　（2）再決断療法の特徴……99
　　（3）空椅子の技法……102
　　（4）ペアレントインタビュー……106
　　（5）訣別のワーク……113
　　（6）再決断の効果をつなぎとめる手法……114
　　（7）ワークではなく語りとしての再決断療法……115
　5　カウンセラーの姿勢…………………………………………………116
　6　インテーク……………………………………………………………118
　　（1）インテークで実施すべきこと……118
　　（2）インテークにおけるカウンセラーの基本的態度……119
　　（3）インテークの進め方……121
　7　逃避口を閉ざす………………………………………………………123
　　（1）脚本変化のために逃避口を閉ざすこと……124
　　（2）治療過程の一部として逃避口を閉ざすこと……125
　　（3）カウンセラー自身が逃避口を閉ざすこと……126
　8　契　　約………………………………………………………………126
　9　再決断療法のカウンセリング（ワーク）事例………………………127
　10　再決断療法による精神疾患へのアプローチ…………………………137
　　（1）うつ病へのアプローチ……137
　　（2）さまざまな精神疾患への応用……142

第3章　感情処理，その他の手法……………………………………145
　1　感情処理法……………………………………………………………145
　　（1）感情処理の必要性……146

（2）ラケット感情と本物の感情……148
　　（3）感情処理をすることとは……150
　　（4）感情処理におけるにせものの感情と解決感情……151
　　（5）自然な感情……155
　　（6）感情処理の方法……156
　　（7）感情の体験……156
　　（8）解決感情の消化（完了）に向けて……157
　　（9）自然な感情との結びつき……160
　　（10）再決断療法で感情処理を使用する……161
　　（11）解決感情と自然な感情の事例……161
　2　愛着の問題のカウンセリング……………………………………… 163
　　（1）愛着の問題とは……163
　　（2）関係性のカウンセリング……166
　　（3）愛着の問題を解決するワーク……168
　　（4）愛着のワーク事例……170
　　（5）愛着のワークを進める上での注意……175

第4章　人格適応論 …………………………………… 177

　1　人格適応論とは………………………………………………………… 177
　　（1）人格適応論の始まり……177
　　（2）人格適応論を学ぶにあたっての注意……178
　　（3）適応タイプの名称……179
　　（4）適応タイプの測定……180
　　（5）査定図表……181
　　（6）適応タイプの発達……182
　　（7）生き延びるためのタイプと行動上のタイプ……182
　　（8）親の養育スタイルと適応タイプ……183
　2　各タイプの心理的な欲求と世界との関わりの主要な方法………… 185
　3　各タイプの特徴………………………………………………………… 187
　　（1）CD（想像型）の特徴……188
　　（2）CM（行動型）の特徴……188
　　（3）BS（信念型）の特徴……189

（4）PR（反応型）の特徴……190
　　（5）RW（思考型）の特徴……191
　　（6）EO（感情型）の特徴……192
4　各タイプの人生脚本のパターン……194
　　（1）CD（想像型）の人生脚本のパターン……194
　　（2）CM（行動型）の人生脚本のパターン……195
　　（3）BS（信念型）の人生脚本のパターン……195
　　（4）PR（反応型）の人生脚本のパターン……196
　　（5）RW（思考型）の人生脚本のパターン……197
　　（6）EO（感情型）の人生脚本のパターン……197
5　幼児期の問題と解決策……198
　　（1）CD（想像型）の幼児期の問題と解決策……198
　　（2）CM（行動型）の幼児期の問題と解決策……199
　　（3）BS（信念型）の幼児期の問題と解決策……199
　　（4）PR（反応型）の幼児期の問題と解決策……200
　　（5）RW（思考型）の幼児期の問題と解決策……200
　　（6）EO（感情型）の幼児期の問題と解決策……201
6　コミュニケーションモード……202
7　ウェア理論……204
　　（1）CD（想像型）のウェア理論を使ったアプローチ……205
　　（2）CM（行動型）のウェア理論を使ったアプローチ……206
　　（3）BS（信念型）のウェア理論を使ったアプローチ……207
　　（4）PR（反応型）のウェア理論を使ったアプローチ……207
　　（5）RW（思考型）のウェア理論を使ったアプローチ……208
　　（6）EO（感情型）のウェア理論を使ったアプローチ……208
8　診断の方法……209
　　（1）さまざまな方法……209
　　（2）質問紙を使用する方法……212
　　（3）ドライバー観察によって診断する方法……213
9　適応タイプのワーク事例……216
　　（1）EO（感情型）のクライアントの事例……217
　　（2）RW（思考型）のクライアントの事例……222

10　「人格適応論」と精神疾患……………………………………………227
　（1）人格適応論のうつ病クライアントへの応用……227
　（2）人格適応論とパーソナリティ障害……232
11　人格適応論の他領域への活用……………………………………………233
　（1）職場でのモチベーション向上への活用……234
　（2）子どもへの関わりへの活用……236
　（3）適応タイプの組み合わせと人間関係のパターン……239
12　類型論の枠を超えた人格適応論……………………………………………243

引用・参考文献
索　　引

第1章
交流分析の理論

　世界には多くの心理療法が存在するが，交流分析はそれらの中でも世界でもっとも使われているものの一つであろう。その理由の一つはわかりやすさにある。心理療法のはしりでありジークムント・フロイト（Freud, S.）によって創始された精神分析理論は，多くの精神分析医によって臨床現場で活用され，その後多くの医師や学者によって発展していった。たしかにその理論は，精神医学と結びつき病気の治療に大いに役立っている。しかしながらその理論は複雑で難解なものであり，習得にはかなりの訓練を要するものであった。

　「**交流分析**（TA：Transactional Analysis）」は，米国の精神科医エリック・バーン（Berne, E.）によって1950年代に提唱された。精神分析にその端を発する交流分析は，一般の人にもわかりやすいものであったために，臨床において活用しやすく，「口語の精神分析」ともよばれる。そして交流分析は，理論の内容をカウンセラーとクライアントの共通言語として使用できるよう，専門用語を極力排し，易しい日常語で表現している。エリック・バーンは10歳の子どもにも理解できるよう理論を説明することを徹底したという。これを活用することにより，クライアントは自身でも交流分析理論を使い自己分析・洞察を深めることができ，自分の成長に役立てることができると考えた。

　事実これをカウンセリングで使うことにより，クライアントは自身の状態を理解することができ，問題解決へと役立てることができる。この章では，交流分析についての基本的な理論のいくつかについて説明していく。

1　交流分析の哲学

　世界で広く使われている全ての心理療法は，その心理療法の基になる人間観や病理論を持っている。それが心理療法を使うカウンセラーの基本的な姿勢に大きく関係している。交流分析の哲学（以下，TAの哲学）とは交流分析における人間観を表すものであり，病理論の背景にもなるものである。これはカウンセリングにおいて，カウンセラーがクライアントにどのように対応し支援するかについての基本的な理念であり，カウンセラーがクライアントを支援する上での考え方の基本になるものである。TAの哲学は以下の3つである。

　①人は誰でもOKである

　人は誰しも，人間として価値があり，重要であり，尊厳があるということである。これは行動についてというよりはその存在そのものについて述べているものである。カウンセラーは，自分を自分として受け入れ，相手を相手として受け入れる。相手の行動が受け入れられないときがあっても，人としてその存在はつねにOKなものとして受け入れるのである。

　②人は誰もが考える能力がある

　誰もが考える能力があるということは，人は自分が望むように人生を生き，考えることの責任はその人自身にあるということである。相手が自分の考える能力を値引き（「6．値引き」参照）するとき，カウンセラーは相手の代わりに考えるのではなく，相手が考える能力を活き活き発揮できるよう支援するのである。

　③人は自分の人生を決めているが，その決断は変えることができる

　人は幼いころに自分で決断した思考・感情・行動のパターンに従って生きている。それが問題であったり苦痛であったとしても，そのパターンを繰り返してしまう。しかし自分で決断したそのパターンは変更することができるのである。決断を変えることは人生を変えることでもある。

これらの哲学は，カウンセラーがクライアントに向き合う上で心得ておく必要があるものである。

2　自我状態の構造

まず，交流分析では人格をどのように理解するのかについて説明する。交流分析では「**自我状態（Ego-state）**」の構造を「**親の自我状態（Parent）（通常Pと表記）**」「**成人の自我状態（Adult）（通常Aと表記）**」「**子どもの自我状態（Child）（通常Cと表記）**」の3つに分けて考える。これを「**自我状態の構造モデル（structural model）**」という（図1-1）。自我状態とは心の状態と言える。人はつねにいずれかの自我状態を使っていると考えられる。この理論を使うと，人の言動について理解しやすくなる。

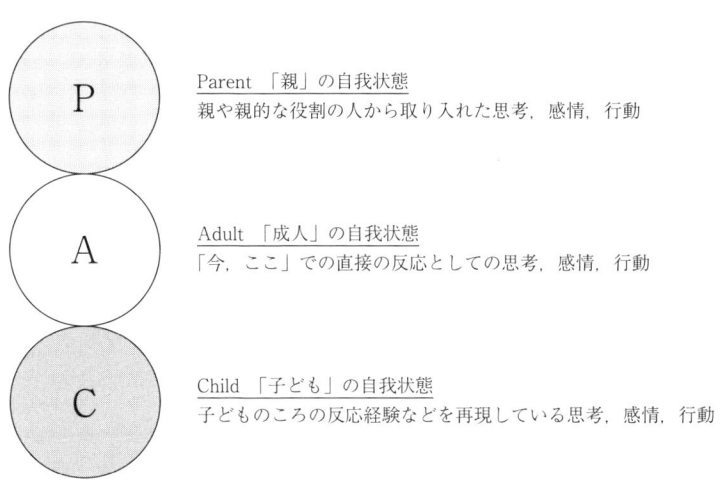

図1-1　自我状態の構造図

（出所）　倉成/杉田（2013）

①親の自我状態（Parent：P）

　Pは，親あるいは大人たちなどから取り入れたもの，すなわち親の言動を模倣したものや親の言動から影響を受けたものである。これらの思考・感情・行動が働いているとき，人はPの自我状態にいる。子どもが不登校になってしまったことでカウンセリングに訪れたある母親は，"子どもをきちんと育てられない私は母親失格だ"と嘆いた。この母親は，"きちんと子どもを育てるのは母親の責任である""責任を果たせない人間はダメなんだ""学校に行けないなんて落ちこぼれだ"といった考えを強く持っていた。これらは幼少期から繰り返し耳にしていた彼女の父親の言葉であった。彼女の考えは父親から取り入れたものである。彼女はこの考えを心の中で繰り返しているとき，Pの自我状態にいた。このようにその人がPにいるとき，過去の親像をその人が客観的・事実志向で吟味することなく取り入れ，それを模倣し親と同じように考え・感じ・行動していることがある。

②成人の自我状態（Adult：A）

　Aの思考・感情・行動は，現実・事実への直接の反応であり，その場にふさわしく問題解決的である。人がAの自我状態にいるとき事実志向で客観的である。たとえばカウンセラーがクライアントの訴えを聞くとき，"このクライアントは何に苦しんでいるのだろう""苦しんでいるとき，どのような考えを持ち，どのような感情を持ち，どのように行動しているのだろう""このような苦しみを持つに至った経緯は何だろう"などと冷静に理解しようとする。このときカウンセラーは，クライアントが語る話に基づき，共感的な態度でありながらも適切に質問し，冷静に分析する。このときカウンセラーは，Aの自我状態にいる。

③子どもの自我状態（Child：C）

　Cは，子ども時代に刺激に対して反応したパターンであり，子どもの自我状態にいるときには過去の思考・感情・行動パターンを再演している。ここには

建設的なものも非建設的なものも含まれる。非建設的な側面は、効果的ではない交流のパターンの繰り返しそのものである。その人がＣの自我状態にいるときに、過去の自分の反応、すなわち子どものころに反応したやり方で考え・感じ・行動している。たとえば、幼少期より親の顔色を見て自分の親の意向に合わせてきた人が、成長し大人になってからも上司の顔色を見てその意向に合わせようとしてしまう、まるで子どものころに親に対してやった反応と同じことを上司に対してやっている場合、その人はＣの自我状態にいる。

心身症を訴えるクライアントは、ＰとＣの深刻な葛藤を抱えている。たとえば、Ｐから"頑張ってちゃんと仕事で評価されるようにやらなければならない"と心の声を聞き、Ｃが"もう疲れ果てた、これ以上やりたくない"と訴えているにも関わらず、Ｐからの声に従い我慢して頑張り続けようとしている。その葛藤が身体症状となって表れていると考えられるのである。このような場合、クライアントの心的葛藤がどのようなものかを理解し、クライアントにどのような支援を行うことによって葛藤から抜け出し楽になれるかを考え支援することがカウンセラーの役割になる。

カウンセラーが有効な支援を実施するためには、クライアントの自我状態を識別することは重要である。クライアントの自我状態を識別するためには、次に説明する「自我状態の機能モデル」が役に立つ。

3　自我状態の機能モデル

自我状態のモデルを効果的に使用するために、「**自我状態の機能モデル**（functional model）」がある。構造モデルが人の中に蓄えられた記憶と戦略を分類するためのものであるのに対して、機能モデルは観察可能な諸行動を分類するためのものである。したがってクライアントの言動から観察可能なものである。

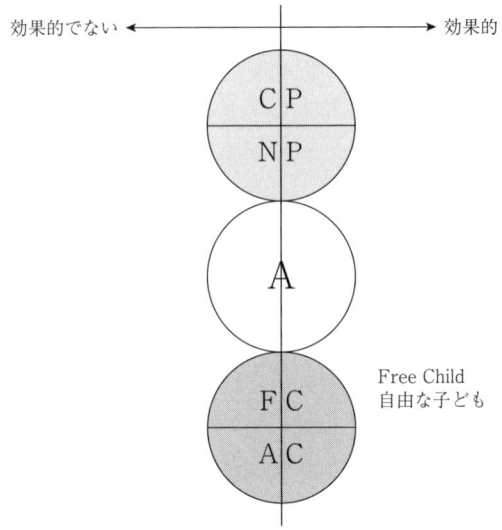

図1-2　自我状態機能図
（出所）　倉成/杉田（2013）

（1）自我状態の機能モデルとは

　自我状態の機能モデルとしては通常，エリック・バーンが提唱した図1-2の自我状態の機能モデルが使用されることが多い。バーンが提唱したモデルは理論的に理解しやすい面を持っている。しかしながら臨床においては図1-3の機能モデルを使用するカウンセラーも多い。図1-3はエイブ・ワーグナー（Wagner, A.）の機能モデルである。

①自然な子ども（Natural Child：NC）と適応した子ども（Adapted Child：AC）

　ワーグナーが提唱した機能モデルでは，子どもの自我状態を「**自然な子ども（Natural Child：以下 NC）**」と「**適応した子ども（Adapted Child：以下 AC）**」に分ける。

　NC は本来の欲求・ニーズに従っているときの自我状態であり，自然に感情を表わしているときもこの自我状態である。クライアントが自然に喜怒哀楽の

第 1 章　交流分析の理論

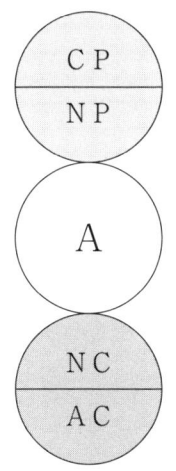

Critical Parent
「批判的な親」の自我状態（効果的でない）
　厳しい・否定的・指示・支配的・コントロール

Nurturing Parent
「養育的な親」の自我状態（効果的）
　優しい・受容的・許可・待つ・共感

Adult 「成人」の自我状態（効果的）
　事実志向・論理的・客観的・冷静な判断

Natural Child
「自然な子ども」の自我状態（効果的）
　自然な欲求，感情・自発的・喜怒哀楽

Adapted Child
「適応した子ども」の自我状態（効果的でない）
　自発的でない・欲求，感情をストレートに表現しない・相手に合わせる・反抗的

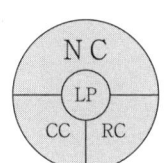

Compliant Child
「従順な子ども」の自我状態
Rebellious Child
「反抗する子ども」の自我状態
Little Professor
「小さな教授」の自我状態
　直観

図 1-3　ワーグナーの自我状態機能図
（出所）　Wagner/諸永・稲垣（訳）（1981/1987）

感情を表しているときや，"～したい""～なりたい" と欲求を表現しているときには NC の自我状態にいる。

　AC は環境に適応しようとしている自我状態であり，自身の自然な欲求や感情を我慢しているので抑圧的である。また自然な感情や欲求を抑圧し自然ではない感情を使う。クライアントの言動が抑圧的であり相手に合わせて話しているように感じるときにこの機能をつかっている可能性がある。AC はさらに「**従順な子ども**（Compliant Child：以下 CC）」と「**反抗する子ども**（Rebellious Child：以下 RC）」に分類して考えられている。たとえば，CC を使い長期間親に従順な態度を示し自分の欲求を我慢し続けたイイ子が突然親に対して暴力的になったりする場合などは CC から RC へと自我状態がシフトした状態である。

CCとRCは正反対に見えるが，反抗しているときに使っている攻撃の感情はNCの機能を使った自然な感情ではなく，抑圧された感情の代わりに使っている不自然なものであるという意味で，CCとRCはともにACに分類される。

「**小さな教授**（Little Professor：以下 LP）」は，Aが未発達である乳幼児期に，Aの代わりに直感的に判断する機能である。

②批判的な親（Critical Parent：CP）と養育的な親（Nurturing Parent：NP）

　Pの自我状態は，「**批判的な親**（Critical Parent：以下 CP）」と「**養育的な親**（Nurturing Parent：以下 NP）」に分けられる。その人が，「…しなければならない」「…すべきだ」など批判的・義務的に表現しているとき，また他者に批判的な言動を向けているときなど，その人の批判的な親からのメッセージを再現しており，CPの機能を使っている。うつ病のクライアントは，"人に迷惑をかけてはならない""もっと頑張らなければならない"など自分をCPで責めている，そして周囲に迷惑をかけないために我慢するというACで自分の欲求を抑えてCPの声に応えようとしている。

　NPは共感的で支持的，優しさや思いやりを表す自我状態である。他者に共感的に接しているときや，"十分に頑張ったね""無理しなくていいよ"などと相手を褒めたり，相手に許可を与えているときにはこの自我状態をつかっている。これも幼少期の親や親的役割をした人から取り入れたものである。

③成人の自我状態（Adult：A）

　Aは，大人として自分が持つ資源を動員して反応している行動であると考える。Aは問題解決に適しており，「今，ここ（here-and-now）」で刺激を知覚し，それに対して思考・感情・行動を使うことができる。

　カウンセラーがクライアントに接するとき，Aで自分をコントロールしていることが好ましい。Aで自分をコントロールしているとは，

・その状況にもっとも適した自我状態を選択できる

・自分を俯瞰できている

といった意味である。クライアントの言動を冷静に受け取り，"今，このクライアントにどのような態度で接し，どのような言葉をかければいいのか"を判断したうえで，クライアントが受け入れやすいようにそれを行う。このような状態がAでコントロールしている状態である。

　自我状態の機能図として通常使用されるのは，図1-2である。CP，NP，A，FC，ACそれぞれに効果的な部分と効果的でない部分があるという考えは理解しやすい。一方，図1-3は効果的なCPや効果的なACをAに内包しており，また効果的でないNPはCPに，効果的でないFCはACに内包されていると考えられる。カウンセリングにおいて使用する際，効果的か効果的でないのかの判断基準に，カウンセラーの価値観を持ち込むことのリスクを考慮して，図1-3の概念が提示されている。

　またFC（自由な子ども）ではなくNC（自然な子ども）と表現されているところも相違点である。

（2）自我状態の機能の識別

　カウンセラーが効果的な支援を行う上で，クライアントの自我状態を識別することが必要である。カウンセラーはクライアントの言葉，声の調子，ジェスチャー，姿勢，表情などから自我状態を診断する。これを「**行動的診断**（behavioral diagnosis）」という（表1-1参照）。

　またカウンセラーは，クライアントと交流するとき，ある自我状態と相補し合う自我状態を鑑別することによっても自我状態を診断できる。これを「**社会的診断**（social diagnosis）」という。AとA，PとC，CとCは相補的になりやすい。社会的診断により，クライアントの自我状態からカウンセラー自身の自我状態を探る，またカウンセラーの自我状態からクライアントの自我状態を探ることが可能である。たとえばCの自我状態とPの自我状態は相補的な交流を作りやすいので，クライアントがCにいるときにカウンセラーの自我状態はPになりやすい。したがってカウンセラー自身がPに長い時間居続けていると気づいたとき，クライアントはCにいる可能性が高い。

他にも，クライエントの生育歴から自我状態を探る方法がある。たとえば"誰の言動を取り入れたのか""誰に対して同じように反応していたのか"などを探ることにより識別する「**歴史的診断**（historical diagnosis）」である。またそのときの自我状態を再体験することで識別する「**現象学的診断**（phenomenologinal diagnosis）」という方法がある。

表1-1　自我状態を診断する行動面の手がかり

	「批判的な親」	「養育的な親」	「成　人」	「自由な子ども」	「順応した子ども」
言　葉	ダメ すべきである するのが当然 ねばならない いつも ばかげた	良　い すてき 愛している かわいい 素晴らしい やさしい	正しい どのように 何 なぜ 実用的 数	わ〜い 楽しい 欲しい しないよ，いやだよ 痛　い や　あ	できない 〜だったらな やってみる 〜だと良い お願い ありがとう
声の調子	批判的 人を見くだすような むかつく 断固とした	愛情のある 慰めるような 気遣う 甘　い	平　等 的　確 一本調子	自　由 騒がしい エネルギッシュ 幸　せ	泣き言をいう 反抗的な なだめる 要求が多い
ジェスチャーや表現	指で指す しかめっ面 怒　り	腕を広げる 受　容 微笑み	思いやりのある 用心深い 公平な	開けっぴろげの のびのびした 自発的な	ふくれっ面 悲しい 純真な
姿　勢	肩をいからす 手は腰に	前かがみ 体より頭が前に	直　立	ゆったりした リラックスした 身軽な	落ち込む 閉ざす こわばった
態　度	批判的 道徳心の高い 権威主義的	思いやりのある 気遣う 寛大な	興味津々 観察の鋭い 評価する	好奇心 楽しいことが好き 気まぐれ	要求が多い 従順な 恥じる

（出所）　Woollams & Brown/繁田（監訳）（1978/2013）

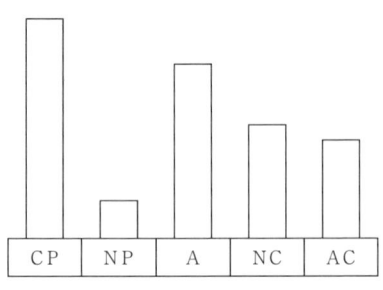

図1-4　エゴグラム例

第1章　交流分析の理論

CP	1	人の言葉をさえぎって、自分の考えを述べる事がありますか。	
	2	他人を厳しく批判するほうですか。	
	3	待ち合わせ時間を厳守しますか。	
	4	理想を持って、その実現に努力しますか。	
	5	社会の規則、倫理、道徳などを重視しますか。	
	6	責任感を強く人に要求しますか。	
	7	小さな不正でも、うやむやにしないほうですか。	
	8	部下や後輩の教育に熱心なほうだと思いますか。	
	9	「男は…」「女は…」にこうあるべきだと考えますか。	
	10	「…すべきである」「…ねばならない」という言い方をよくしますか。	
		合計　　点	
NP	11	他人に対して思いやりの気持ちが強いほうですか。	
	12	義理人情を重視するほうですか。	
	13	他人の長所によく気がつくほうですか。	
	14	相手の身になって考えたり行動したりするほうですか。	
	15	子どもや他人の世話をするのが好きですか。	
	16	融通が利くほうですか。	
	17	他の人の失敗に寛大ですか。	
	18	相手の話に耳を傾け、共感するほうですか。	
	19	料理、洗濯、掃除などの家事は好きなほうですか。	
	20	かわいそうな人を見るとほおっておけないほうですか。	
		合計　　点	
A	21	自分の損得を考えて行動するほうですか。	
	22	会話で感情的になることは少ないですか。	
	23	物事を分析的によく考えてから決めますか。	
	24	他人の意見は、賛否両論を聞き、参考にしますか。	
	25	自分の生活パターンは乱されたくないほうですか。	
	26	情緒的というより、むしろ理論的なほうですか。	
	27	物事の決断を苦労せずに、すばやくできますか。	
	28	能率的にテキパキと仕事を片付けていくほうですか。	
	29	先々のことを冷静に予測して行動しますか。	
	30	身体の調子の悪い時は、自重して無理を避けますか。	
		合計　　点	
FC	31	自分をわがままだと思いますか。	
	32	好奇心が強いほうですか。	
	33	娯楽、食べ物など満足するまで求めますか。	
	34	言いたいことを遠慮なく言ってしまうほうですか。	
	35	欲しいものは、手に入れないと気がすまないほうですか。	
	36	恋愛中は相手にできるだけ会いたいほうですか。	
	37	直感で判断するほうですか。	
	38	興にのると度を越し、はめをはずしてしまいますか。	
	39	怒りっぽいほうですか。	
	40	涙もろいほうですか。	
		合計　　点	
AC	41	思っていることを口に出せない性質ですか。	
	42	人から気に入られたいと思いますか。	
	43	世間体を気にして行動を抑える方ですか。	
	44	自分の考えをとおすより、妥協することが多いですか。	
	45	他人の顔色や、言うことが気にかかるほうですか。	
	46	つらい時には、表情してしまうほうですか。	
	47	他人の期待に添うよう、過剰な努力をしますか。	
	48	自分の感情を抑えてしまうほうですか。	
	49	劣等感が強いほうですか。	
	50	現在に自分らしい自分が、本当の自分から離れているように思いますか。	
		合計　　点	

図1-5　エゴグラム質問用紙

(出所) 福島 (2001)

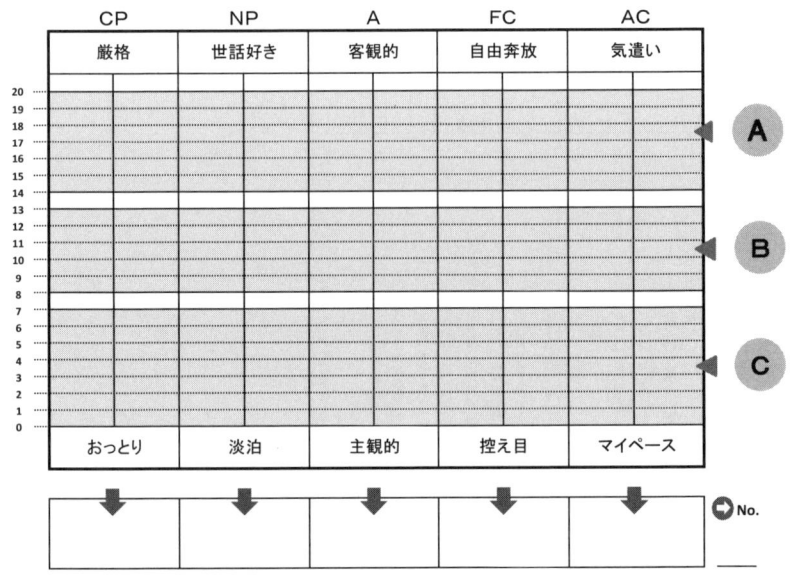

図1-6　エゴグラム解答用紙

（出所）　倉成/杉田（2013）

(3) 自我状態の分析「エゴグラム」

　CP，NP，A，NC，AC のそれぞれの自我状態にどれほど多くのエネルギーを使っているかを知る手がかりとして「**エゴグラム**（egogram）」がある。エゴグラムは，ジャック・デュセイ（Dusay, J.）によって開発された。エゴグラムでは，それぞれの自我状態にどの程度時間を費やしているかを直感的に棒グラフのように表示する。一番多く使う自我状態を最初に，そして一番少なく使うものを次に書く。その2つの棒の相対的な高さを手がかりに他の自我状態の量を判断し書き入れるという方法で表示するものである（図1-4参照）。

　日本では，エゴグラムを作成するための質問紙が使われることも多い。臨床現場でもっとも使用されるのは「TEG（東大式エゴグラム）」である。TEG ではないが，図1-5は，エゴグラムの質問紙の一つである。このエゴグラムでは，通常結果を解答用紙に折れ線グラフで表示する。図1-6は別の質問紙の解答用紙である。

　人により理想とする自分が異なる以上，一般的なエゴグラムの理想像を描く

ことは難しいものの,その場にふさわしい自我状態を,全ての自我状態の中から自分で選択し使うことができる,すなわちどの自我状態も使うことに困難を感じることなく自由に使えることが健康な状態だといえる。

4　自我の構造上の問題

(1) 自我の汚染と除外

　自我状態は,他の自我状態と明確に異なり,自らの意思で自我状態を移動できるという状態が普通の状態であるとすれば,2つの自我状態の内容が入り混じる,あるいはある自我状態から移行できなくなる,あるいはある自我状態を使うことができなくなる,という不健康な状態がある。このような状態を,「**汚染**(contamination)」や「**除外**(exclusion)」という。

①Pからの汚染

　PのメッセージをAでの事実であると誤解した場合,人は「Pからの汚染」の状態にある(図1-7)。それはたとえば,教え込まれた偏った信条や偏見に基づく価値観などである。たとえば,"家事は女性がすべきものだ""人は信用できないものだ"などである。

②Cからの汚染

　大人としてAで考えているはずのことを,子ども時代からの思い込みで歪めてしまう場合,人は「Cからの汚染」の状態にある(図1-8)。子ども時代からの思い込みは,感情によって刺激され,自分で勝手に空想していることを事実だと勘違いしている。たとえば,"みんな僕のことを嫌っている""エレベータは怖い"などである。

③複合汚染

　「**複合汚染**(double contamination)」とは,Pからの汚染とCからの汚染が組

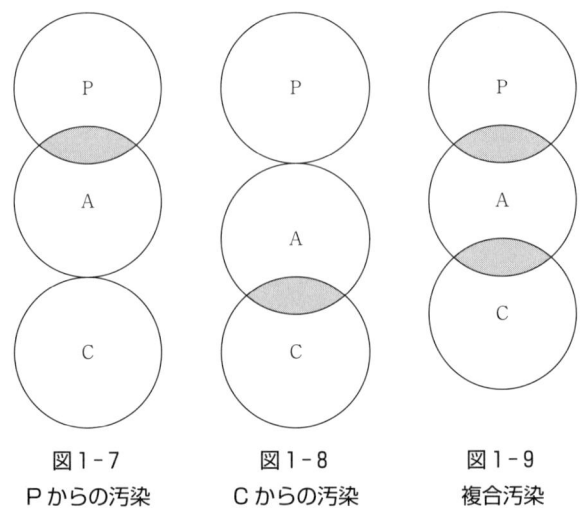

図1-7　Pからの汚染
図1-8　Cからの汚染
図1-9　複合汚染

み合わされたものである（図1-9）。親から与えられた"他人は信頼できないものだ"というメッセージに基づくPからの汚染の状態にある人が、友だちから裏切られる体験を通して"人は私を裏切り傷つける""人は怖い"とCからの汚染の状態を持つ。このような状態が複合汚染である。汚染の多くは複合汚染である。こういう汚染の中にはその人の生き方の基本的な考え方（**脚本信条**）となっているものもある。

④除　外

　除外とは、ある自我状態を締め出してしまうことである。たとえばPを除外した人は社会の倫理観や既成の規則を持たずに行動し、自分自身の新しい規則をLPで状況をかぎ分けて作り出す。Aを除外すると、現実吟味の能力を締め出すことになる。たえずPとCの間で対話し葛藤する。Cを除外すると、子ども時代の記憶や感情を締め出す。3つの自我状態のうち2つを締め出した場合、残りの一つの自我状態が「**一貫した（constant）自我状態**」となる。

　図1-10は、左側がPとCの自我状態を除外した状態を表し、右側が一貫してAの自我状態を表している。この左右の図は同じ状態を表している。

第1章　交流分析の理論

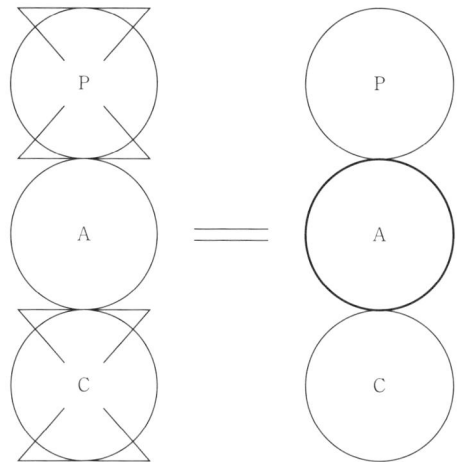

図1-10　PとCの除外と一貫してAの図

（2）共生関係

「共生関係（symbiosis）」とは，2人またはそれ以上の個人の間でその人たちがまるで一人の人間であるかのように振る舞うときに起きる，とされている。共生関係においては，一方の人がCを除外して，PとAだけを使う。もう一方の人はCにとどまり他の自我状態を除外する。この2人が使える自我状態は3つだけになる。共生関係を図に表したものが図1-11である。

誰しも乳児のときには親との間で共生関係にいる。子どもは自らのPとAは未発達で使えないので，乳児と母親による共生関係は健康的であるといえる。子どもは成長するにつれ，自身のPとAを発達させ母親との共生関係から脱出する。しかし親が子どもを共生関係の中にとどめておこうとするならば，子どもは自身のPとAを発揮できない。この共生関係は健康的とは言えない。親との健康的でない共生関係を維持したままに成長した子どもは，大人になってからも親代わりの他者にPとAを依存しなくてはならない。このような関係は問題が起きやすくなる。

共生関係の中には，たびたび「二次的共生関係」が見られることがある。図1-12では，表面的にはPとAを使っている左側の人が，右側のCの面倒を

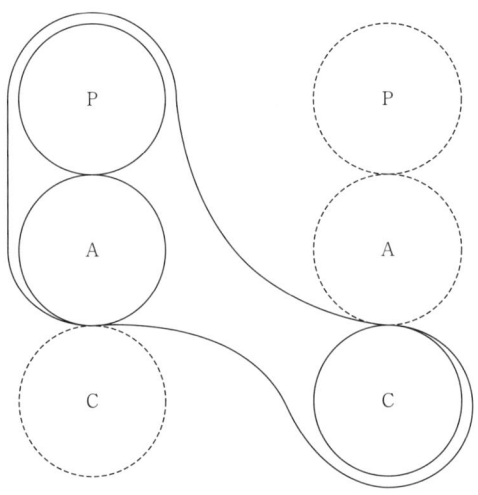

図1-11　共生関係

（出所）　Stewart & Joines/深澤（監訳）(1987/1991)

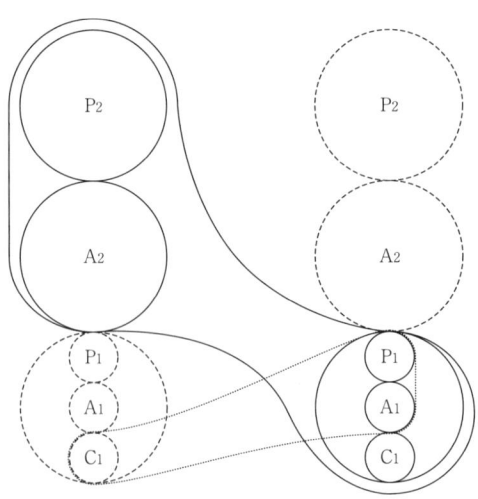

図1-12　二次的共生関係

（出所）　Stewart & Joines/深澤（監訳）(1987/1991)

見ているように見える。しかし意識の深層では，左側の人は右側の人から，自身のC1，すなわち中核自己（「13. 自我状態の二次構造」参照）の面倒を見てもらっていることになる。このような関係はアルコール依存症の患者とその面倒を見ている配偶者との間や問題を持った子どもとその面倒を見る親との間で見られることがある。

5　ストローク

(1) ストロークの種類（表1-2）

「ストローク（stroke）」とは，ある人の存在や価値を認識する言動や働きを指す。すなわち人から得る全ての刺激がストロークである。ストロークは，「**肯定的なプラスのストローク**（positive stroke）」と「**否定的なマイナスのストローク**（negative-stroke）」，そしてストロークが無い「**ノンストローク**（non-stroke）」に分けることができる。プラスのストロークは，相手に心地よさや満足感，そして存在意味を感じさせるものであり，マイナスのストロークは不快感情を与え，自尊感情を損なわせる。

またストロークは，「**言語的ストローク**（verbal-stroke）」と「**非言語的ストローク**（nonverbal-stroke）」，「**条件付きのストローク**（conditional stroke）」と「**無条件のストローク**（unconditional stroke）」に分類され，それぞれにプラスのストロークとマイナスのストロークが含まれる。条件つきのストロークは相手の行為に対するものであり，教育やしつけに効果的である。無条件のストロークは相手の存在そのものに対するものとなる。

人は本来心地よいプラスのストロークを求めるが，ストロークを得ることができない状況，すなわちノンストロークの状況に置かれると，マイナスのストロークを得ようとする。故意に叱られるようなことをする子どもはその例であろう。その子どもに対応する側は，子どもの言動に対してマイナスのストロークで反応するだけではなく，プラスのストロークを欲しているのだと理解した上で子どものニーズに合った対応も必要となる。

表1-2　ストロークの種類

	非言語的ストローク	言語的ストローク
肯定的（＋）	おんぶ・抱っこ・撫でる・抱きしめる 見守る・さする・傾聴する・うなずく 任せる・信頼する・握手をする 見つめる・微笑む・添い寝をする 関心を持つ・真心で接する・拍手する 保護する・会釈する・目を見る 秘密を守る・尊敬する	ほめる・励ます・挨拶する お伺いを立てる・一緒に遊ぶ 話しかける・仲間に誘う・お礼を言う 感謝の意を伝える・賛成する 許してあげる・教えてあげる 認める・間違いを謝る・ねぎらう 相談にのる・許可する・勇気づける
否定的（－）	叩く・つねる・蹴る・げんこつ お尻を叩く・抑える・押す・見下ろす にらむ・顔をしかめる・嫌な顔をする 眉をひそめる・機嫌が悪くなる ねがえる・嘲笑する・恥をかかせる 自由を奪う 思考や感情や行動をコントロールする	叱る・馬鹿にする・けなす・責める 反対する・悪口を言う 不平不満を言う・文句を言う 非難する・命令する・禁止する 強制する・催促する・嘘をつく しらをきる・信用しない・噂話 陰口・邪魔する・軽蔑する・侮辱する 秘密をばらす
ノンストローク	無視・無関心・約束を守らない・仲間はずれ・目をそらす・そっぽ向く 与えない・聞こえない振りをする・返事をしない・取り合わない・注意しない ほったらかす・挨拶しない・言うことをきかない メールや電話の返事をしない　など （子どもに対して）抱っこしない・食事を与えない・話しかけない お風呂に入れない・病院に連れて行かない　など （カップルで）愛情表現をしない	

	条件付ストローク 相手の行為や業績と引き換えに 与えられるもの	無条件のストローク その人の存在や人格そのものに 対して与えられるもの
肯定的（＋）	「勉強ができるからいい子だ」 「成績が上がれば，あなたを認める」 「親の言うことを聞くから，あなたは可愛い」 「100点を取ったら，お小遣いをあげよう」	「勉強ができてもできなくてもあなたを認めるよ」 「生まれてきただけで価値があるよ」 「あなたがいてくれるだけで幸せ」 「いつもとっても素敵だね」
否定的（－）	「成績が上がらないと，あなたを認めない」 「勉強しない子は嫌いだ」 「仕事ができないと，あなたを認めない」 「100点を取らないと，お小遣いをあげない」	「例え何をしようが，あなたを認めない」 「あなたは何のいいところも無い」 「お前なんか生まれてこなきゃよかった」 「あなたは，いてもいなくてもどっちでもいい」

（出所）　倉成/杉田（2013）

第1章 交流分析の理論

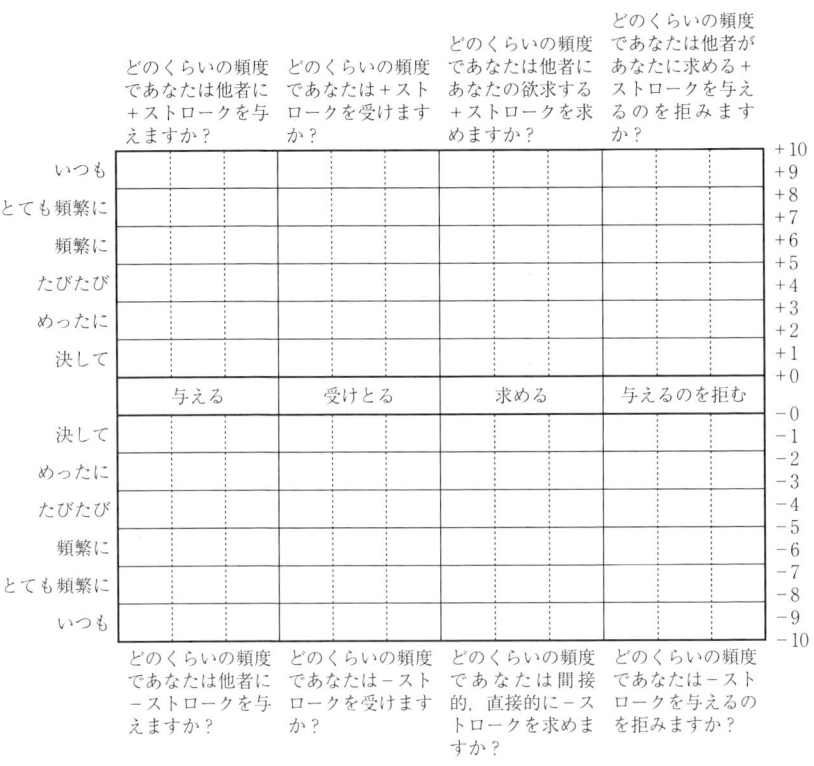

図1-13 ストローキング・プロフィール
（出所） Stewart & Joines/深澤（監訳）（1987/1991）

（2）ストローキング・プロフィール

クロード・スタイナー（Steiner, C.）は，人はストロークに関する5つの制約を親から教えこまれていると述べた。この5つは「**ストローク経済（stroke economy）**」の基盤をなしているという。ストロークが満たされている状態は，その人にとって好ましい状態であり，ストローク経済が富裕な状態であると考えられている。制約はストロークが貧しくなる方向に向かうことになる。その5つの制約は，

・与えるな（与えるものを持っていても与えるな）

表1-3 ストロークの基本的欲求

	乳児	幼児	成人
基本的欲求	接触	承認	時間の構造化
ストローク欠乏	心身の発達への影響	自己否定の感情 人生脚本への影響	人生への意義と 喜びへの影響

・求めるな(必要でも求めるな)
・受け取るな(欲しいストロークは受け取るな)
・拒否するな(欲しくないストロークは拒否するな)
・自分自身に与えるな

である。これら5つの制約をストロークに設けているとき、人はストローク不足の状態に陥る。これらの制約が少ない状態を目指すことにより、ストロークが豊かになる。

ストロークのパターンを分析するのには図1-13の「**ストローキング・プロフィール**」が役に立つ。

(3) ストロークに対する基本的欲求

乳児と幼児、成人の発達段階ごとにそれぞれストロークに対する基本的欲求を持っている(表1-3)。

乳児期の基本的欲求は、スキンシップを中心とした「**接触欲求**(stimulus hunger)」である。この欲求が満たされない場合、心身への悪影響が表れる。幼児期の基本的欲求は自身の存在や価値を認めてもらう「**承認欲求**(recognition hunger)」である。

(4) 時間の構造化

成人期になると「**時間の構造化**(time structuring)」が基本的欲求の中心になる。一日の時間はもちろん、一生を楽しくまた幸せに過ごしたいという欲求であり、そのために時間を構造化していくのである。時間の構造化の方法として、「**引きこもり**(withdrawal)」「**儀式**(rituals)」「**暇つぶし**(pastimes)」「**活**

第1章　交流分析の理論

人とのかかわり
引きこもり…自分にのみストローク
儀　式………予測可能で無難，傷つかない
暇つぶし……楽しい時間だが，あまり残らない
活　動………賞賛，達成感，失敗するとネガティブ
ゲーム………密度は濃いが，非生産的
親密さ………もっとも密度が濃く，報酬が大きい

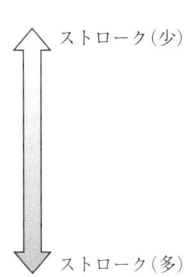
ストローク（少）
ストローク（多）

図1-14　時間の構造化
（出所）　倉成/杉田（2013）

動（activities）」「ゲーム（games）」「親密さ（intimacy）」の6つがある。引きこもりは自分の心に引きこもっている時間であり，儀式は生活する上で必要最低限の行為のための時間，暇つぶしは雑談である。活動は生産的な時間，ゲームは他者との間で行う非生産的で不快なやり取り，すなわち「心理ゲーム」（「10. 心理ゲーム」参照）に費やす時間である。ゲームの時間は「ラケッティアリング（ラケット）」（「11. ラケット感情」参照）の時間も含む。親密さは信頼に裏打ちされた裏に別の意図が無いやり取りである。また親密さの交流において使われる感情は，「本物の感情」（「11. ラケット感情」参照）だけである。

　ストロークの観点からすると，引きこもりがストロークの密度はもっとも薄く，親密さへ移動するに伴い密度が濃くなり親密さがもっとも濃い。ただし，密度が濃くなればなるほど傷つく危険性も高くなる。

6　値引き

（1）値引きとは

　「**値引き**（discounting）」とは，問題解決に関連する情報を気づかずに無視することである。ある問題に直面したとき，人は今の大人としての思考・感情・行動を活用し問題解決へ向かうことができる。一方で，不快感情を感じる繰り返しのパターン，脚本へと向かうこともできる。

あるクライアントは，"職場の上司が，自分が体調不良であるにもかかわらず仕事を減らすという配慮をしてくれない""それくらいの配慮を上司はしてくれても良いはずなのに"と不満を言った。しかし彼は自分の身体の状態が今の仕事量をこなすには厳しいことを上司に説明していなかった。ただ，診断書を上司に渡しただけである。彼はこのとき，仕事の負担を軽減してもらうという真の問題解決に向けて何をすればよいのだろうか。彼はただ，幼少期に自分の親に対して何かを気づいてくれるのを待っていたけれど気づいてくれなかったときと同じように無力感を感じている。そして彼は「今，ここ」での状況に関する情報に気づいておらず，情報を無視している。彼はこの状況で値引きをしている。

また値引きには「誇張（grandiosity）」を伴う。誇張は現実の何かを大げさにするというものである。何かを値引きするために，別の特徴が拡大されるのである。先の例では，まるで上司が自分の健康状態を決定する力を持っていると思い込んでおり，上司の力が誇張されている。

（2）受動的行動

値引きをしていることをつねに示す行動として4つの「**受動的行動**（passive behavior）」がある。これらは

・**なにもしない**（doing nothing）
・**過剰適応**（over-adaptation）
・**イライラ**（agitation）
・**無能**（incapacitation）または**暴力**（violence）

である。

「なにもしない」とは問題解決の行動をする代わりに，行動をストップさせるためにエネルギーを注いでいる。「過剰適応」は，自分のCが信じている他者の願望に従っている。そして他者の願望が事実かどうか，何が自分の望みなのかを理解することを無視している。「イライラ」は不快感を和らげようと試みた無目的な反復行動である。イライラの間，その人は考えておらず，問題解

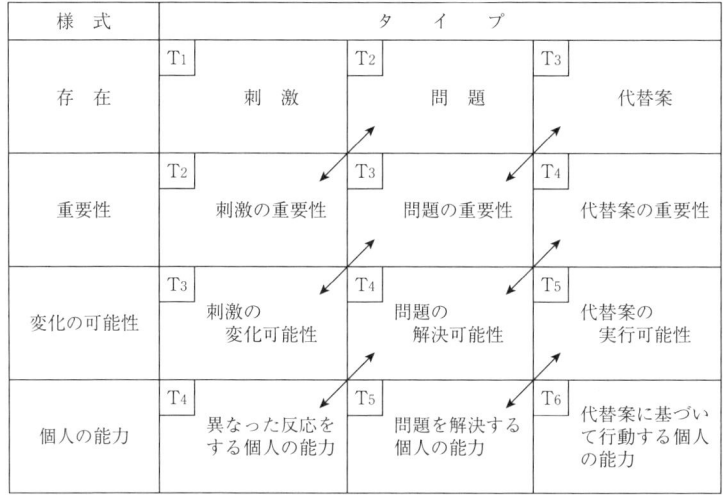

図1-15 値引きの図式

(出所) Stewart & Joines/深澤（監訳）(1987/1991)

決の行動ではなくイライラの行動へとエネルギーを向けている。「無能」は，問題を解決する自分の能力を値引きした行為であり，誰かが自分の代わりに問題解決してくれることを願っている。「暴力」もまた自分の能力を値引きしており，自分の代わりに誰かが問題解決してくれることを願った威圧的な行為である。

　先に説明した共生関係（「4．自我の構造上の問題」参照）において，不健康に共生関係を維持しようとする行為は値引きでもある。また値引きの目的は，なじみ深いストロークを与えてくれる共生関係を作り維持することでもある。人が他者に共生的に接するときには，値引きに関わっているのである。

(3) 値引きのレベルと領域とタイプ

　値引きの程度には4つのレベルがある。それらは，
・問題の存在の値引き
・問題の重要性の値引き

・問題の解決の可能性の値引き
・問題を解決する人の能力の値引き

である。それぞれのレベルには，自分自身，他者，状況の3つの領域がある。そして値引きのタイプには刺激と問題と代替案の3つがある。ケン・メロー（Mellor, K.）とエリック・シグモンド（Sigmond, E.）が提唱した値引きの図式（図1‐15）とよばれるものがある。

　値引きの図式で，対角線上の値引きをする人は，その対角線の下の欄全ての箱とその右の全ての箱の値引きをしている。たとえば，問題の重要性の値引きをしている人は，存在の代替案，問題・代替案の重要性，変化の可能性の全てのタイプ，個人の能力の全てのタイプの値引きをしていることになる。

　問題が解決されないときは，その問題解決に関係する何かの情報が無視されており，問題解決のためには一番上の欄のどこで値引きが行われているかを探る必要がある。

7　交流のパターン

　カウンセラーがクライアントに共感的に接するとき，その交流は心地よい交流になる。またクライアントの値引きや共生関係への誘いを断ち切るために，クライアントにそれを気づかせようと介入する場合には，一時的に交流を交叉させる必要があるかもしれない。ここでは交流について説明する。

　こちらから話しかけて相手から応答があるという交流は，こちらの自我状態のいずれかから相手の自我状態のいずれかに発信され，相手は自身のいずれかの自我状態でこちらから発信された刺激を受けとり，いずれかの自我状態からこちらのいずれかの自我状態に向けて応答する。交流のパターンは3つの種類がある。

①相補的交流

　「相補的交流（complementary transactions　または　parallel transactions）」

図1-16 相補的交流

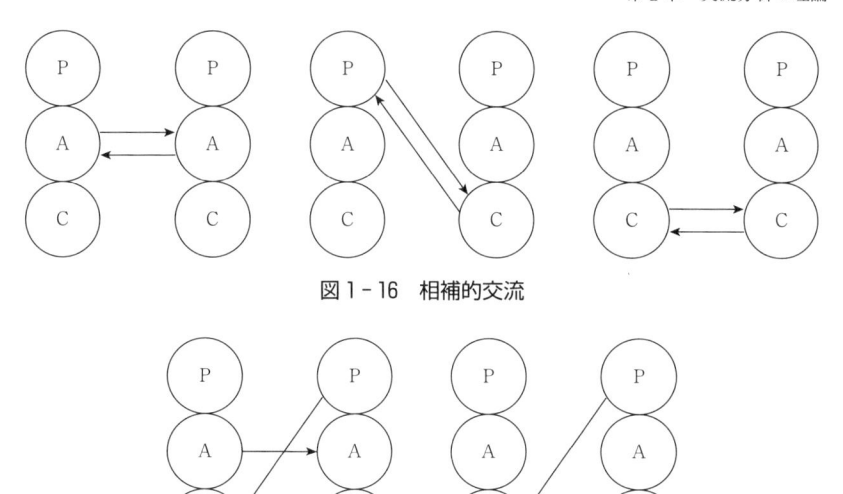

図1-17 交叉的交流

は，相手に向けた自我状態からこちらが発信した自我状態に向けて返ってくることであり，期待された通りのやりとりである（図1-16）。相補的交流はスムーズで心地よい交流であり，交流が長く続くことが期待できる。

②交叉的交流

「**交叉的交流**（crossed transactions）」は，期待された自我状態とは別の自我状態から応答が返ってくることであり，予期しないやりとりである（図1-17）。交流の流れが断ち切られやすく，交流が続きにくくなる。

③裏面的交流

「**裏面的交流**（ulterior transactions）」は，表面（社会的）と裏面（心理的）の2つのメッセージが同時に発信されるやりとりである（図1-18）。裏面のメッセージは非言語的に伝えられ，表面のメッセージ以上に裏面のメッセージのほうがそれを受け取る人に強い影響を与える。

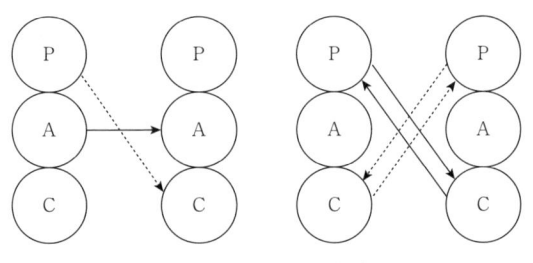

図1-18　裏面的交流

交流には下記の3つの原則がある。
・交流を示す線が平行である限り，コミュニケーションはずっと続く
・交叉的交流で交流が断たれたとき，交流を再度図るには片方もしくは両者が自我状態を移行する必要がある
・裏面的交流の行動上の結果は表面的な交流ではなく裏面の交流で決定される
　カウンセリングにおける交流の基本は相補的なものであるが，カウンセラーは他の交流パターンも状況に応じて選択する。

8　対　決

「対決（confrontation）」とは治療的操作の一つで，
・値引きを指摘するプロセス
・感情と情報を相手と分かち合うことによって，両者に利益をもたらす肯定的な行為
・相手を批判・攻撃することなく，自己肯定の立場から相手に対し率直な要求をすること
である。クライアントの言動の不一致を自覚させることも対決である。対決は，状況によっては，交叉的な交流になることもある。
　対決を活用することにより，
・気づきの促進

・問題解決に向けた主体性の回復

といった効果が期待できる。カウンセリングを円滑かつ効果的に進めるために有効な方法である。基本的に対決は，こちらの感情や相手にとって必要な情報を伝える行為を通してなされる。感情と情報の伝達は A の自我状態で行う。

対決の対象となる相手の言動には下記のものがある。
・CP，RC，CC から引き起こされる言動
・値引き
・不適応（遅刻やすっぽかし常習）
・「再定義（redefining）」（質問に回答せず，話を変えていくこと）
・受動的攻撃行動（引き延ばし，遅れる，忘れる，ミスするなど）
・過度に細部に関わる言動（本来の趣旨とは関係ない詳細にこだわる）
・競争の枠組み（勝ち負け意識）からの操作的な言動
・過度の一般化
・過剰適応
・「絞首台の笑い（gallows）」（状況にそぐわない笑い）

対決は冷静かつ事実志向で，今相手がやっていることについて，自分の感情や自分が見えている事実を伝えるものである。たとえ交流が交叉的になったとしても，その交流は受け手である相手が A で反応できるような伝え方が望ましい。

9　人生の基本的構え

人が自分や自分の人生に対し，そして環境や他者に対してどのような構えを取るのかについて表したものを「**人生の基本的構え**（life positions）」または「**実存的立場**（existential positions）」という。これには，乳児期から幼児期にどのようなストロークを受け取ったかが大きく関わっている。人生の基本的構えは以下の4つで表される（図1-19）。

私は OK，あなたは OK（I'm OK. You are OK. I＋U＋と表す）

```
                    あなたはOK
          ┌─────────────────────┐
          │                     │
        私│                     │私
        は│                     │は
        O│                     │O
        K│─────────────────────│K
        で│                     │
        は│                     │
        な│                     │
        い│                     │
          │                     │
          └─────────────────────┘
                あなたはOKではない
```

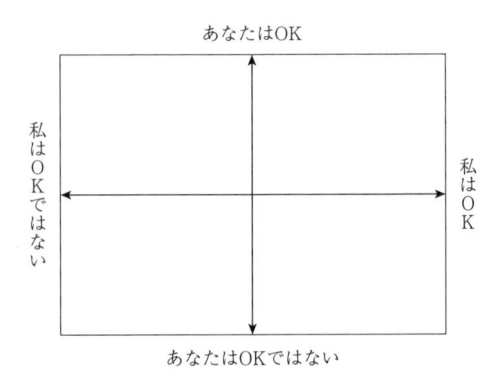

図1-19　人生の基本的構え

（出所）　Stewart & Joines/深澤（監訳）(1987/1991)

　私はOKではない，あなたはOK（I'm not OK. You are OK. I－U＋と表す）
　私はOK，あなたはOKではない（I'm OK. You are not OK. I＋U－と表す）
　私はOKではない，あなたはOKではない（I'm not OK. You are not OK. I－U－と表す）

　人はつねに4つのいずれかの立場を取り続けるわけではなく，いずれの立場により長く留まるかと考える。私はOK，あなたはOKの立場に留まるとき，その人は自分に対する自信と信頼，他者に対する信頼，そして豊かで健全な人生観を持つことができ，生産的な生き方ができ，他者とも親密に関わることができる。交流分析は，この立場に長く留まれるようにするために活用される。

10　心理ゲーム

　「**心理ゲーム**（games）」または「**ゲーム**」とは，他者との間で，繰り返し行われ，長い時間を費やし，最後に不快気分を味わうやりとりのことである。エリック・バーンは1964年に書籍『人生ゲーム入門（*Games People Play*）』（Berne/南（訳），1964/1967）でゲームの概念を紹介した。

　ゲームは，表面的な言動の裏面に隠れた意図があり，表面の言動以上に裏面

C (Con)	+	G (Gimmick)	=	R (Response)	→	S (Switch)	→	X (Cross-up)	→	P.O. (payoff)
仕掛人	+	弱点をもつ相手	=	反応	→	役割の交替	→	混乱	→	結末

図1-20 ゲームの公式
(出所) Stewart & Joines/深澤(監訳)(1987/1991)

のメッセージが相手に影響を及ぼすと考えられている。そしてそこにはAが関与していない。またゲームはストロークが不足したときに行われることが多くなり、そのやりとりは幼少期のストローク獲得の手段の再現でもある。

(1) ゲームの特色と種類

バーンはゲームが一定のパターンに従い展開することに着目し、それを「ゲームの公式(formula G)」として表した(図1-20)。それによると、ゲームは、ゲームを始める仕掛け人が、ゲームに乗せられるカモを選んでゲームを開始する。

仕掛け人は自分の欲求・感情、もしくは相手の欲求・感情・状況・問題を値引いており、弱点を持つ相手は仕掛け人の値引きを拒否できない。

その応答は、表面的には不快なやりとりに見えないものではあるものの隠れた意図を秘めているために、相手からの反応を招きゲームは進行していく。そのうちに表面的なやりとりが行き詰まりはじめ、自我状態が切り替えられる。

自我状態の切り替えとは役割の交替を意味する。相手を慰めていた人が相手に苛立ちを覚え始めたり、アドバイスを求めていた人が相手から責められる感じを覚えたりすることである。そして当初の意図と違う展開になったという混乱が生じ、その後不安や無力感、苛立ち、寂しさなどの不快感情を味わう。この時点では、その人の人生の基本的構えも証明されているのである。

ゲームの特色をまとめると下記の通りである。
・繰り返される（反復性）
・Ａの気づきなしに演じられる（無意識の動機）
・個人特有の不快な感情をもって終わる（ラケット感情）
・表と裏の二重の交流が行われる（裏面的交流）
・驚きや混乱の瞬間を含んでいる（役割の交替）

またバーンは生活で見られる代表的なゲームの種類を提唱し，それに名前を付けた。

「キック・ミー（Kick Me）（相手が離れていくように仕向ける迫害者のゲーム）」

「さあつかまえたぞこの野郎・さあとっちめてやるぞ（Now I've Got You, Son of a Bitch）（救済要請をしておいて，助けることができないことを責める犠牲者のゲーム）」

「あらさがし（Blemish）（他者のあらを探す迫害者のゲーム）」

「責任転嫁・あなたのせいでこうなった（See What You Made Me Do）（自分の行為に責任を取ってくれる他者を求める犠牲者のゲーム）」

「あなたさえいなければ（If It Weren't for You）（失敗を他者のせいにする犠牲者のゲーム）」

「こんなに一生懸命やっているのに・同情集め（Look How Hard I've Tried）（共生関係維持のために努力をアピールする犠牲者のゲーム）」

「私に何かして（Do Me Something）（受動的に助けを求め訴える犠牲者のゲーム）」

「はい，でも（Yes But）（アドバイスをもらいやすい犠牲者）」

「警官と泥棒（Cops and Robbers）（追跡させ逃避する捕まりたい迫害者のゲーム）」

「まぬけ・馬鹿（Stupid）（自分の代わりに考えてもらいその後批判されるよう仕向け共生関係を作る犠牲者のゲーム）」

「義足・特別扱い（Wooden Leg）（弱点を利用して責任回避する犠牲者の

第1章 交流分析の理論

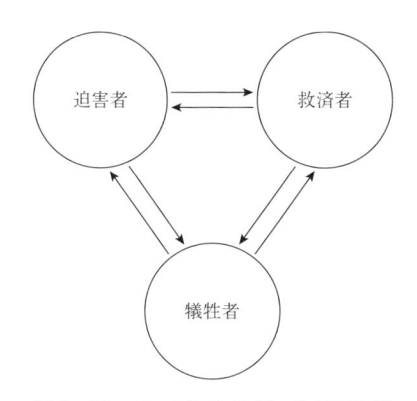

```
        迫害者 ⇄ 救済者
            ↘ ↗
            ↙ ↖
           犠牲者
```

図1-21　カープマンのゲームの三角形
（出所）　Stewart & Joines/深澤（監訳）(1987/1991)

ゲーム）」

他に,「仲間割れ（Let You and Him Fight）」「あなたをなんとかしてあげたいと思っているだけ・治療者気取り（I'm Only Trying to Help You）」「誘惑（Rapo）」「捕まえられるなら捕まえてみろ（Catch Me If You Can）」などは代表的なゲームの種類である。

（2）ゲームの役割

ステファン・カープマン（Karpman, S.）は,ゲームを演じるプレイヤーをその役割から表した。ゲームは,「**迫害者**（Persecutor）」「**犠牲者**（Victim）」「**救済者**（Rescuer）」の役割を取って表れ,ゲームが進行するにつれその役割が替わることを示した（図1-21）。

迫害者は,他者を自分より一段低い立場にあり OK でないとみなす。

救済者も他者を OK ではなく,一段低い立場にあると見ている。救済者は,"その人は,自分で自分をなんとかするだけの能力を持っていない" と信じているのである。

犠牲者は,他者より一段低い立場に身を置くが,それはその人の存在自体,自分自身の立場の表明である。意識することなく迫害者もしくは救済者を探し,

"やっぱり私は自分でうまく対処できない"という犠牲者の立場をより強化しているのかもしれない。

これらの役割は，ゲームが演じられているときの役割であり，人がこれらの役割を演じているとき，「今，ここ」に居るのではなく，過去に居て，そのときに決断したやり方を演じているのである。

またゲームは相互的性質を持っているとも言われ，一方が迫害者の立場でゲームをしているとき，もう片方は犠牲者の立場でゲームをしている。ゲームは参加者双方が実施しているとも言えるのである。

（3）ゲームを演じる理由

ゲームが非生産的な交流であるにもかかわらず，人はなぜゲームを演じるのであろうか。それは，
・ストロークを求めようとするため
・自分の人生の基本的構えを証明するため
・自分の考え方（信条）を確認するため
・なじみの不快感情を味わうため（確かめるため）
・時間を構造化するため（何もしないよりは刺激が得られる）
・本当は親密な関わりを求める切ない努力として
・今までと違う交流のパターンを取ることに不安があるため
などの理由によるものである。

ゲームから脱出するためには，自分が行っているゲームに気づくことが最初に必要である。自分が不快な気分を持つに至る交流のパターンを自己分析し，自分のゲームにおける役割を放棄し，自分をAの自我状態でコントロールすることである。そして自身の時間の構造化を見直し，ゲーム以外の時間を使うように心がけるのである。

11　ラケット感情

　エリック・バーンは，ゲームの終わりにその人が経験する，なじみ深い不快感情を「**ラケット感情**（racket feelings）」と呼んだ。ラケット感情を感じているときその人は，その感情を誰かに何とかしてもらいたいと思っている。それは，最初にその感情を感じたときに，その人の両親かその他の対象者に思ったのと同じものである。その人は，最初に誰かに思ったように，ラケット感情を感じている今も，誰かに期待しているのである。

　ファニタ・イングリッシュ（English, F.）は，その感情は，その人が育った環境で許可されなかった他の感情の代理として使われているともいえると述べた。たとえば子どもが，本当は腹が立っているときに，怒り（「本物の感情」）の代わりに悲しみの感情（「ラケット感情（にせものの感情）」）を使ったとすれば，それはその子どもの環境では支持されるかもしれない。怒りは拒否されるかもしれないが，悲しみは慰めを受けることができるかもしれないのである。子どもは，このようにしてどのような感情が許可され，どのような感情によってどのようなストロークを引き出されるかを素早く学ぶ。そしてそれを使い続けるのである。

　またイングリッシュは，「**ラケット**（racket）」または「**ラケッティアリング**（racketeering）」と呼ぶ，ラケット感情を伴う交流について提唱した。ラケットとゲームの違いは，役割の切り替えがないことである。迫害者と犠牲者といった役割のままの関係に基づく交流を際限なく続けるのがラケットである。ラケット感情については第3章でも説明する。

12　人生脚本

　「**人生脚本**（life script）」とはエリック・バーンによって提唱された概念であり，無意識の人生計画である。人は誰しも自分の人生で，すでに脚本に書かれたドラマを演じているようなものであると考えたのである。その脚本の大部分

はすでに乳幼児期から青年期までに決定されている。人生脚本とは，決断された信条の集合体であるともいえる。そして人は脚本を決定し成人した後も，無意識に脚本通りの人生を演じ続けている。とくに人生脚本は，その人が大きなライフイベントに直面したときに，それに対してどのように進むかという決定に大きな影響を与えている。ほとんどの場合，人はすでに脚本で決定された通りに進み自らの脚本を演じるのである。そして脚本に従った決定を下し，脚本通りの人生を演じるごとに，自身の脚本を強化しているのである。

　もし人生脚本が非建設的なものであった場合，その人はどうすればいいのだろうか。それは脚本を書き換えることが必要になるのである。過去に行った自身の決定「決断」を「再決断」するのである。

（1）人生脚本の形成

　人生脚本はどのようにして形成されるのであろうか。人生脚本の内容には，その人が幼少期に周囲の環境からどのようなストロークを与えられて育った（と認識した）かが大きく影響する。すなわち両親や周囲の人たちから語りかけられる言葉や態度が影響するのである。

　自分は愛されていると確信を持つに十分なストロークを受け取った（と認識した）子どもは，自分の存在を価値があるものであるという「**信条**（beliefs）」を基に脚本を形成するであろう。愛情を与えてもらえる自分に対して，そして愛情を与えてくれる親（他者）に対して信頼感を持つだろう。子どもはこのように脚本の基となるメッセージを感じ取る。

　そして子どもが十分に言葉を理解するようになると，さらに具体的な脚本を形成していく。たとえば，自分の存在を価値のあるものであるという信条を形成できず，"私は存在する価値が無い" という信条を形成した子どもが，親の言葉を解するようになってから "しっかり勉強していい成績を取りなさい" という指示を受け，"しっかり勉強して親の期待に応えているうちは，私は存在する価値がある。だからいい成績を取るために頑張らないと，私は生きている価値が無い" という生き方を選択していく。

第1章　交流分析の理論

人生脚本は,（3）,（4）,（7）で説明する「禁止令」「拮抗禁止令」「行動プログラム」を骨格として形成されていくのである。

（2）決断理論

人が特定の刺激に対して示す言動は他者と同一のものではない。たとえば怖い上司から厳しく叱責されたとき,"なぜこんなに強く言われなければならないんだ"と思う人もあれば"こんなに怒られるなんて,やっぱり私はダメなんだ"と思う人もいる。上司に対して"怒り"の感情が湧く人もいれば"悲しみ"を感じる人もいる。ある状況で特定の刺激に対して示す思考・感情・行動（反応）はその人独特のものである。それらの多くは生まれつきのものではなく,生まれてから今までの間の何らかの経験を通して身に付けたもの,すなわち決断したものである。

決断するとは,ある刺激に対して,どのような思考・感情・行動を選択するかを決めることともいえる。そしてその後の体験で,その決断した通りの思考・感情・行動を繰り返すことにより,人はその決断を強化するのである。

人は建設的な働きをするものと現時点では非建設的な働きをするものを含めて多くの決断をしている。決断の中で,その人の人生脚本に大きなネガティブな影響を与えるものを「禁止令」という。禁止令決断の内容は,その人の脚本の基底をなす考えであるとして,**「脚本信条」**ともよぶ。

たとえば,幼少期の両親が自分を愛してくれず,姉ばかりが愛され可愛がられているという場面を繰り返し体験した人がいるとする。その人が"私は両親にとって大切じゃないんだ。私は（両親にとって）価値がないんだ"と思ったとしたら,両親がその人に与えた禁止令は「重要であるな」である。そしてその人の"私は重要であってはならない"という脚本信条（禁止令決断）は,その人の人生に大きな影響を与えていくことになる。

（3）禁止令

本来の決断の信条は一人一人固有のものであるが,ロバート・グールディン

グとメリー・グールディング（Goulding, R.L., & Goulding, M.M.）は臨床で繰り返し現れる脚本の基底をなす包括的なテーマがあることに気づいた。これを「**禁止令（injunction）**」という。グールディングらが提唱した禁止令は，その後「12の禁止令」と呼ばれるようになる。12の禁止令は下記のとおりである。

　　存在するな（Don't Exist）
　　お前であるな（Don't Be You）
　　子どもであるな（Don't Be A Child）
　　成長するな（Don't Grow Up）
　　成功するな（Don't Succeed）
　　するな（Don't）
　　重要であるな（Don't Be Important）
　　属するな（Don't Belong）
　　近づくな（Don't Be Close）
　　健康であるな（Don't Be Well）
　　考えるな（Don't Think）
　　感じるな（Don't Feel）

　この後，ジョン・マクニール（McNeel, J.）は禁止令を「25の禁止令」（2010年ころまでは23の禁止令）として整理しなおした。これについては第2章で説明する。

（4）拮抗禁止令とドライバー

　「**拮抗禁止令（counterinjunctions）**」は，両親のPの自我状態から子どものPの自我状態に取り入れられる。拮抗禁止令は，"ちゃんとやらなければならない" "親の期待に応えなければならない" など親が望む子どもの言動に関するものであり，価値観や道徳的な判断に関係するものもある。拮抗禁止令が強く働くとき，人はある特定の行動へと駆り立てられる。これらの拮抗禁止令への働きかけを「**ドライバー（駆り立てるもの）（drivers）**」という。ドライバーには次の5つがある。

完全であれ（Be Perfect）
強くあれ（Be Strong）
努力せよ（Try Hard）
喜ばせろ（Please Others）
急げ（Hurry Up）

ドライバーに駆り立てられているときに，その人のCPの自我状態がつねにACの自我状態にその行動を駆り立てており，その通りに行動しているときだけ自分の存在や価値を認めることができる。テービー・ケーラー（Kahler, T.）は，これらのドライバーは生得的なものであり，人種・民族を問わず全ての人に観察可能であるとした。そしてドライバーはその後の環境によって影響を受けるものである。

これらのドライバーの中で，個人がもっとも頻繁に使う主要なドライバーを「**一次的ドライバー**（primary driver）」という。

(5) ミニ脚本

ドライバーは，拮抗禁止令のメッセージ表現であり，条件付きOKという立場を表している。すなわち，拮抗禁止令に従っている間だけ自分をOKと実感

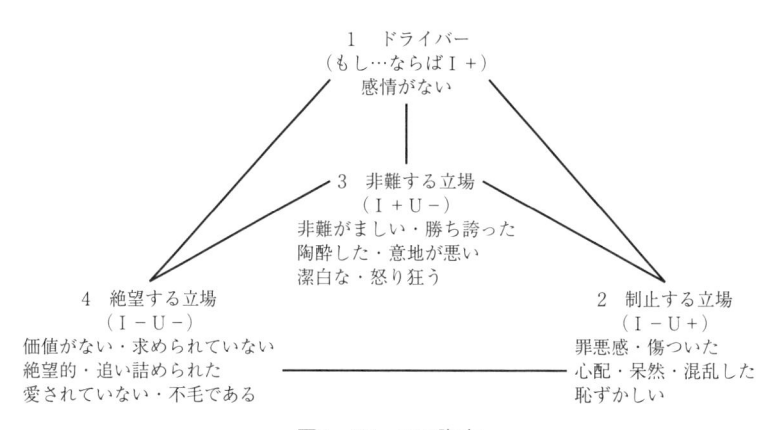

```
              1  ドライバー
            （もし…ならばI＋）
               感情がない

           3  非難する立場
              （I＋U－）
           非難がましい・勝ち誇った
           陶酔した・意地が悪い
           潔白な・怒り狂う

4  絶望する立場                    2  制止する立場
   （I－U－）                         （I－U＋）
価値がない・求められていない      罪悪感・傷ついた
絶望的・追い詰められた            心配・呆然・混乱した
愛されていない・不毛である        恥ずかしい
```

図1-22 ミニ脚本

（出所）Stewart & Joines/深澤（監訳）（1987/1991）

できるのである。しかし人は，ドライバーの命令に従っている力が十分ではないときがある。ドライバーに従えなくなっているとき，その人は自分にとってなじみ深い不快な感情を体験する。それは禁止令に基づいた幼少期の決断を再現しているのかもしれない。そして再びドライバーに従うことができるようになると，その人は条件付きで（ドライバーに従っている間は）OKと感じることができるようになる。この一連の流れは，その人の人生脚本のミニチュア版といえるかもしれない。これを「ミニ脚本（miniscript）」という。それは図1-22のように表される。

ミニ脚本の1～4のそれぞれの立場への動きの流れは，その個人固有の典型的なパターンであると考えられている。

(6) 禁止令を隠すものとしての拮抗禁止令

禁止令を体験したまま毎日の生活を送ることは苦痛である。そこで，禁止令に直面しなくていいものとして拮抗禁止令が働く。たとえば，「近づくな」の禁止令を決断していると，他者と親密になれない。しかし，拮抗禁止令としての「他者を喜ばせろ」と，既決断の「近づくな」禁止令とが結びついた場合，"他者を喜ばせている限り親密になれないと感じなくていい，しかし他者を喜ばせることができないときには他者と親密になれないという禁止令に従いなさい"となる。すなわち，「他者を喜ばせろ」の拮抗禁止令が，「近づくな」の禁止令を隠す役割を取ってくれているのである。拮抗禁止令の命令に従っている間，禁止令のメッセージを聞かなくていいのである。このように，拮抗禁止令

表1-4　禁止令と拮抗禁止令の関係

ドライバー（IF もし～ならば）	禁止令（THEN ～していい）		
完全であれ			
喜ばせろ	・存在するな	・お前であるな	・子どもであるな
努力せよ	・成長するな	・健康であるな	・考えるな
強くあれ	・感じるな	・成功するな	・するな
急げ	・重要であるな	・属するな	・近づくな

（出所）　倉成／杉田（2013）

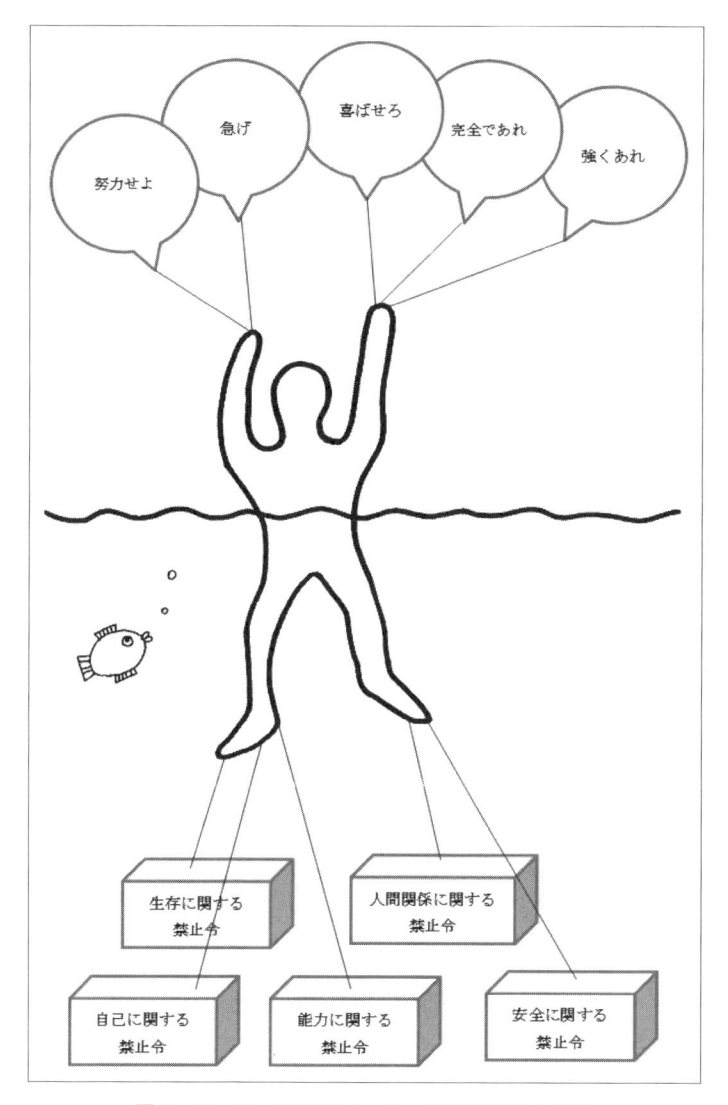

図1-23 エイドリアン・リーのおぼれる人の図
(出所) Tilney/深澤（監訳）(1998/2013) より一部改変

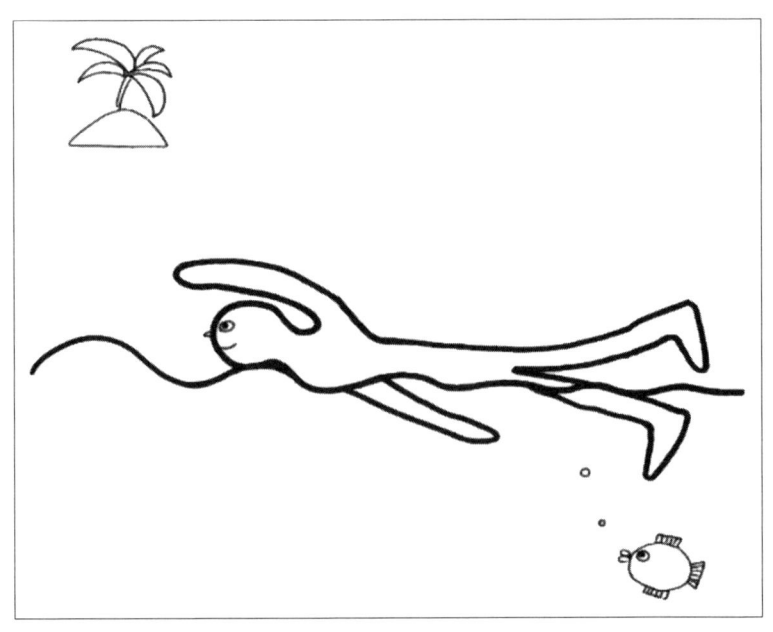

図1-24 エイドリアン・リーの泳ぐ人の図

(注) エイドリアン・リーは，自身のワークショップにおいて泳ぐ人の図を板書し，禁止令や拮抗禁止令に影響を受けない生き方を解説している。上記はそれを再現したもの。

と禁止令の関係は，「もし（拮抗禁止令を実行する）ならば，（禁止令を体験しない）していい」というものになる（表1-4）。

　エイドリアン・リー（Lee, A.）は，拮抗禁止令と禁止令の力動を「おぼれる人」の図（図1-23）を使いわかりやすく説明した。そして，禁止令を再決断することによって解決し，拮抗禁止令から解放され自律している状態を「泳ぐ人」の図（図1-24）で表した。

(7) 行動プログラム

　「**行動プログラム**（program）」は，親のAの自我状態から子どものAの自我状態に示される行動のモデルである。日常生活上の親のものの考え方や行動の仕方，問題への取り組み方や解決の仕方などから，具体的にどのように行動

するかを示すものである。子どもは行動のプログラムから，どのようにすれば親が望む考えに沿った行動ができるかという拮抗禁止令の実践の方法をはじめ，さまざまなことを学ぶ。たとえば，子どもは男らしさや女らしさの具体的な振る舞いは，親の言動や態度を通して行動上のプログラムとして学んでいる。

13 自我状態の二次構造

人生脚本，とくに幼少期の決断のプロセスを理解するために，「**自我状態の二次構造**（second-order structural analysis of ego-states）」の概念を使って説明する。自我状態の二次構造を説明する際は，混乱を回避するためP，A，Cはそれぞれ，P_2，A_2，C_2，と符号化するルールになっている。

生まれたばかりの子どもはP_2やA_2の自我状態が未発達である。そのためほとんどの親のメッセージをC_2の自我状態で受け取り，それに反応する。P_2やA_2が未発達なため，親から与えられる非言語的または言語的メッセージを選別して取り入れることや，それが事実か否か客観的に吟味することが難しい。その結果その人が子ども時代に経験した反応は全てC_2に貯蔵されていき，それは幼児期の決断となる。

そのC_2を構造的に見ると，「子どもの中の親（P_1と表記される）」，「子どもの中の成人（A_1と表記される）」，「子どもの中の子ども（C_1と表記される）」で成り立っている。これを「子どもの自我状態の二次構造」という（図1-25参照）。

P_1はいまだP_2やA_2が発達していない幼児期に与えられた親からのメッセージ（言語的なものよりも非言語的なものが多い）である。脚本の信条となる禁止令を与えるのは通常P_1の親像である。P_1の親は世の中の従わなければならない規則やルールなどを与えるが，A_2が発達していない子どもはそれがどんなに苛酷なものであっても現実吟味し除外することが困難である。したがって，親が子どもに厳しい言い方でそれを伝えた場合，その親像は現実以上に恐ろしいものに映ることがある。たとえば，「イイ子にしていないと二度と愛し

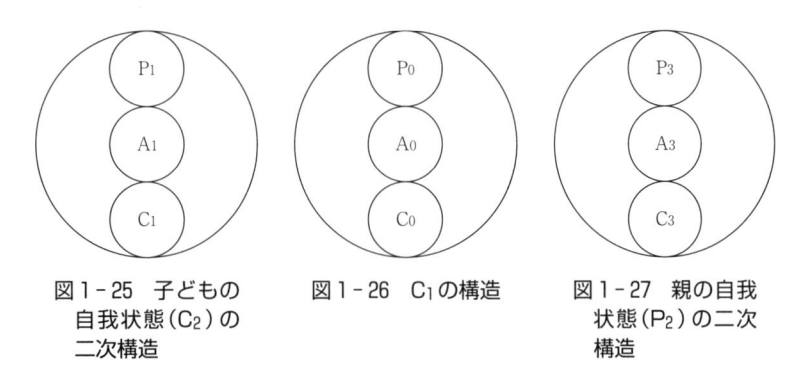

図1-25 子どもの自我状態（C_2）の二次構造

図1-26 C_1の構造

図1-27 親の自我状態（P_2）の二次構造

てくれない親」「親が望んでいるようにではなく自分らしく振る舞うと自分を完全に見捨ててしまう親」といった親像として記憶される。また親像は，その親の否定的な側面が除外されて理想化されてしまうこともある。そのためにP_1を「**魔女的親**（witch parent）」「**人喰い鬼**（ogre parent）」「**豚のような親**（pig parent）」「**妖精**（good fairy）」などとも表現する。魔女的親と人喰い鬼は恐い母親と父親をイメージしたものであり，豚のような親はひどい親をイメージした表現である。妖精は理想化された親を表している。また強力な力を持っているように見えることから「**魔力を持った親**（magical parent）」とも表現する。

C_1は子ども時代の体験そのものである。子どもが知覚した感覚そのものであり身体的な感覚を伴うこともある。成長し大人であるはずのクライアントが，友だちのちょっとした言動に見捨てられるような恐怖を感じているとしたら，それは"少しでも気に入らないと見捨ててしまう親"，つまりP_1を友だちに投影し，それに対して恐怖を体験している自分，つまりC_1との間での葛藤を再現している状態といえる。C_1は，その人の「**中核自己**（sense of a core self）」を表している。

A_1は子どもが問題解決のために持っている戦略全ての総称である。子どもは未発達な成人の自我状態で論理的な戦略を立てることは難しく，A_1を活用し直感や瞬間的な印象を基に戦略を考える。そのためにこの部分は「**LP：小さな教授**（Little Professor）」とも呼ばれる。禁止令決断はこのA_1でなされる。つまり，P_1とC_1の葛藤の過程で，A_1で直感的に自分や他者についての考えを

導き出し、この葛藤に理由付けしてC_1で体験している不快な体験の衝撃を緩衝しようとする試みから禁止令決断を行うのである。A_1は「**言語的・間主観性自己**（sense of a verbal self・sense of an intersubjective self）」を表す。

さらにC_1は、その人が乳児のころに経験したことであるC_0と、乳児のときの環境（養育者を含む）であるP_0、そのころの漠然とした決断であるA_0という構造で説明される（図1-26参照）。

C_0は、その人の「**新生自己**（sense of an emergent self）」を表す。子どもは乳児のころに環境との関わりによって、漠然とながら「自分」「他人」について何らかの決断をすると考えるのである。環境としての乳児への関わりが適切なものであるならば、乳児は心地よい感覚から「自分」について愛されるべき存在であると漠然と思えるであろうし、適切な養育がなされなかった場合には、心地よくない感覚から"自分は愛されるべき存在ではない"と漠然と決断する。当然ながら、P_0の親などの環境の関わり、A_0のそのときの漠然とした決断、C_0のそのときに体験したこと、などについての記憶は乳児には無い。そのためにこのころの体験に基づく決断は生まれつき持っている感覚として報告される。たとえば、"私は生まれつき生きる価値がないと感じている""私は生まれたときから誰からも愛されない人間であると感じている"などという表現で報告されるのである。

また、P_2も「親の中の親（P_3と表記される）」、「親の中の成人（A_3と表記される）」、「親の中の子ども（C_3と表記される）」の構造で説明される（図1-27参照）。親や親的な役割をした人、すなわちその人のP_2で取り入れたメッセージを発した人の、P_2の自我状態から発信されたメッセージを取り入れたものはP_3、A_2の自我状態から取り入れたものはA_3であり、C_2の自我状態から取り入れたものはC_3である。

14　人生脚本の形成

ここでは、人生脚本がどのようにして形成されていくのかについて、脚本の

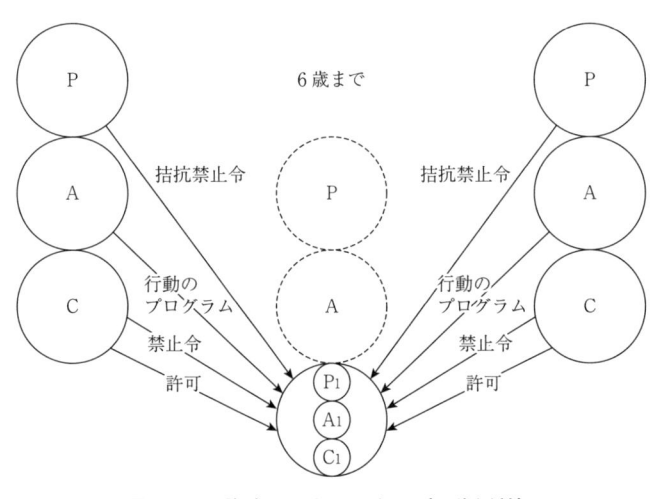

図1-28　脚本のマトリックス（6歳以前）
（出所）　Woollams & Brown/繁田（監訳）（1978/2013）

形成過程を子どもの発達段階に沿って説明する。

（1）脚本のマトリックス

　人生脚本の骨格となる「**脚本のメッセージ（script message）**」，すなわち禁止令，拮抗禁止令，行動プログラムのそれぞれが，どのように与えられていくのかについてわかりやすく解説したものが「**脚本のマトリックス（script matrix）**」である。図1-28と図1-29の脚本のマトリックスは，両親から，禁止令や拮抗禁止令が子どもにどのように伝わるかを図式化したものである。両図とも両端の自我状態構造図は父親と母親を表し，真ん中の自我状態構造図は子どもを表している。

　拮抗禁止令は両親のPの自我状態から子どもに与えられ，禁止令は両親のCの自我状態から（主に非言語的に）与えられる。拮抗禁止令はしつけとしてPの自我状態からのメッセージとして与えられることが多く，禁止令は感情的な態度や表情などの形でCの自我状態からのメッセージとして与えられる。また脚本のメッセージを実行するためにどのように行動すれば良いかについて

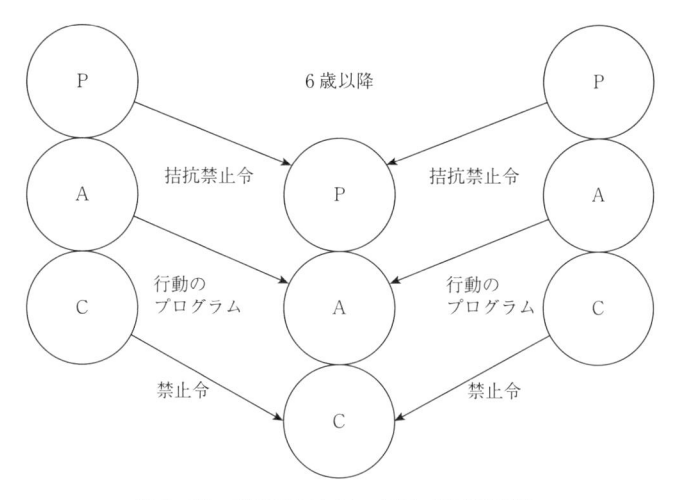

図1-29　脚本のマトリックス（6歳以降）
（出所）　Woollams & Brown/繁田（監訳）（1978/2013）

の行動プログラムはAから与えられる。たとえば，自分をヒステリックに叱る母親の姿から「存在するな」の禁止令を受け取り"私は居ないほうが良い"と決断する。その子が母親の手伝いをして母親から喜ばれたときに「他人を喜ばせろ」を拮抗禁止令として決断する。そしてその母親の喜ばせ方は，母親が実際に行動していることや母親の言葉から取り入れるのである。

　子どもは6歳くらいまではA_2の自我状態やP_2の自我状態が未発達なため，親からの禁止令，拮抗禁止令，行動のプログラムの多くはC_2の中のC_1，P_1，A_1で受け取る。子どもの成人の自我状態と親の自我状態がある程度発達した6歳以降くらいになると，禁止令，拮抗禁止令，行動のプログラムを子どもは自身のC_2，P_2，A_2で受け取る。

（2）幼児期の初期の脚本
　「早期決断（early decision）」とよばれる幼児期の初期の決断は，思慮深い考えからなされるのでなく情緒的反応という形でなされる。親は子どもに「脚本のメッセージ」を伝えることによって強い影響を及ぼす。このメッセージは，

言語的・非言語的の両方から伝えられる。言語的なメッセージは，"あっちへ行ってなさい（人に近寄ってはならない）""泣くな（感情を表してはならない）"など命令の形，もしくは子どもがどうあるべきかという期待される像という形を取る。非言語的なメッセージは，表情・ジェスチャー・口調などによって伝えられることが多い。

　たとえば，子どもが親に近づいて行ったとき，子どもに対して面倒そうな表情を見せる親から"お前は近づいてはいけない（「近づくな」）"という禁止令が伝えられる。または，感情を表さない親の姿を通して"感情を表してはならない（「感じるな」）"と伝えられるなど，親がモデルを示すという形で行われる場合もある。幼児はこれらのメッセージを，環境に適応して生き延びるために（親の愛情を得るために），また自身の欲求充足のために決断していく。また子どもは自分が納得できない感情を理解しようとする試みの中で決断することもある。たとえば，親からの愛情を得られないときの不安を理解し自分を落ち着けるために，"私は愛される存在ではないのだ，だから親はこういう態度を取るのだ"と決断する場合がそれである。このように子どもは自分，他人，人生について脚本の基となる信条を決断していく。

　決断は乳児期から行われると考えられる。決断がきわめて早期になされた場合，その決断は概念的で理論的ではなく具体的で魔術的であり，全体的で大雑把である。たとえば，忙しい母親が抱っこをせがむ子どもを厳しく叱責した結果，子どもが"私はどうせ誰からも愛されない""自分の気持ちを言うと二度と親から愛してもらえなくなる"と決断する場合などである。このように決断したメッセージによって作り上げた信条（「脚本信条（script belief）」）が人生脚本を組み立てる基礎となるのである。

（3）幼児期の後期の脚本
　子どもが決断するメッセージには幼児期の初期までに行われるものと，幼児期の後期から児童期にかけて行われる後期の決断がある。初期の決断は非言語的なメッセージが多く，後期の決断は言語的なものが多くなる。初期に形作ら

れる，自分，他人，人生についての信条を本来の脚本と呼ぶのに対して，幼児期後期から言語的に与えられた信条を「**拮抗脚本**（counterscript）」と呼ぶ。拮抗脚本は，「すること」「してはいけないこと」という一連の行動様式を含み，主に親から強く要求され，そして成人した後もその人が自分自身に強要し続けているメッセージである。たとえば，"人の役に立たなくてはならない" "人に負けてはいけない" などである。

　子どもがこのようなメッセージを拮抗脚本として取り入れたならば，その子どもは脚本信条（禁止令）を聞かないための条件としてその命令を実行していくことがある。たとえば，"人の役に立て" という拮抗脚本の信条を，"お前は価値がない" という本来の脚本の信条に従わないための条件として実行する。つまり，"人の役に立っている限り，価値がないと感じなくていい" と組み合わせることにより脚本を作り上げるのである。拮抗脚本の信条を作るメッセージは禁止令に拮抗する働きを持つ拮抗禁止令である。そして禁止令に組み合わせるように拮抗禁止令を決断することを「**複合決断**（compound decision）」という。

15　人生脚本を持続する仕組み

　人は幼少期に作った脚本を成人になっても演じていると考えられている。形成した人生脚本を維持する仕組みを説明するものとして「**ラケットシステム**（racket system）」がある。カウンセリングにおいて，クライアントのラケットシステムを理解することは，クライアントの人生脚本を知る手がかりになる。

（1）ラケットシステム
　幼少期に作った脚本を成人になっても維持し続けるプロセスを説明するためにリチャード・アースキンとマリリン・ザルクマン（Erskine, R., & Zelcman, M.）は「ラケットシステム」というモデルを提唱した。ここでのラケットとは，人が脚本の中で取るパターン化された思考・感情・行動を示す。ラケット

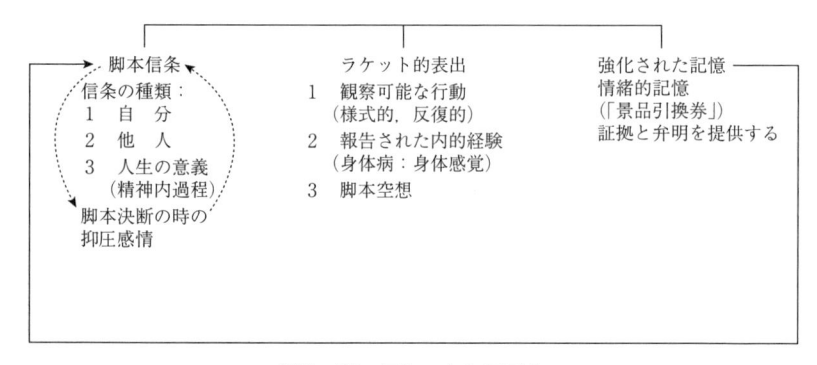

```
                          ラケットシステム
        ┌──────────────┬──────────────┬──────────────┐
     ┌─→ 脚本信条 ←┐    ラケット的表出      強化された記憶 ──┐
     │  信条の種類：    1 観察可能な行動    情緒的記憶      │
     │   1 自 分         (様式的，反復的)   (「景品引換券」)  │
     │   2 他 人       2 報告された内的経験  証拠と弁明を提供する│
     │   3 人生の意義      (身体病：身体感覚)             │
     │     (精神内過程)  3 脚本空想                    │
     │  脚本決断の時の                                │
     │  抑圧感情                                    │
     └──────────────────────────────────────────┘
```

図 1-30　ラケットシステム

（出所）　Stewart & Joines/深澤（監訳）(1987/1991)

システムでは脚本信条と感情，ラケット的表出，強化された記憶，で閉じられた回路を説明している（図1-30）。

以下，その回路について説明する。

（2）脚本信条と感情

これは，「自分（Self）」「他人（Others）」「人生の意義（Quality of life）」についての「**脚本信条（script belief）**」を示している。脚本信条はその人が幼少期に行った脚本決断である。前述のとおり，子どもは親から期待した反応が得られない欲求不満から来る不快感情を軽減させるために，その欲求が満たされない事実について理屈づける方法を見つけることがある。Aが未発達な幼児はC主体の魔術的な思考法によりこの解釈を試み，そしてついにはそれに成功する。これによって子どもは自分の不快感情を軽減し気持ちを落ち着かせることができる。たとえば，親から期待したような愛情がもらえないという欲求不満が続いているという事実に対して"私は居ないほうが良い，だから親はこういう態度を取るのである"と解釈し決断する。その結果，たとえば不快感情を抑圧して何でもない振りをする，憤りを表す，などのように，求めたとしても満たされないときに感じる感情を抑圧した反応を示すようになるのである。

子どもが成人して脚本決断のときと同じようなストレスを感じる状況に遭遇したとする。たとえば，職場の上司や同僚に自分のつらい立場を理解してもらえないとき，その人は幼少期に親が期待どおりに反応してくれなかったときと同様，その時点で抑圧した感情を体験する。そして幼少期の脚本信条"どうせ私は居ないほうが良いのだ，だから周囲は私にこのような態度を取るのだ"を心の中で唱えるのである。このとき，脚本信条と抑圧感情は互いにフィードバックし合うという相互作用を構成する。しかしこれは閉鎖回路であり，この中で人は新たに現実に対処する建設的な脚本信条には到達しないのである。

またこのように，幼児期に経験した状況と相似したストレス状況で，幼児期と同様の行動を取ることを「輪ゴム（rubber band）」という。これは幼少期の状況と現在が輪ゴムで結ばれ，特定の刺激で幼少期の思考・感情・行動に引き戻されるという意味である。

（3）ラケット的表出

人がこのラケットシステムの中にいるときに，「**ラケット的表出**（rackety displays）」と呼ばれる方法でそれを表現する。ここには「**観察可能な行動**（observable behaviors）」「**報告された内的経験**（reported internal experiences）」「**脚本空想**（fantasies）」が含まれている。これらは幼児期に欲求を満たそうとして用いた戦略である。そして大人になってもその戦略を再演している。

たとえば，期待に応えて愛情を示してくれなかった人を批判し攻撃したとする。それは，見捨てられたような強い不安な感情よりは耐えることができるし，場合によっては関心を得ることができるからである。そうやって，"相手を批判し攻撃するという否定的なことをやる"という行動（観察可能な行動）を選択する。またこのような行動を示すときに，身体の緊張やこわばり，赤面や発汗という内的興奮や身体不調（報告された内的体験）などを経験する。そしてまた脚本信条に役立つ空想にふけることもある。たとえば上司や同僚が，自分がいないところで自分の悪口をあれこれと言っているということを想像する（脚本空想）かもしれない。このときの想像は心地よいものではなく悪いもの

が多い。

(4) 強化された記憶 (reinforcing memories)

　大人が脚本の中で幼児期の戦略を取るたびに，幼児期と同様の結果がもたらされることが多く，そこには幼児期と同様の感情が伴う。そのプロセスが繰り返されるたびにその人は，"やっぱり世の中は思っていた通り（脚本信条通り）なんだ"と心でつぶやく。こうした結果の経験を蓄積させることによって，それは脚本信条を支える証となり，それが脚本を強化させていくのに一役買ってくれるのである。

(5) 人生脚本の結末

　人生脚本の結末には，その人が持つ脚本信条が大きな影響力を持つ。エリック・バーンは，多くの人が自由に生きているようであって，実は自らの人生脚本に従って生きていると述べた。人は人生脚本に基づいた思考・感情・行動を繰り返すのである。自らの脚本に逆らって生きようと試みても，大きなライフイベントに直面したときにどんでん返しで脚本信条を証明する結果になる（これを脚本衝動という）ことが多い。たとえば，"私は重要な存在ではない"という自らの信条に逆らい，自身の重要さを証明しようとする人生を歩んだとしても，どこかで"やっぱり私は重要ではない"と自らの信条通りの結果をもたらしてしまう。人は生きている間，人生初期に形成した自らの脚本に大きな影響を受け続けているのである。

(6) 人生脚本への介入

　脚本信条と感情，ラケット的表出，強化された記憶のプロセスの繰り返しによってフィードバックの閉鎖回路ができあがると前に述べた。交流分析ではクライアントが示すこのような脚本の繰り返しに効果的に介入することは「対決」である（「8．対決」参照）。

　対決とは，攻撃的に介入するのではなく，クライアントが自身の脚本信条と

その繰り返しのパターンであるラケットシステムを吟味していけるような効果的な働きかけをしていくことである。したがって交流分析では，効果的な介入とは，脚本と対決し，そこから抜け出ようとする主体性に共感・支持的な言動を示すことであり，有害な介入とは，脚本に従った思考・感情・行動に共感・支持的な言動を送ることであるとする。

　人は自身の脚本信条と対決し，幼児期に抑圧した感情と向き合いそれを処理しない限り，人生脚本に基づいた思考・感情・行動を繰り返す。再決断療法ではクライアントが自身の人生脚本から抜け出るためにラケットシステムへの介入を行う。そしてラケットシステムの流れを遮ることを実現させようとする。そのためには，自身の脚本信条を更新すること，そして脚本信条に伴っている感情を取り除くことがもっとも効果的である。それが実現すれば，ラケットシステムを構成する行動・思考・感情・身体症状といった部分にも変化をもたらしていく。脚本信条の更新とそこに伴う幼少期に抑圧された感情の処理，それこそ再決断療法が目指すものである（第2章参照）。

16　プロセス脚本

　ここまで脚本の内容について，すなわち脚本の中にどのようなものがあるかについて述べたが，ここではどのように脚本を繰り返し実行し続けるのかについて述べる。脚本の繰り返しのパターンを「**プロセス脚本**（process script）」という。

　プロセス脚本のタイトルは，「〜までは（Until）」「決して〜ない（Never）」「いつもいつも（Always）」「〜の後で（After）」「もう一歩のところでⅠ（Almost 1）」「もう一歩のところでⅡ（Almost 2）」「結末のない（Open-Ended）」の7つである。

　プロセス脚本のタイトルは，人がどのようなパターンで脚本を繰り返し実行し続けているかを描写している。それぞれのパターンはモットーに要約され，それは自分，他者，世界についての早期決断を反映している（表1-5参照）。

表1-5　プロセス脚本のモットーとパターン

名　称	モットー	パターン
～までは	「仕事をみな済ませるまでは楽しむことができない」	楽しくないことが仕上がるまでは，楽しいことを手に入れるのを自分に思いとどまらせる
決して～ない	「一番欲しいものを決して手に入れない」	スタートしないし，どこにも到着しない
いつもいつも	「ベッドを整えたからには，横にならなくてはいけない」	状態が悪いときでも同じことをする
～の後で	「今日は楽しむことができるが，明日にはその償いをしなければならない」	楽しいことを手に入れるが，その後不快なことで自分を罰する
もう一歩のところでⅠ	「もう一歩のところで山の山頂に登れたが，それからまた下までずっと滑り落ちてしまった」	着手する（企画など）がきちんと終えられない
もう一歩のところでⅡ	「頂上に登ったらすぐに，さらにもっと高い山に向かって出発する」	終える（企画など）と立ち止まることなく次の仕事を始める
結末のない	「時間の流れのなかのある特定のポイントの後は，何をしたらいいかわからない」	企画などで人生のある特定のポイントには達するが，それからは「どうしたらいいかわからない」

（出所）　Joines & Stewart/白井・繁田（監訳）（2002/2007）

表1-6　一次的ドライバーとプロセス脚本の関係

一次的ドライバー	プロセス脚本
完全であれ	・・・までは
喜ばせろ	・・・の後で
努力せよ	いつもいつも
強くあれ	決して・・・
喜ばせろ＋努力せよ	もう一歩のところでⅠ
喜ばせろ＋完全であれ	もう一歩のところでⅡ
喜ばせろ＋完全であれ	結末のない

（出所）　倉成/杉田（2013）

　またプロセス脚本は，個人が示す主要なドライバー行動と関連がある。人が見せる主要なドライバーである「一次的ドライバー」から，その人固有のプロセス脚本を知ることができるのである。一次的ドライバーとプロセス脚本の関係は表1-6の通りである。表中に複数のドライバーの組み合わせが示されて

いるのは，一次的ドライバーが複数存在しているパターンを示している。また「急げ」については，それ単独で一次的ドライバーとして働かず，他のドライバーと組み合わされて働く。

17　交流分析が目指すゴール

　交流分析が脚本を建設的なものへと変えていくことを目指しているとしたら，そのゴールはどこにあるのであろうか。この問についての解答を一般化するのは困難かもしれない。個人の目指すものはそれぞれ違って当然である。しかし交流分析が目指す目標として，一つの考え方を，交流分析の理論の最後に説明する。

（1）勝者の脚本

　交流分析では，人生脚本を「**勝者の脚本**（winning script または winner）」「**勝てない者の脚本**（non-winning script または non-winner）」「**敗者の脚本**（losing script または loser）」として説明している。ここでは，ミリエル・ジェイムスとドロシー・ジョングウォード（James, M., & Jongeward, D.）が著書『自己実現への道（*Born to Win*）』（本明・織田・深沢（訳），1971/1976）で描いた「勝者」を紹介する。

　勝者たる人間は，様々な潜在能力をもっている。最も重要なものは，その業績ではない。人間としての「真実味」が最も重要なものだ。真実の人間は，自己をよく知り，本当の自分を表現し，信頼できる，期待に応えることのできる人間になることによって，現実の自己というものを体験する。このような人は，自分が持っている今までにないユニークな面を実現し，また，他人のユニークさを正しく評価できる人である。

　彼は，自分が「こうあるべきだ」と考えるイメージのために，自分の人生を犠牲にするようなことはしない。むしろ彼は，現実の自分であることに専心す

る。したがって演技をしたり，見せかけの自己をもちつづけたり，巧みに人をゲームに引きずり込んだりするようなことをして，エネルギーを消費することはしない。

　勝者は他人の機嫌をとったり，人を怒らせたり，そそのかしたりして自分の思い通りにすることはしなくても，自己を実現することができる。彼は「愛すること」と「愛情のあるように見せかけること」，「愚鈍であること」と「愚鈍にふるまうこと」，「利口であること」と「利口なふりをすること」の違いがわかる人である。彼は，仮面をかぶって真の自己を隠す必要はさらさらない。また，劣等感とか優越感など，非現実的な自己イメージは投げ捨てる。また，自律的であることが勝者を脅かすこともない。

　誰でも，たとえ束の間でも自律しているときがある。しかし勝者ならば，相当長い期間それを維持するのが可能である。

　彼は，時には不利な立場に追い込まれ，失敗することさえもあるかも知れない。しかしそうした敗退にもかかわらず，勝者は自分に対する基本的な信頼感をなくしはしない。勝者は自分で考えることを恐がらないし，自分の知識を活用することも恐れない。彼は，事実と意見を区別することができ，何でも知っているふりをすることはない。

　人の意見に耳を傾け，それを評価するが，最終的には自分自身の結論を出す。人を賞賛し尊重する能力を持つ一方で，決して定義付けされたり，打ち砕かれたり，束縛されたり，畏怖させられたりすることもない。

　勝者は「何も出来ない無力人間」のゲームや，「責任の押しつけ」ゲームを決して演じたりしない。その代わりに彼は，自分の生き方に責任をもっている。相手に対して，いたずらに卑屈な態度をとらない。彼は自分自身のボスであり，また自分でもその事をよく認識している。

　勝者のタイミングは正しい。彼は状況にふさわしい反応をする。彼の反応は，送られたメッセージに関係したものであり，それに関連ある人物の尊厳，福祉，価値や重要性を維持する場合に適切である。彼は，全てのものに好期というものがあり，すべての行動に適時というものがあることを知っている。

　積極的・攻撃的にふるまう時と受動的にふるまう時，
　　みなと共にある時と一人でいる時，

闘う時と愛する時，働く時と遊ぶ時，泣く時と笑う時，
対決する時と退く時，発言する時と沈黙の時，急ぐ時と待つ時，
　勝者にとって時間は貴重である。彼はそれを無駄にしない。彼はそれを，今，現在，ここで使うのだ。現在に生きるということは，彼自身の過去のことを愚かにも無視することではないし，また，将来のための準備をしないということでもない。そうではなく，勝者は自分の過去を知り，現在をよく認識し，現在に生き，そして期待を持って未来を見つめる。
　勝者は，自分の感情と自分の限界を知る事を学び，それを恐れない。彼は自分の内部にある矛盾や二律背反に惑わされることはない。自分が怒っているときはそれを知っており，他人が自分に対して怒っている時にそれに耳を傾けることができる。彼は，愛情を与えることも受け取ることもできる。人を愛することができ，人から愛されることもできる人間である。
　勝者は，自由で自然にふるまうことができる。彼は，前もって決定された融通のきかないやり方で反応する必要がない。状況の変化に応じて，自分の考えを変えることができる。
　勝者は，人生に情熱をもやしている。彼は，仕事や遊び，食物や他の人間たち，セックスや自然の世界を楽しむ。なんら罪の意識をもたずに，自分の達成したことを楽しむ。ねたみをもたないで，他人の成功を喜ぶのだ。
　勝者は自分を自由に楽しむことができるが，同様に楽しみを先に引きのばすこともできる。将来の楽しみを増大させるために，現在の自己を鍛錬することができる。彼は自分の欲するものを追及するのを恐れないが，それを適切な方法で行う。
　彼は人をコントロールすることで自分の安全を得ようとはしない。彼は自分が失敗するようなお膳立てはしない。
　勝者は，世間の出来事やまわりの人々に対して細かく気を配る。社会の一般的な問題から孤立してはいない。彼は生活の質を改善することに関心と情熱をもち，それにコミットしている。たとえ，国内的あるいは国際的な逆境に直面しても，彼は自分がまったく無力であるとは思わない。彼はこの世界をより良い場所にするために最善を尽くすであろう。

(2) カウンセリングのゴール

　交流分析において，カウンセリングのゴールとして目指すものは「**自律性**（autonomy）」である。自律性とは，

　　「**気づき**（awareness）」
　　「**自発性**（spontaneity）」
　　「**親密さ**（intimacy）」

の3つの能力が自由に発揮されること，取り戻されることである。また自律性とは，脚本から自由になることを意味しているとも考えられる。「今，ここ」での現実への反応としての思考・感情・行動で，脚本に基づく思い込みの反応ではないものである。また自律的であるということは，受け身的である代わりに問題解決をすることである。問題解決は，解答を得るために考えるだけではなく，その解答を得るために効果的な行動を取ることでもある。

　気づきとは，現実の世界を自分の決断に沿って歪めて知覚するのではなく，ありのままに知覚することである。

　自発性とは，思考・感情・行動において可能な限り多くの代替案の中から選択できる能力である。

　親密さとは，自分と他者との間で，互いに心を開いて感情や欲求をともにできることである。そしてそこで使われる感情は本物の感情である。

第2章
再決断療法

　交流分析は個人の成長を実現するための理論である。そしてその目標は，その人の問題となる思考・感情・行動のパターンから脱却し，人生脚本を建設的なものへと変えていくことにある。カウンセリングにおいてそれを支援するための手法，それが「**再決断療法**（Redecision Therapy）」である。すなわち再決断療法は，交流分析の考え方を実現するための心理療法，技法である。

　再決断療法は人間性心理学に位置づけられ，人間は本来自発性や親密さの能力を備えており，自らの気づきと意思により，自身の思考・感情・行動を自分の責任として変えることができるという人間観を持つ。その基本的治療哲学は，ロバート・グールディング（Goulding, R.L.）の言葉通り「変化するパワーはクライアント自身の中にあり（The POWER Is in the Patient），本来の自律性を本人が取り戻すことを援助するのがカウンセラーである」（Goulding & Goulding, 1978）というものである。クライアントの思考・感情・行動はクライアント自身のものであり，クライアント自身がカウンセリングから何を望むかを決定するのである。

1　再決断療法の誕生

　再決断療法は，米国精神医学会，米国集団心理療法学会，国際TA協会の重鎮であったロバート・グールディングにより創始され，共同治療者であるメリー・グールディング（Goulding, M.）とともに発展させた精神療法である。精神科医であったロバート・グールディングは，1962年に交流分析の創始者エ

リック・バーン（Berne, E.）と出会い，バーンから交流分析を学んだ。

　その後ロバート・グールディングは，交流分析を使った治療を通して，クライアントのゲームや人生脚本の理解促進，もしくは社会的な場面における行動の変化は見られるものの，感情面では変化し得ないという問題を感じた。交流分析のカウンセリングはクライアントのAの自我状態での問題の理解を促進し，Aのコントロールによって自身の問題を解決するというものであった。そのために行動の変化が持続せず，その後のネガティブな刺激によって変化以前の状態に戻ってしまうと考えた。そこに限界を感じたグールディングは，フリッツ・パールズ（Perls, F.S.）らの「**ゲシュタルト療法**（Gestalt therapy）」ワークショップに参加し学びを深めた。

　ゲシュタルト療法は，フリッツ・パールズによって1950年ころに提唱された精神療法である。ゲシュタルト療法では，現在の問題や症状は，「未完了の仕事（unfinished business）」により，二つ以上の欲求が競合している状態，いわゆる不統合の人格像から引き起こされていると考える。今の本当の欲求を「今，ここ」で意識化させ認知させる（自己への気づきを促進させる）ことによって，人格の統合を目指すものである。自己への気づきを促進させるための技法として，空き椅子に想像上の他者や自分が座っていると空想させ対話をする「空き椅子の技法」，自身の身体の感覚と関わるために身体の一部を擬人化させそれになりきり言語的に表現する「ボディーワーク」，夢の中に投影された問題を夢の中の登場人物になりきり再現する「夢のワーク」，などを使用する。ゲシュタルト療法のワークはAの自我状態での理解ではなくCの自我状態での体験を重視したものである。

　しかしグールディングは，ゲシュタルト療法のワークショップ参加者の観察を通して，ゲシュタルト療法により感情面での体験，いわゆるCの自我状態での体験によるカタルシス効果が起き，クライアントの感情はすっきりするものの，認知面の変容を伴わないため行動変容が見られないことに気づいた。

　その後グールディングは，ゲシュタルト療法の技法によるCの自我状態での体験と，Aの自我状態での行動面と認知面の変化への決断を同時に行うと，

クライアントは感情面の改善と行動の変容が達成できることに気づいた。その結果，交流分析理論をベースにゲシュタルト療法の技法を活用する再決断療法を生み出した。

交流分析＋ゲシュタルト療法＝再決断療法
交流分析　　　　　：理論，このように変化すればよいという考え
ゲシュタルト療法：技法，感情面の変化を促す技法

　交流分析の提唱者であるエリック・バーンは，人生早期に親から与えられたメッセージは，頭の中に「電極（electrode）」のように埋め込まれているものであると考えていた。その結果クライアントは，人生早期の決断ひいてはその決断の影響下にある人生脚本を書き換えることは困難であるという立場を取っていた。それに対しグールディングらは，人生早期の決断に関わるメッセージは，親から与えられたものではあるが，それを取り入れたのは受け手である子どもであり，決断の成立に受け手が関与している以上，その決断を書き換えることは可能であるという立場を取った。その結果再決断療法は，人生脚本を変えるためのカウンセリング，いわゆる人生を変えるための心理療法として確立されたのである。

　その後再決断療法は，交流分析の一派として発展を遂げていった。現在交流分析の学派は，①古典的であり成人の自我状態（A）でのコントロールを重視する古典派（Eric Berne San Francisco Seminar Approach），②クライアントの再養育を重視するシフ派（Schiff "Reparenting" Approach），③再決断を行う再決断派（"Redecision" Approach）の3つに分類される。そして最近では，再決断療法は交流分析の一派としての枠を超え，効果的なブリーフセラピーの一つとして認知され発展を遂げている。

2 再決断療法の理論的背景

(1) 人生脚本と禁止令

 人生脚本とは無意識の人生計画である。人は誰しも乳幼児期から青年期までに，自分の人生をどのように生きていくかについての計画を決定する。そして成人した後も，無意識に決定した人生計画に従って生きているのである。再決断療法の目的は，人生脚本をポジティブなものへと書き換えることであると考えられている。人生脚本にネガティブな影響を与えるテーマが禁止令決断である。すなわち，禁止令の再決断によって人生脚本を建設的なものに変えること，それが再決断療法の目標である。

 ロバート・グールディングとメリー・グールディングは，1976年に人生早期のネガティブな決断を**禁止令**として12のテーマにまとめた。グールディングは臨床を通して，クライアントにしばしば見受けられる，人生脚本に悪影響を及ぼす包括テーマを禁止令としてまとめたのである。それは後に「12の禁止令」と呼ばれるようになり，それ以降大きな修正は加えられることはなかった。

 1999年にグールディングの下で再決断療法を学んだジョン・マクニール（McNeel, J.）は，禁止令を決断している人の言動から，禁止令の存在によって表れる行動パターン（マクニールはこれを**対処行動**とよんだ）を再分類し，グールディングらが提唱した禁止令リストに追加・修正を加え，その後2010年ころに「25の禁止令（25のカノン　The Canon of 25）」とした。そしてそれらの禁止令を5つのカテゴリーに分類した。5つのカテゴリーと禁止令は，表2-1のとおりである。

(2) 禁止令の解説

 以下，禁止令ごとにその内容を解説していく。禁止令はカテゴリーごとにまとめている。まずカテゴリーの最初に，そのカテゴリーの禁止令に共通する，解決する上で核となるポイントを紹介している。その後それぞれの禁止令の解

表2-1　禁止令のカテゴリーと禁止令リスト

①生存（Survival）に関する禁止令
　存在するな（Don't Exist）
　重要であるな（Don't Be Important）
　健康であるな（Don't Be Well）
　正気であるな（Don't Be Sane）
　信頼するな（Don't Trust）
　触れるな（Don't Touch）
②人間関係（Attachment）に関する禁止令
　近づくな（Don't Be Close）
　属するな（Don't Belong）
　子どもであるな（Don't Be A Child）
　欲しがるな（Don't Want）
　愛着を感じるな（Don't Be Attached）
　関わるな（Don't Invest）
③自己（Identity）に関する禁止令
　お前であるな（Don't Be You）
　離れるな（Don't Be Separate）
　見えるな（Don't Be Visible）
　するな（自分の人生を生きるな）（Don't (be engaged in your own life)）
④能力（Competence）に関する禁止令
　成功を感じるな（Don't Feel Successful）
　成し遂げるな（Don't Make It）
　成長するな（Don't Grow Up）
　考えるな（Don't Think）
⑤安全（Security）に関する禁止令
　楽しむな（Don't Enjoy）
　感謝するな（Don't Be Thankful）
　感じるな（Don't Feel）
　くつろぐな（Don't Relax）
　人生をともにするな（Don't Share Your Life）

説をしている。その後に記載している《禁止令に影響を受ける言動》で，クライアントのどのような言動によってそれぞれの禁止令が発見できるかについての手がかりを示している。ただしこれらはその禁止令の存在を断定するものではなく，あくまでも禁止令決断の可能性を示唆するものである。そして《この禁止令が確認される病理》では，臨床においてそれぞれの禁止令にしばしば見受けられる特定の病理がある場合には，それについて記述している。なお「人生をともにするな」については，新しく提唱された禁止令の一つであり，現在

検証中のため解説文は記載していない。

①生存に関する禁止令（Survival Injunctions）
❖このカテゴリーの禁止令を解決する核となるもの
・愛（関心）と愛情は存在している
・愛を受け入れる
・愛情ある関係を作る
・無条件の愛は条件付きのものより重要

(1)「存在するな」（Don't Exist）
　この禁止令は、"私は居ないほうが良い" "私は愛される存在ではない" と決断したものであり、生きることに対する否定的な信念である。しばしば死にたくなったり、生きていくことに大きなエネルギーを要してしまう。それは、幼少期のあからさまな無視や虐待はもちろん、親から愛されていないと受け取れる言動、親の不幸の原因をまるで子どもの側にあるように感じさせる言動（お前さえいなければ、私たちの人生はもっと良かったはずだ）、愛する人の自殺や、他人の死を喜ぶような態度などが影響を与えていることが多い。今までに、死にたい、消えてしまいたいなどと思ったことがあるならば、この禁止令を決断しているとみていい。
　再決断は、"私は生きる価値がある存在である" という事実（もちろん人は誰も生きる価値がある存在として生まれてきている）に気づき、それを理解することである。たとえ周囲の者が彼らにどのような態度を取ったとしても、その事実は変わることがないのである。
《禁止令に影響を受ける言動》
・希死観念・自殺企図、自傷行為、自傷の衝動
・人を殺したい、他傷行為、他傷の衝動
・消えてなくなりたい感覚、居ないほうが良い感覚がある
・生きることへの罪悪感を持っている

- 生きることに絶望したような言動が見られる
- 生きる価値が無いような感覚がある
- 積極的に死にたいとは思わないが，生きていたくないと思う
- いくつもの死別を体験している
- 誰からも愛されていない感覚を持っている
- 喫煙
- ワーカホリック
- 無謀な車やバイクの運転をする
- 卓越した芸術性

《この禁止令が確認される病理》
- うつ病
- パーソナリティ障害
- 依存症
- 摂食障害

(2)「重要であるな」(Don't Be Important)

　この禁止令を決断した人たちは，幼少期の親の言動から"私は重要な存在ではない"と教えられている。親は彼らを価値がある存在として重要に扱わなかったのかもしれないし，無条件の肯定的ストローク（第1章「5．ストローク」参照）が不足したのかもしれない。その結果自分が本来持っているはずの重要性を感じにくくなっており，自尊感情も低くなってしまっている。

　再決断は，自分の重要さを認めること。そして，間違いを犯したか犯してないかに関係なく，"自分は重要であり価値がある""自分の存在は重要である"というのがまぎれもない真実であると再認識することである。そしてそれを日常で認識し続けるために，自分に愛情を示し重要に扱ってくれる人との関係に身を置くのである。

《禁止令に影響を受ける言動》
- 自分が重要な人間であることを示そうとする

・相手より優位に立とうとする，または支配しようとする
・過剰なプライドを持っている
・人の評価や反応に敏感である
・I'm not OK（第1章「9. 人生の基本的構え」参照）の立場に身を置く
・褒められるのが苦手（プラスのストロークを受け取れない）
・自信がない（本番で力が発揮できない）
・自分は上手くできない感じがする
・自分の弱みを見せない，間違いを認めようとしない
《この禁止令が確認される病理》
・うつ病
・新型うつ病（反抗的決断の状態が強調して見られる）
・パーソナリティ障害

(3)「健康であるな」（Don't Be Well）

　病気になりたい人はいないと思われるが，この禁止令を決断した人たちは，深層意識レベルで病気になることを願っているのである。そしてまた自分の健康を気遣うことに無頓着でいるようにしている。病気になったときには愛情を示してもらえる，また病気になったときにはやっと休息を取ることができ労ってもらえる，と信じているのである。彼らは言葉にこそ出さないものの，心の奥底で，本当は自分に関心を示してほしいと願っている。だから彼らが健康を害すとき，心の中では他者からの愛情や労りを求めているのである。

　再決断は，関心を示してもらうために自分を病気にする手段を使わないと決めること，"自分を病気にしない"と決めることである。そして，自分の身体を自分で労り，自分がやるべきことに全ての時間を費やすのではなく，他者との慈しみのための時間を持つことを実践していくことである。

《禁止令に影響を受ける言動》
・ストレス状況下に置かれると病気になるパターンを繰り返す
・病気をしたときだけ暖かいストロークがもらえるという感覚がある

・病気になったときだけ休める
・病気や怪我をしたときになぜか嬉しい気分を感じる
・過剰にやって疲れ果てたい感覚を持っている
・自分は少々のことでは病気しないと過信している
・慈しみの時間を軽視しており大切にしない

(4)「正気であるな」(Don't Be Sane)

　この禁止令を決断した人たちは，幼少期に耐え難い怖さと悲しみを体験し，それを憎しみや復讐心で覆い隠して生きていくことを決めている。その憎しみはいつしかおかしくなりそうな感覚に姿を変えていく。そのために，"いつか狂ってしまうのではないか"と恐れるようになってしまったのである。または，クレージーな行動をするときだけ関心を集められたという体験や，精神病の親・親戚がモデルとなり"いつか自分も正気を失うのではないか"という不安から決断してしまう場合もある。

　再決断は，"私は正気を失わない"というものである。自分のおかしくなりそうな感覚はコントロールできることに気づき，絶対に正気を失わないことを決意するのである。そして最後は，憎しみを手放し，幼少期の親をゆるしていくことにより再決断が完了する。

《禁止令に影響を受ける言動》
・幼少期に，親や祖父母（または叔父叔母，兄弟）など精神病の身内が居た
・いつか正気を失いそうな（おかしくなってしまいそうな）不安がある
・正気を失わないと愛されないと思っている
・みじめさから抜け出せない感覚が強い
・正気を失ったほうが楽と思うことがある
・幼少期の親に対してどうにかなりそうなほどの強い憎しみを持っている
・不自然なくらいに，自分の言動が普通であることを気にかけている

《この禁止令が確認される病理》
・パーソナリティ障害

(5)「信頼するな」(Don't Trust)

　この禁止令を決断した人たちは，人から期待を裏切られ傷つけられた体験から，失意と深い悲しみを体験した。その結果，信用することを怖れ，"自分が傷つかずに済むために決して信頼しないこと"を決めている。また，親がアルコール依存症や精神病などの理由で信頼できない人物であった場合や，うたぐり深い親の言動から"人をうたぐりなさい"と教えられた場合に決断することもある。"他者を信用しない"と決めた結果，彼らは他者に対する評価基準を誰でも失敗するくらい高くして，信用できた例は目もくれず信用できなかった例ばかり集めて，他の人が信頼に値する能力を持っていることを認めようとしない。そして"やっぱり信用できない"という信念を強化していく。同時にまた，うたぐり深く生きているおかげで自分が安全で居られるとも信じている。

　再決断のためには，不信からくる緊張がとても不快だと認識するところから始める。その後に，自分が信用したい人を信用することを決める。そして現実に相手を信用した関わりを持っていくのである。不安や心配よりも，信用することによる心地よさを感じていくようになることがゴールとなる。

《禁止令に影響を受ける言動》
・自分しか信じられないような言動がみられる
・他者からわなにはめられるような不安がある
・信じられるものがこの世にはないと思っている
・過剰に周囲を操作する
・対人関係で過剰に用心深い
・自分のことを話すことに対して不安が強い（「見えるな」の禁止令でも見受けられる）
・自分は他者から傷つけられやすい人間であると思っている
・他者の言動に敵意や攻撃を過剰に感じ取りやすい
・お金や社会的地位・社会的評価・学歴などに固執する（「愛着を感じるな」「感謝するな」の禁止令でも見受けられる）

《この禁止令が確認される病理》

・妄想性・境界性・反社会性パーソナリティ障害

⑹ **「触れるな」**（Don't Touch）

　この禁止令は，愛着の問題に関係している。愛着の欲求が満たされなかった体験から，他者との接触を回避するようにしている。接触を試みることは，過去に接触を試みたけれどもそれが叶わず，自分が深く傷ついたことを認めてしまうことになるからである。その結果，暖かさや思いやり，愛情などを軽視して生きていく，傷つくことなく強く生きていき，他者との心の触れ合いには目もくれないのである。

　再決断は，自分が傷ついていることを受け入れ，つらい気持ちを感じ受け止めることである。その上で，他者との心の触れ合い，愛情を必要として生きることを決めるのである。そうすると自分のつらさだけでなく，彼らは他者のつらさにも共感できるようになる。

《禁止令に影響を受ける言動》
・他者との接触を避けようとする
・表情や感情表現に乏しい
・他者との情緒的なつながりが乏しい
・つらいことをつらいと思わず強く生きている，つらい体験を覚えない
・人との心理的距離が遠く，そのことに苦痛を感じていない
・人の感情を取り違える（悲しみを怒りと取り違えやすい）
・人を頼らない，人から頼られると重荷に感じる，持続的責任を避ける
・親密さ，感情的な交流を心地よいと思わない
・人に迷惑をかけないことを過剰に大切にする
・人とのいざこざからは身を引き意見を戦わせることを避ける

《この禁止令が確認される病理》
・愛着障害
・回避性パーソナリティ障害

②人間関係に関する禁止令（Attachment Injunctions）
❖このカテゴリーの禁止令を解決する核となるもの
・愛情を与える
・他者とつながっていることを知る
・甘え
・愛する人たちを守ること

(1)「近づくな」（Don't Be Close）
　他者と親密になるために接近しようと試みたにもかかわらず，傷つく結果に終わったとき，親密さを求め行動を起こすことをあきらめてしまう。それは，誰かに傷つけられた体験や拒否された体験，または親密になりたいと願った相手がそれを喜んでくれなかったという体験が影響しているのかもしれない。いずれにせよ，親密になろうと自分から行動して再び傷つくことよりも，他者と距離を取って生きることが安全であると考えるのである。その結果，一部の人は一匹狼として生きる道を選ぶ。しかし，多くの人は，親密な関係を築きたいという願いが捨てきれず，本当の愛情や真実の親密さを探し求め続ける。しかしそれは決して手に入ることはない。
　再決断は，人に近づき親密な関係を持つことが暖かく心地よいものであると理解し，自分から人に近づき親密になろうとすることを決めることである。しかしそれは傷つく可能性を秘めている。傷つくのを避けることよりも親密さを求めるほうが心地よいと理解し，それを実践することが必要である。
《禁止令に影響を受ける言動》
・他者との間に見えない壁を作る
・人と表面的な付き合いしかしようとしない（「関わるな」の禁止令でも見受けられる）
・親と，また他者と親密な関係を築けない
・過去にいじめを体験し，そのことに強くこだわっている（「属するな」の禁止令でも見受けられる）

- 自分は他者と違うという感覚を持っている（「属するな」の禁止令でも見受けられる）
- 本当の愛を求め続けている
- 不適切な形で関係を作ろうとする

《この禁止令が確認される病理》
- パーソナリティ障害

(2)「属するな」(Don't Belong)

　この禁止令決断は集団になじんでいけない感覚をもたらす。彼らは，家族の中で一体感が持てず孤独感を感じていた，他の子どもと何かが変わっていて（頭が良かった，離れた場所に住んでいた，自分の親だけ周囲と違う職業だった）一緒に遊ぶ機会がなかった，またはいじめや仲間外れの体験，内気な子というレッテルを貼られ周囲とうまくなじめなかった，などの理由で集団に所属感を持てなくなっているのである。その結果，周りから集まってくれない限り自分から集団になじんでいこうとせず，つねに集団の外に居る人になる。そして人と疎遠な感じや孤独感を持ちつつ集団に対する批判を繰り返してしまう。

　再決断は，集団の中になじむことの心地よさを知った上で，自分から集団に入ると決めるのである。自分が集団に入りたいと欲していることに気づき，集団に対する批判を止め，自分から集団に入る意思を示し，"私を入れてください"と自分から声をかけていくことである。

《禁止令に影響を受ける言動》
- 集団の中に入ろうとしない
- 過去にいじめを体験し，それに強くこだわっている（「近づくな」の禁止令でも見受けられる）
- 自分は他者と違うという感覚を持っている（「近づくな」の禁止令でも見受けられる）
- 集団より個人で行動する，集団に関わることを避ける
- 集団の中にいるときに所属感を感じない

・頻繁に集団で孤立する
・孤独感が強く疎外感を感じる
・集団（組織）に不満を持ちやすい，転職が多い

(3)「子どもであるな」（Don't Be A Child）
　この禁止令決断は日本人に多くみられる。彼らの多くは，自分の感情よりも他者の感情の面倒をみることを優先させるよう教えられたか，問題を抱えた家庭環境で育ったために小さいうちからその問題に関わらざるを得なかったか，子どものうちから紳士淑女のように振る舞うことを課せられた。そのために子どもらしく振る舞えなかったのである。その結果，大人になっても自らを犠牲にしてまで家庭を守ることや他者を助け幸せにすること，他者の期待に応えることに専念する。まるで重い荷物を背負って歩き続けているかのように，自分よりも他者を優先し，他者に合わせ，他者の面倒を見てしまうのである。もしかすると，彼らは自分のことを後回しにして我慢を続けていることにすら気づいていないかもしれない。
　再決断は，自分に優しく寛容になることである。そして，責任を感じること，お世話役になるのを止めて，自由に振る舞う，わがままになる，甘える，頼るなど自分のことを優先する体験をしていくのである。
《禁止令に影響を受ける言動》
・過剰適応（人に合わせる）
・幼少時より親や兄弟姉妹の面倒を見ていた
・自発的行動が苦手である，きまりがない状況下で落ち着かない
・過剰に周囲の期待に応えようとする
・人と居るときに自分らしく振る舞えない
・いい子，いい人として振る舞う
・自分のことはいつも後回し，我慢する
・わがままが言えない
・甘えられない，頼らない

・過剰に他者（しばしばかわいそうな人）の世話をする
《この禁止令が確認される病理》
・パニック障害
・対人恐怖症
・うつ病
・摂食障害

(4)「欲しがるな」(Don't Want)
　この禁止令を決断した人たちは，欲しがることが危険であり欲しがらないことが安全であった。欲しがることは愛情を失うことであったのである。または，欲しがらずに我慢している養育者の姿を通して欲しがらないことを美徳として教えられてきた。そして欲しがることをあきらめてしまったのである。その結果，自分が欲しいものがわからなくなった。また欲しいものがわかっていたとしても，それをくれそうな人には言わずにくれそうにない人にだけ言ってみたり，たとえ手に入れても満足しないようにしたりして，欲しいものを手に入れないようにしている。そしていつまでも満足感を得ず，人生の中で自分の欲しているものは決して手に入らないのだとあきらめている。
　再決断は，欲しがって良いと自分に許可することである。そして，自分が何を欲しているかを知り，自分自身にそれを与え，くれそうな人にそれを頼む，そしてこれらの行為を楽しんでいくことである。
《禁止令に影響を受ける言動》
・自分の欲求に我慢強い，欲求を表さない
・自分の欲しいものより人の欲しいものを優先させる
・自分の欲求，欲しいものがわからない
・自分がしたいことがわからない
・欲しいものを手に入れることに罪悪感を持つ
・言いたいこと（イエス・ノーなど）をハッキリ言わない
・相手が喜ばないことに無力感を持つ

・結局自分の望みは叶わないと思っている
《この禁止令が確認される病理》
　・依存症（の一部）

(5)「愛着を感じるな」(Don't Be Attached)
　この禁止令決断は乳幼児期の愛着の問題に関係している。そしてこの禁止令は生存に関する禁止令と表裏一体をなしている。彼らは，"どうせ誰も自分を愛さない""愛情なんて心地よくない""愛情を求めないほうが楽"と自分に言い聞かせざるを得なかった。しかしその一方で，それを覆す事実を探し続けている。その結果，一方で愛されることを願い，それを求め続けるものの，それと同時にやっぱり最後には幻滅する結果に終わる，捨てられる，殺される，独りぼっちになる，といった不安で心をいっぱいにしているのである。彼らがその不安から逃れるためには，愛されそうになるとそれを避ける，早く思い込み通りの結果にたどりつくために先に嫌われてしまう，などの方法を取らなければならないかもしれない。
　再決断は，愛されることの心地よさと安心感を理解し，自分の人生の中で愛情を求めていくと決めることである。そして自分と人を愛する言動の練習が必要である。その実践の過程で，どんな人も完全ではないこと，未来は予測できないので何の保証も無いこと，を受け入れていき，再決断が強化される。
《禁止令に影響を受ける言動》
・他者との愛着関係を作ることに不安を感じる
・拒絶されることを過剰に怖れる
・他者から嫌われる前に離れたいと思う
・自分の子どもを抱けない，愛せない
・他人の愛情深い関係に不快な感覚を持つ（批判的な態度をとる）
・見捨てられる不安感が強い
・自分の周りから人が居なくなりそうな感覚，最後は独りぼっちになるという確信を持っている

・他者に対する評価が安定しない（理想化してはこきおろす）
・しばしばキック・ミーのゲームをやる
・安心感が無い，空虚感がある
・お金や社会的地位・社会的評価・学歴などに固執する（「信頼するな」「感謝するな」の禁止令でも見受けられる）

《この禁止令が確認される病理》
・パーソナリティ障害
・愛着障害
・しばしば摂食障害や対人恐怖症

(6) 「関わるな」（Don't Invest）

　この禁止令決断は若い人にしばしばみられる。彼らは，人に自分のエネルギーや時間を投入するのを避け，関わらないようにすると決めている。彼らは，幼少期に，自分に関心を示してほしいと願ったもののそれが叶わず，"関わりを求めて苦しむよりもあきらめたほうが良い" と決断した。または親から過度にコントロールされる経験から，"人と関わることは面倒で厄介なので関わらないほうが良い" と決断した。そのために，他者との関わりに疲労感を覚え，人と距離を取り希薄な関係を維持し生きていく。そして，他者の思いや気持ちにも気づかないようにしているのである。

　再決断は，他者と関わることの心地よさを感じていきたいという欲求を持った上で，人に関心を向けると決めること。そして，他者のことが "わからなかった" と思うのをやめて，人を理解しようとし，関わってみるのである。それが心地よく，自分の魅力を高めることになると理解するのが必要である。

《禁止令に影響を受ける言動》
・他者に関心がない
・他者のために一生懸命にならない，他者のために本気になって何かをすることがない
・人と表面的な付き合いしかしようとしない（「近づくな」の禁止令でも見受け

られる）
・人のことにあまり干渉しない，"人は人，自分は自分"という態度が強い
・他者を甘えさせない，頼らせないよう距離を保つ
・人と関わることが面倒と感じ，人と関わることで疲れる

③自己に関する禁止令（Identity Injunctions）
❖このカテゴリーの禁止令を解決する核となるもの
・良いところと短所から成っていると知ることの必要性
・肯定的と批判的のどちらの情報も取り入れる能力
・自分のことについての理解
・「妬みは無知であり，真似は自殺である」（米国の思想家エマーソンの格言）

(1)「お前であるな」（Don't Be You）
　これは自分が本来持っている一部分を否定する禁止令である。それは，頭の良さ，運動神経，身長，容姿，身体的特徴や障害などである。この禁止令を決断した人たちは，他の兄弟姉妹や従姉妹・従兄弟・他の子どもと，または一般的な子どもの姿と違う個性を否定されるというメッセージを受け取った。"お姉ちゃんと比べて勉強ができない"，"他の子のように外で元気よく遊ばない"などのメッセージを与えられ，"自分らしくあってはならない，姉のようでなければならない""少数派であってはならない，多数派でなければならない"と決断した。そしてそれが達成できないとき，自分のある部分に劣等感を抱く，自分はなんとなくおかしなところがあると感じてしまうのである。
　再決断は，"私はありのままで価値がある"というものである。ありのままの自分を認め，そして自分が嫌っていた部分を愛することができて，他者と違う部分である自分の個性を自分の魅力として評価できるようになる。
　この禁止令の一部に「お前の性であるな」がある。それは，自分は違った性に生まれてくることを願われていたと感じ，"もし違った性に生まれていたら，もっと愛されたに違いない"と思うことで決断される。または，女の子である

のにかわいらしさや優しさが不足していることを批判された，男の子であるのに運動ができないことやたくましさが不足していることを批判されたために決断したかもしれない。違う性に生まれて来た方が良かったと思うために，漠然と自分に何か違う感じを抱いていたり，同性との関係作りが困難であったり，異性に競争心や憎しみを持つ場合もある。さらに自分の性らしく振る舞い，それを楽しむことに困難を感じる。

　再決断は，"自分のありのままの性で，愛される存在である"というものである。そして，自分のありのままの性を受け入れ楽しむのである。

《禁止令に影響を受ける言動》
・自分のある部分に対する強い劣等感がある
・自分のある部分は人から嫌われると思っている
・劣等感を補おうとする過剰な努力をする
・本当の自分を生きていない感覚を持っている
・他の人のようにならなくてはいけないと強く思っている
・あるがままの自分では良くないような感覚がある
・その性を象徴するもの（行動）を避ける
・他の子のようになることを期待された，または他の子と比較されて育った

《この禁止令が確認される病理》
・離人症性障害
・回避性・依存性パーソナリティ障害
・発達障害
・性障害・PMS（月経前緊張症）（「お前の性であるな」）

(2)「**離れるな**」（Don't Be Separate）

　「離れるな」は，"離れることは悪いことである""離れるととても危険である"と教えられた結果，離れることに罪悪感と大きな不安を感じているものである。これの多くは，子どもが離れることに恐れを抱き，子どもを思いのままにコントロールしようとする親からのメッセージによるものである。しかし，

子どもは自立したいという自分の欲求をくすぶらせ続けるために，彼らはつねに"従う"か"回避"かの葛藤を抱え受動的攻撃行動を繰り返す。自立したいと願う一方で，独りで生きていくことはできないとも信じているため，葛藤から抜け出すという本当の欲求に従った行動を取ることができず，本当の自分がわからない感覚を持ったままに葛藤を繰り返し続ける。

　再決断は，葛藤から抜け出すことである。そのための方法は，暗に反抗するのをやめて，ハッキリと反抗することである。その反抗を通して自他の境界を作り，自分を理解していくことが必要になる。それらができてはじめて，彼らは離れ，自立できるのである。

《禁止令に影響を受ける言動》
・依存的な言動が多い
・成人しても親から自立できない
・親元を離れることに罪悪感を持つ
・面倒を見てくれる人から離れると不安が強くなる
・面倒を見てくれる人が居なくなることへの不安がある
・自分がないという感覚が強い
・親に対して嫌な感情を持ってはいけないという感覚が強い

《この禁止令が確認される病理》
・分離不安障害
・依存性パーソナリティ障害

(3)「見えるな」(Don't Be Visible)

　この禁止令は，"他者から見えてしまうと危険である，だからできるだけ見えないようにして居たほうが良い"と教えられ決断する。そのためにこの決断をした人たちは，なるべく見えないように，何気ない景色の中にまぎれているように振る舞うことにエネルギーを注いでいる。見えてしまうと何か良くないことが起きるから不安なのである。その結果，本当の自分を見せないようにし，"本当の自分をどうせ誰も知らない"という思いを持ち続けて生きる。また自

分を見せずにどう生きるかという考えに基づいて人生を設計する。もしかすると，見せないようにしていることすらわからなくなってしまっているかもしれない。そして，もし何かの間違いで他者に見えてしまったときには，とても恥ずかしく感じ，不安になるのである。

　再決断は，見えないことにエネルギーを注ぐのを止め，見えても良いので自分の欲求に従った生き方をすることを決めることである。そして，徐々に他者に自分が隠していた部分を見せること，つまり本当の自分を表に出して生きることを楽しむようにしていくことである。

《禁止令に影響を受ける言動》
・見えないような振る舞いを意識する
・人から（隠している自分を）見られると恥ずかしいと感じる
・平均的であることを意識した言動が多い
・外向きの自分を装い，他者と交流している感覚がある
・いつも素の自分を見せていない感覚を持っている
・他者に自分のことを話そうとしない，自分のことを話すことに対して不安が強い（「信頼するな」の禁止令でも見受けられる）
・問題があると悟られないように振る舞う
・過剰に周囲とのバランスを気にしている

(4)「するな（自分の人生を生きるな）」(Don't (be engaged in your own life))

　行動を起こしてはいけない，どう行動するかを決めてはいけないというこの禁止令を決断した人たちは，子どもの安全を確保したいと願う心配性の親たちから，"人生は危険がいっぱいだ" "失敗したら取り返しがつかない" と脅されてきた。"やってごらん" の代わりに "もうちょっと考えたほうが良い" と言われてきた。その結果，彼らは行動の代わりに心配や不安を使うようになった。また，その不安から逃れるため強迫的な儀式を使おうと試みるかもしれない。どんな変化にも，また変化しないことにもリスクはつきもの，そのため誰しも行動のプラスとマイナスを予測し天秤にかける。しかし彼らはずっと天秤にか

け続けるため，本当に自分がしたいことではなく安全にやるのを求める。その結果，自分の人生を生きることができないのである。

　再決断は，行動すると決断すること。自分がなぜ行動できないかなどと分析することを止めて，自分で決めて行動することを楽しむのである。不安や強迫行為の代わりに行動するのである。じっくり解決するのではなく期限を決めて解決する。手当たり次第に行動するのでもなく，新しいことを楽しみながら行動していくのである。

《禁止令に影響を受ける言動》
・過度に用心深い，心配性
・失敗することを恐れる
・安全なレールを踏み外すことへの不安が強い
・自分のしたいことを実行できない
・何かをするときに躊躇する
・本当に安全が確認できるまで行動できない
・世の中は危険であるという思い込み

《この禁止令が確認される病理》
・強迫性障害
・強迫性パーソナリティ障害
・全般性不安障害

④能力に関する禁止令（Competence Injunctions）
❖このカテゴリーの禁止令を解決する核となるもの
・失敗があるのではなく，学びがあるだけ
・目指す人間になる
・人生の方向性
・重要さは影響力を持つ

(1)「成功を感じるな」(Don't Feel Successful)

　この禁止令を決断した人たちは，全てのことを完璧にやらなくてはならない。そして，まだ成功していないと思い続けることが上手くやっていくための方法であるとも信じている。それは，"そんなもの誰だってできる""そんなことくらいで有頂天になるな"とできたことをつねに値引きされてきたことと関係しているかもしれない。その結果，自分がやったことを評価せずにできていないところの批判を続け，つねに自分に対する要求を高め続けていくことになる。そして，全てに上手くやろうと試み，自分の成功を喜ぶ代わりに，うまくできていないことは自分の問題であると責任を持ち，自分を責め続けるのである。

　再決断は，成功を楽しむことを死ぬ間際にまで先延ばしするのではなく，今成功を喜び楽しむことを決めることである。より高い目標を設定する前に，今成功していると自分を評価し，自分を褒めるのである。そして，うまくいかないことがあったとしても，その全てが自分の責任というわけではないと学ぶことである。

《禁止令に影響を受ける言動》
・達成してもすぐに次の目標に向けていつも頑張り続ける
・達成感がない
・いつも不満足（やることをやっていてもいなくても）である
・何をやっても無意味な感じがしている
・成功したと思うと悪いことが起きると思っている
・成功してしまうとその先がない感じがする
・よくないことは自分のせいだと思う

《この禁止令が確認される病理》
・強迫性障害
・強迫性パーソナリティ障害

(2)「成し遂げるな」(Don't Make It)

　この禁止令を決断した人たちは，あからさまに"成し遂げてはいけない"と

いうメッセージは受け取っていない。多くの人は"あなたは最後までやり遂げることができない"と批判され，"私は失敗する（上手くやれない）""私は勝てない"と自分を定義してしまったのである。その結果，"私はどうせ最後までできない"とあきらめ"成し遂げられなかったのは練習が足りなかったからではなく元々勝てない人間でありダメな人間であるからだ"と思い込んでしまう。または，成功すると大事な人からの関心を失う，大事な人を出し抜くことになると信じている場合もある。その場合彼らは，成功することに不安を感じるようになるかもしれない。さらに"協調性を大事に""出る杭は打たれる"などの価値観が影響を与えることもある。

　再決断のためには，自分は勝てる人間であり，勝っても良いと信じることが必要である。自分の成功と他の人の成功や失敗は関係がないし，どうせ最後までできないというパターンを止めて成功者になって良いと決めるのである。もちろん成功のためには練習や努力が必要である。それをやると決め，そして取り組み始める。そして小さな成し遂げる経験を重ねた後に，自分が今成し遂げていると気づき喜ぶことが必要である。

《禁止令に影響を受ける言動》
・何かをやっている途中で，他にやりたいことが出てきてやっていることに興味をなくす
・飽きっぽくて，やっていることを投げだしてしまう
・いつも最後までやり遂げられない
・何事にも中途半端な感じを持っている
・途中までは上手くいくが，最後の詰めで上手くいかない
・どうせ自分は勝てない，成功者になれないと思い込んでいる
・勝つことそれ自体に不安がある

(3)「成長するな」（Don't Grow Up）
　成長することは愛情を失うこと，または危険なことというのが彼らの思い込みである。彼らは，能力を評価されたのではなく可愛いから愛された。彼らは

存在自体が魅力的で，幸せそうで，家族にとってのピーターパンであり小さなプリンセスだった。"自分でできるからやりなさい"ではなく"私がやってあげる"，"これを頑張りなさい"ではなく"なんでも好きなことをやって良い"と言われて育った。心配事があると，世話人たちが解決策を持ってきたのである。自分が成長し自立するのは，世話人（自分を無力にする人）の愛情を失うことであり，愛情を失わないためには成長しないほうが得策であると判断した。また世話人の生きがいを失わせないためにも成長しないほうが得策であった。自分でやらないことを続けてきた結果，解決策を誰かが持ってきてくれない，独りで解決をしなくてはならない，などの状況で不安を覚えるようになる。世話人が居なくなり自分で生きていかなくてはならなくなることを考えると不安になってしまう。世話人が居なくなってしまったときには，強い不安に押しつぶされるか，新たな世話人を見つけるためにエネルギーを注ぎ，自分で考え行動するためにエネルギーを注がない。

　再決断は，自分は年齢相応の大人であり，今も成長していると認めることである。そして不安を喜びに変えていくために，自分が無力であることを望んでいる人たちの援助を断わる。自分が成長していくことに責任を持ち，他者から求めるのではなく自分で自分に愛情を注ぎ，自分で学ぶことを避け続けず，自分で解決策を見つけるために新しい事柄を学んでいくのである。

　この禁止令の変形として「セクシーであるな」がある。これは，女らしく成長していくことを受け入れることやそれを表面に出すことは，他者から嫌悪される，または危険なことであると信じている。この決断はたとえば父親が娘の大人としての振る舞いを"品が無い"などと嫌悪する態度を示す場合に与えられやすい。そのために，自分の中にある成熟した女らしさを抑え込み，自分でも自分の中のその部分を嫌悪し認めないようにしてしまう。また，女らしいことは危険なことであるという怖れを抱き決断する場合もある。危険な目に遭わないための方法は，成熟した女らしさを否定することなのである。

　再決断は，自然な姿としての自分，つまり成熟した大人の女性の自分を受け入れ，そしてそれを表現し楽しむことである。そのためには，女らしさは嫌わ

れるものではなく，危険なものではないと理解することが必要となる。
《禁止令に影響を受ける言動》
・親のような役割を果たすパートナーが居る
・幼稚な思考・行動（子どもじみた癖）が見られる
・年齢より子どもっぽい見た目や話し方が見られる
・子どもの立場に身を置いているような大人と思えない振る舞い
・やらなくてはいけないことへの責任感が希薄である
・規則，ルールなど自己抑制を求められる状況下での強いストレス（不安感）を感じる
《この禁止令が確認される病理》
・パニック障害
・（一部の）性障害
・拒食症（「セクシーであるな」）

(4)「考えるな」(Don't Think)

　考えることが困難だと思い込んでいる人たちは，自分の思考力を値引きし，自分の思考力に疑問を持つように教えられてきた。ある人は，"お前は考えることができない"，ある人は"あなたの代わりに私が考えてあげる"，ある人は"心配しないと生きていけない（考えることの代わりに心配しなさい）"と言われてきた。またある人は，親から"私は考えられない"と考えることを他者に任せる模範を示されてきた。その結果，考えないこと，考えられないと思うこと，考えると混乱することについて，疑問を持たなくなってしまう。また，お金のことについて，人の秘密について，セックスについて，など"それについて考えてはいけない"と教えられてきた場合もある。これは特定のことについてだけ考えてはならないというメッセージである。

　再決断は，自分は考える能力があると思い出すこと，自分で考えることである。人は元来考える能力を持っている。もちろんそれは自分も例外ではないと理解するのである。そして，"…でしょ？""…ですよね？"といった相槌を求

める言葉を使うのをやめて，"私は…と考える"という言葉を意識的に使ってみるのである。
《禁止令に影響を受ける言動》
・考えを尋ねても感情で答える
・自分の考えではなく一般的な意見を述べる
・自分で考えることに不安を感じる
・考えることに大きなエネルギーが必要であるという感覚を持っている
・指示がないと行動できない
・感じていることを事実だと思ってしまう
・考えようとすると頭が真っ白になる，頭が混乱する
・特定のことが考えられない（お金，性的なこと，勉強，仕事，数字のことなど）

⑤安全に関する禁止令（Security Injunctions）
❖このカテゴリーの禁止令を解決する核となるもの
・生きることに苦しみはあるが，それを楽しむ
・感情は事実ではない
・感謝は幸せのカギであり，買うことはできない
・満足のなかには不満足もある

(1)「楽しむな」（Don't Enjoy）

　楽しむことや幸せになることが難しい人たちは，楽しむこと幸せであることについて嫉妬されたか，何か良くないことであるかのように教えられてきた。または，楽しむことや幸せであることとは貧しく無知なことと同義であるという偏見を教えられた。その結果，楽しむことや幸福であることに怖れや罪悪感を抱き，楽しみや幸福の代わりに悲しみや不安を感じるようになっている。
　再決断は，たとえ愛する人が不幸せであったとしても，自分が楽しみ，幸せを感じると決めることである。楽しみや幸せは決して災いをもたらすことはないと気づき，悲しみや不安の代わりに楽しむことや幸せを感じることを自分に

許可するのである。

《禁止令に影響を受ける言動》
・生きていて楽しいことや幸せなことが何もないという感覚を持っている
・人生は楽しくない，幸せになれないという確信を持っている
・楽しかった出来事を楽しくなかったことにする
・楽しい話・幸せな話を真顔や嫌そうな表情でする
・楽しむこと・幸せになることへの罪悪感を持っている
・楽しいことがある・幸せになると悪いことが起きるという不安を持っている
・楽しめることや幸せを探し続ける

《この禁止令が確認される病理》
・睡眠障害

(2)「感謝するな」(Don't Be Thankful)

　これは決断した本人が認識しにくい禁止令である。彼らは人に対して不信，警戒，疑念，恨みを持つことを教えられ，または人に対してそう思うことを経験している。だから人との関係の中で，悪いことが起きないか疑心暗鬼である。その結果，人間関係は無味乾燥なものになっており，暖かみを感じることができていない。そのために，人に対して暖かさをいつも求め続ける。しかし失望させられ，相手に対して批判的になる・不満を感じるということを繰り返してしまう。

　再決断は，心の底から湧きあがってくる"ありがたい"という気持ちを自分の中に取り入れていき，ありがたいという気持ちを伝えるようになることである。そのための一つの方法は，まず人に対する憎しみや怒りを手放し，自分の存在に感謝できるようになること，そして自分がしてあげたことばかりではなく，他者からしてもらったことに目を向けるのである。これらが，再決断への準備になる。

《禁止令に影響を受ける言動》
・ありがたいという気持ちが湧かない

- 他者に感謝するとその人に負けたように思ってしまう
- やってもらって当然という感覚，やってもらえなかったことへの不満が多い
- 自分の状況に不平不満が多い
- 猜疑心が強い
- 過去のことで恨みを持ち続けている
- 感謝の言葉が多すぎる，感謝していることを強調する
- 人生が無味乾燥な殺伐としたものであるという感覚を持っている
- お金や社会的地位・社会的評価・学歴などに固執する（「信頼するな」「愛着を感じるな」の禁止令でも見受けられる）

(3)「感じるな」（Don't Feel）

　この禁止令を決断した人たちは，自分の自然な感情を感じることについて，模範を示されなかったか，感情を表すときにからかわれたり，感情を表し取り乱す姿を見せられた。また"優しい子""強い子"などのレッテルを押し付けられ，自分でも気づかないうちに自分の感情を奪い取られてしまっている。その結果，"何も感じなくなってしまう"か，感情は厄介でコントロール不能であると思い込んで感情を抑えたり，本来の感情とは別の感情，恐怖や不安・寂しさ・憎しみなどで埋め合わせようとする。

　再決断は，自分に感じることを許可し，日常生活で自分の感情を知り，表現することである。そして自然な感情は，慰め・安らぎ・暖かさ・安心などで自分の人生に彩りを与え，豊かにしてくれると体感することである。

　一般的には，「悲しみを感じるな」「怖れを感じるな」「怒りを感じるな」「嫌を感じるな」（嫌と感じてはいけない）など，特定の感情に限定した禁止令を決断しているケースが多くみられる。再決断の効果を十分に得るためには，「悲しみ」「怖れ」「怒り」に関する「感じるな」の禁止令は解決しておくことが必要となる。また，「お前が感じるように感じるな，私が感じるように感じろ」というメッセージを決断した場合，相手の感情に流されてしまい自分が何を感じているのかがわからなくなる。

《禁止令に影響を受ける言動》
・笑わない，泣かない，怖がらない，怒らない，興奮しないなど
・能面のような表情，表情を変えない
・感情の起伏が少ない（淡々としている）
・感情・気持ちを表す言葉が少ない
・感情を尋ねられ思考で答える
・感情がコントロールできない
・子どものころの記憶が少ない
・感情を出している人をみっともないと思う，恥ずかしいと思う
・活き活きとしていないと思っている
《この禁止令が確認される病理》
・身体疾患
・心身症，自律神経失調症
・摂食障害
・強迫性障害

(4)「くつろぐな」(Don't Relax)

　この禁止令は，くつろぐことに困難を覚えるものである。彼らは，ゆっくりすることや何もしないことは悪いことであると教えられ，つねに何かやることを探してやり続けるように操作されてきた。その結果，彼らは，身体の力を抜く方法を知らず，何もせずにだらだらすることに罪悪感を抱いてしまうのである。

　再決断は，自分の身体と心を慈しみ，身体の力を抜いてリラックスすることを自分に許可することである。そのためには，何もしなくても，悪いことが起きたり罰があたったりしないということを理解することが必要である。

《禁止令に影響を受ける言動》
・ゆったりできない（何もしていなくてもゆったりしていない）
・くつろぎ方がわからないと思っている

- いつも何かやることを探している
- いつも急いでいる、いつも忙しくしている
- 身体の力が抜けない
- つねにキチンとした格好をしている
- 何もしないこと、くつろぐことに罪悪感を持っている
- くつろぐと悪いことが起きる、失敗する、ダメな人間になるなどの思い込みを持つ

《この禁止令が確認される病理》
- 偏頭痛、肩こり、腰痛など

(5)「人生をともにするな」(Don't Share Your Life)

《禁止令に影響を受ける言動》
- パートナーと別れるならそうしても良いと思っている
- パートナーといえども相手に迷惑をかけず依存すべきでないと思っている
- 判断が冷静で感情に左右されないよう振る舞う
- 人と過ごす時間を非生産的で無駄と思う
- 相手の悲しみや苦痛に平然としている(共感しない)
- 仕事や趣味のことについて家族や知人から口出しされることを嫌う

(3) 禁止令の診断表

　ジョン・マクニールとそのグループは、禁止令に対処しようとして意識せずに起きるはっきりとした繰り返しの対処行動のパターンを調べる過程で、対処行動と既知の禁止令リストが必ずしも適合しないことを明らかにした。そして禁止令リストとして再度整理し25の禁止令を提唱し、禁止令を5つのカテゴリーに分類した。それらは前述の通り、「生存に関するもの」、「人間関係に関するもの」、「自己に関するもの」、「能力に関するもの」、「安全に関するもの」である。そしてそれぞれの禁止令の「**絶望的な決断**(despairing decision)」「**反抗的な決断**(defiant decision)」という概念をまとめ示した。「重要であるな」

表2-2 生存に関する禁止令の診断表

禁止令 誤った信念	絶望的な決断 恐れている事実	反抗的な決断 健全である為の最善の試み	対処行動 反抗的決断の結果起こるもの	再決断 新たな信念	解決行動 再決断を強化する方法	治療のための新たな養育的立場	自己診断 つらい反応 意識されなくて自己破壊的	自己診断 健全な反応 意識されていて自己治癒的
存在するな	私は居ないなければならない	私はここに居続ける。そして私は決してそれうち打ちされない	絶望を和らげるため、過剰に許可や承認を追求する	無条件の受容と愛情は存在する、それは与えられた幸運な権利である	存在を受容するためには愛情の存在を認め、許可し愛情を許可する	思いやりを持って語りかけられること	心の奥底で自分の人生に嫌悪感を抱いている。ほら！なんていい人生なの	自分の人生があることを知っている、そして自分を大切にしている
重要であるな	私は重要でない	私は偉大だ、それは命より大事なことだ	支配する、大げさ、かたより多くの義務を負う	友人、家族、配偶者、私は素晴らしいい人生で満ち足りている	自分を生涯愛してくれる人に目を向ける	傲慢は自尊心ではない	私は何に対しても同じように精力を注ぎ応えなければいけないと思う	自分の人生において誰か重要を何かが重要かを知っている
健康である、自分を大切にするな	誰も決して私に関心を持たない	私は強く、丈夫で、なければならない	しばしば疲れ果てるという強い欲求に突き動かされる	心地よさをもらたら斐誠。成果の数かより価値がある	問いかける：何が大事なのか？どれだけやればよいか？	"同情"は関わりではなく、あなたの人生を守る価値がある	私はしばしば疲れ果てたように見えるかもしれないが、誰の世話にもならない	人生には自分のための時間がある。私は自分になることをする
正気であるな	私のおかしくなる感覚はどうしようもない	私はとても普通である	報復的に自他共に憎む	非惨な状況から抜け出す方法がある	たくさんの安心を継続的に求める	全ての親がうまくいけ最善を尽くし、自分の間の問題ではない	親、親のイメージは私をおかしくさせた、自分が親を代わりする	自分を愛くしみ、私がおかしかと認する
信頼するな	私は耐えない、防御できない	私は自分しか信じない	周囲を操作する	私には運択肢がある。そして私は信頼するという選択ができる	人の長所と短所を見る	信頼に値する人、そして約束がある	しばしば、私は裏切られた存在だと感じる	人生には安心できる人と場所がある
触れるな	この世の中に安全なんて無い	私は強くて、頼らない人間になる	私は何事にも傷つくことは無いという態度	本当に私は愛情を好むだ、そして必要とする	人々が私に身体的に言語的に安全に触れることを受け入れる	暖かさを表現する限り、優しさがある	私は子どもの頃に耐えれた厳しさを誇りに思う	幼いころの自分と今の自分に共感している

（出所）McNeel（2014）より一部改変

第 2 章 再決断療法

表 2-3 人間関係に関する禁止令の診断表

禁止令	絶望的な決断	反抗的な決断	対処行動	再決断	解決行動	治療のための新たな養育的立場	自己診断	
誤った信念	恐れている事実	健全である為の最善の試み	反抗的決断の結果起きるもの	新たな信念	再決断を強化する方法	思いやりを持って語りかけられること	つらい反応 意識されなくて自己破壊的な	健全な反応 意識されていて自己治癒的な
近づくな	私は見捨てられている	どこかで、私は本当の愛を手に入れる	(かなり間違ったやり方で)愛を探し続ける	私は心を開いて生きていくことができる	愛を与える。愛情を込めた言葉と身体に出して言うことができる	あなたは心から愛している、と声に出して言うことができる	人との関係では、他者が私から離れるなる前に、私から気をつけている	私の人生には誠実な人たちがいる
属するな	私はどれぐらい人に関心があるのかを表すことができない	私は他者に関心がない	いつも、孤独で内気な私で人の中にいる	愛・好意・(他者)に興味を持って、いて、エネルギーがある	他者を誘い、そして相手からの誘いを受け入れる	あなたが思っている以上に多くの人たちがあなたに関心を持っている：その人たちを探す	私は誰からも好かれていないようだ	私はとても大好きな人たちに囲まれている
子どもであるな	私が触れる人はどこにも居ない	私は誰も必要としない	できないことでも、いつも責任を取り、与える側でいる	私は機械ではない（私は自分を大切にする）	甘えることの心地良さをゆっくり考える	他者からしてもらうことは権利であり、それは、弱さや欠点ではない	私は世話をする側であり、決して世話をされる側ではない	私は自分が甘えられる人たちに感謝している
欲しがるな	私の欲求は重要ではない	私が欲しくない	いつも他者の欲求を優先する/実際にも、空想上にも	私は他者が不快でも失望しても生きていける	日々、欲しいものを具体的に要求する	他者からしてもらうことの心地良さをゆっくり考える	人との関係にある時、他者の欲求にあわせる	私は自分が望むものを大切にしている
愛着を感じるな	私は誰とも関係していない	私は否定されたくない	関係を自分のものとしない事やただを選ぶ：コントロールする	自分のことを好きな人だけを選ぼうとしない	意識的にあなたの独占欲に気づき、それを保護された行動に置き換える	何か愛する人を傷つけるのに気づき、そういう行動をしないようにする	私は簡単にあきらめ、他者の欲求に合わせる	私は自分が望むとれる人たちを大切にする：自分から先にそうなる
関わるな	本当に私に関心を持つ人は居ない	私は人との距離を保つ	いつも多くの人にやるべきこと、人たちに煩わされている	私は信頼している人たちに対して、ありのままの自分でいることができる	あなたの愛情的に目を向け、その人たちの時間を過ごす	あなたの愛する人は安心の源となる	私は誰にも自分がぶつけたことがないと思う	信頼している人を失ったら、私は要失しめられるだろう

(出所) McNeel (2014) より一部改変

表2-4 自己に関する禁止令の診断表

禁止令	絶望的な決断 誤った信念 恐れている事実	反抗的な決断 健全である為の最善の試み	対処行動 反抗的決断の結果起きるもの	再決断 新たな信念	解決行動 再決断を強化する方法	治療のための新たな養育的立場	自己診断 つらい反応 意識されなくて自己破壊的な	自己診断 健全な反応 意識されていて自己治癒的な
お前であるな	私が大事な人は私（のその部分）を好きじゃない	私は完璧な人になる	他の誰かもしくは、イメージした人になろうとする（隠された嫉妬）	ここに唯一無二の素晴らしい人がいる	意識的に、あなたや他者が拒否してきたあなたが愛するためのものを探す	あなたは唯一無二であり、美しくかつ不完璧だ。私はあなたのあらゆるすべての面を愛している	誰かのふりをしていると気づかれることを私は恐れている	私は自分のポジティブな面もネガティブな面も全てを発見することに魅せられている
離れるな	私は自分を持っていない	私はあなたが私に望む人間になる	服従、受動的な怒り、闘争の回避	闘うことは学ぶこと、分けること、個体化を生み出す機会である	自分を防衛するのではなく、はっきりさせる機会を探していく	他者からの批判を気楽に構えていればいい	他者が私について良い印象を持っているよう努力しているので、周りは私に良い印象を持っているだろう	私は人と相いれないことと、自分の考えと価値を知ることにワクワクしている
見えるな	私は恥ずかしい	私は何気ない景色に隠れる	とても自信がある、または、まったく問題がないようにしている	私は傷つきやすく、そのことは恥ずかしくない	見せないようにしている自分を安全な状況で表していく	見せないように続けているとあなたはわかってもらえない	他者は外向きの私しか知らない。本当の私を知らない	信頼する人たちにはプライベートな部分や傷つきやすい部分を見せる
するな 自分の人生を生きるな	私のすることは何もかも間違っているように思う	私は世の中が安全だと感じるまで動かない	反抗的結果の恐怖にコントロールされ、その間"危険のない未来"を夢想している	"留まる"ことで人生から危険を取り除くことはできない	不安になることを後回しにして、先に日常化することを探す	人生は簡単ではない。でも、人生は楽しい	私の人生には、私が想う焦りながら、しなくてしないことがたくさんある	一般的に、もし何かが私を不安にさせても、その事実それが私を安全なら、私がやりたかったら、やりたかったら、やる

(出所) McNeel (2014)

第**2**章 再決断療法

表2-5 能力に関する禁止令の診断表

禁止令	誤った信念	絶望的な決断	反抗的な決断	対処行動	再決断	解決行動	治療のための新たな養育的立場	自己診断	
	恐れている事実	健全である為の最善の試み		反抗的決断の結果起こるもの	新たな信念	再決断を強化する方法	思いやりを持って語りかけられること	つらい反応 意識されなくて自己破壊的な	健全な反応 意識されていて自己治癒的な
成功を感じるな	私はいつも責めと罪の意識を感じる	私は誰に対してもそして何であっても上手くやらなければならない		いつも何か悪いことが起こったときに、自分自身や他者を責める	この世の不決などは私の責任ではない	意識的に、他者の役に立とうとすることを楽しむ	あなたがなりたい人であろうとすることが、あなたを成功させる	もし違ったようにしていたら後悔や自責の念を持ったのに	私は自分の人生に努力を惜しまないことを誇りに思う
成し遂げるな	私は十分にうまくできない	私は誰よりも上手くやろうとやることを証明する（傲大な）		全部ちゃんとやろうとしながらも失敗に終わる	私の達成は、期待した成果とは別のものだ	全ての勝利、成し遂げた目標、達成したことを意識的に記録する	あなたが達成してきた全てのことは、あなたのものだ	内心、私の人生は失敗していると感じている	どれくらい達成しているかを理解し、それに誇りを持つ
成長するな	私はどうしていいかわからない	この世の中で自分で自分を守らなければいけない		内なる"未熟な私"が大人として振る舞う	尊敬できる真似たくなる人たちがいる	アドバイス、教え、インスピレーションを探し、統合する	人生の良いモデルを選び、彼らから学ぶ	私が世の中で悲観的に見ている	世の中には感心する人々や物事がある
考えるな	私は無知で劣っている	私は自分の信念で他者を支配する必要がある		習慣、先入観、見方、行動を変えることがとても難しい	私は学び、見方、あいまいさを受け入れることができる	他者の見方、知恵、技能について学び、尊敬する	絶対的な真実はわからない、人生のやり方には正解を出すにはとても複雑である	私が真実を知っているため、私のやり方が唯一の正解でなければならない	自分の見方や信念を含め、変化は避けられない

(出所) McNeel (2014) より一部改変

表2-6 安全に関する禁止令の診断表

禁止令	絶望的な決断	反抗的な決断	対処行動	再決断	解決行動	治癒のための新たな養育的立場	自己診断		
							つらい反応		健全な反応
	恐れている事実	健全である為の最善の試み	反抗的決断の結果起きるもの	新たな信念	再決断を強化する方法	思いやりを持って語りかけられること	意識されなくて自己破壊的な		意識されていて自己治癒的な
誤った信念を楽しむな	人生はむなしく暗い	私は将来、いつかこの空虚感を埋める	私の人生は何でも欲張る	将来のために努力しているうちは、決して楽しめない	多くの誘惑的な出来事に"ノー"と言う	あなたは自分の人生のスピードをゆるめること、満足することができる	私は今、忙しく、イライラして、急ぐことでとても満足する		私は今、人生の豊かさを味わうことができる
感謝するな	決して満足しない	私は十分以上に手に入れる	満足することのない妬みに駆られる	もっともっと思うので、決して永遠に満足しない	いつも感謝している	幸せの源は感謝することにある	私には自己満足を伴う感謝は、下の立場と同じにとてもある		私は人生の恩恵とその豊かさのすべてを尊ぶ
感じるな	誰も私に関心がない	私は感情を隠すため、自分自身を防衛するか自分の殻に閉じこもる	とてもいい人なんだが、自分や他人に共感することが少ない	すべての人の中に情緒的な世界がある	冷静さや他者と距離をとる態度をチェックして、そして優しい行動をする	感じることは大切なことで、肯定されて当然だ	私は(秘かに)人にまったく面倒見ている人を見下している		私は大切にされ、肯定されている人間である
くつろぐな安全を感じるな	私は感じすぎて、怖れている	危険がないように、絶えず警戒していなければならない	心と身体はいつも将来の良くない出来事を避けるために動いている	避けられない苦難がある	困難に直面したが、それに打ち負かした記憶の貯金を作り出す	あなたには人生に対処できる能力がある	いつもあらゆる事柄において"失敗"しないように努力する		苦難は人生の一部であるし、それは慰められるものであることもわかっている
人生をともにするな	私は何か劣っているところがある	私は自分の優れたところを強調する	自己像のために、あらゆるチャレンジをして即座に防御する	人生の物語を安心できる人たちと分かち合うことは恩恵である	他者の人生を知るために興味深く話を聴く、そして他者にあなたの話をする	心から他者に興味を持つことで、あなた自身の人生が肯定される	他者に劣等感か優越感のどちらかを感じる傾向があり、対等はめったにない		私は毎日会う人たちと居るとき、普段の自分がらしさを感じる

(出所) McNeel (2014)

の禁止令では，"自分に価値が無い"という信条に基づく，自信喪失傾向の言動を示す「絶望的な決断」と，"自分がいかに重要かを証明してやる"という，心的レベルでは自分の価値に否定的評価を持ちながらも，行動レベルにおいては自信があるように見せる「反抗的な決断」という禁止令による行動パターンのあり方を示している。禁止令それぞれごとに，絶望的で反抗的な決断がなされ，そして「対処行動（coping behavior）」が浮き上がる。それらをまとめマクニールが作成した診断表が表2-2から表2-6である。診断表では，再決断を構成する「新たな信念（new belief）」があり，再決断を達成するための「解決行動（resolving activity）」があり，そして再決断を促進する内的な「養育的な立場（parental stance that heals）」がある。加えて，「自己診断（self diagnosis）」では禁止令に影響される「つらい反応（bitter response）」と禁止令の影響から解放される「健全な反応（healing response）」について述べており，それは自身の人生の中でどの禁止令からもっとも影響を受けているかを診断することに役立てることができる。

3 再決断を実施するには

（1）再決断とイムパス

再決断療法の第一の特徴は，クライアントの人生脚本に大きな影響を与えている，人生早期の決断に関わるメッセージを書き換えることである。そのためにクライアントの現在の問題に関係する禁止令を見つけ出し，その決断を新たな建設的なものに変える（再決断する）ためのワークを実施する。

再決断するためには，クライアントは「イムパス（impasse, 行き止まり）」とよばれる，2つの相反する勢力による葛藤が行き詰まった状態を突破することが必要である。再決断することとは，単に思考レベルで禁止令決断を捨て建設的な決断を選択するのではなく，葛藤を経て，そして葛藤が二進も三進もいかなくなったイムパス状態を経て，感情レベルと思考レベルで同時に建設的な決断を選択するのである。この葛藤とイムパスを経ることで，クライアントは深

図2-1　3つのイムパス
（出所）倉成/杉田（2013）

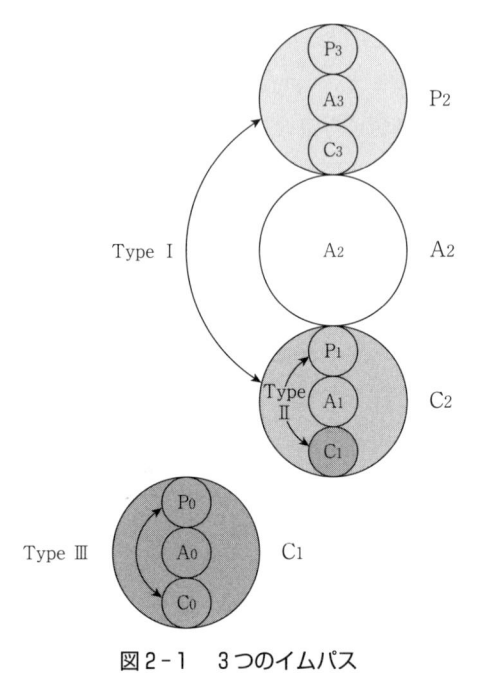

い感情レベル（gut level，内臓レベルとよんでいる）での再決断が可能となるのである。

　グールディングらは，イムパスを葛藤の種類によって3つに分類した。それはそれぞれタイプ1のイムパス，タイプ2のイムパス，タイプ3のイムパスと呼ばれる（図2-1）。

（2）3つのイムパス
①タイプ1のイムパス

　タイプ1のイムパスは，拮抗禁止令と呼ばれる"〜しなきゃいけない"という親のPからのメッセージに対する葛藤の行き止まりであり，クライアントはCから"〜したくない"，そしてPから"〜しなきゃいけない"という2つの自我状態による葛藤を体験する（図2-2）。たとえば，Pから"一生懸命努

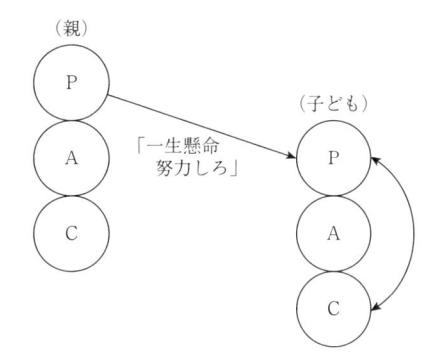

図2-2　タイプ1のイムパス

（出所）　Goulding（1974）

力しろ"，Cから"自分の欲求を我慢してまで一生懸命に頑張りたくない"という2つの自我状態が葛藤し，そのどちらかを選択できなくなっている状態がタイプ1のイムパス状態である。タイプ1のイムパスは，タイプ2のイムパスやタイプ3のイムパスが禁止令とそれに対抗するメッセージとの葛藤であるのに対して，「〜するな」で表すことができる禁止令ではなく，元々は親から取り入れた「〜しなきゃいけない」で表すことができる拮抗禁止令との葛藤であるという特徴がある。

②**タイプ2のイムパス**

　タイプ2のイムパスは，親のCからの"お前は生きる価値がない"などの禁止令メッセージに対する葛藤の行き止まりである（図2-3）。禁止令は，親のCから子どものP_2やA_2が未発達な時期に，C_2に対して与えられる。子どものC_2の中で，体験したことを自己の一部に取り入れたり切り離したりする役割をP_1が果たし，自分自身や他者や世界の意味について直感を使って理解しようとする役割をA_1が果たし，C_1（中核自己）でその体験に反応している。

　タイプ2のイムパスでは，幼少期に与えられた禁止令とそれに対抗する，元々人が持っている欲求に従った正反対のポジティブなメッセージ（たとえば，私は生きる価値がある，私は愛される存在だ，私は重要な人間だ，人と親密になり

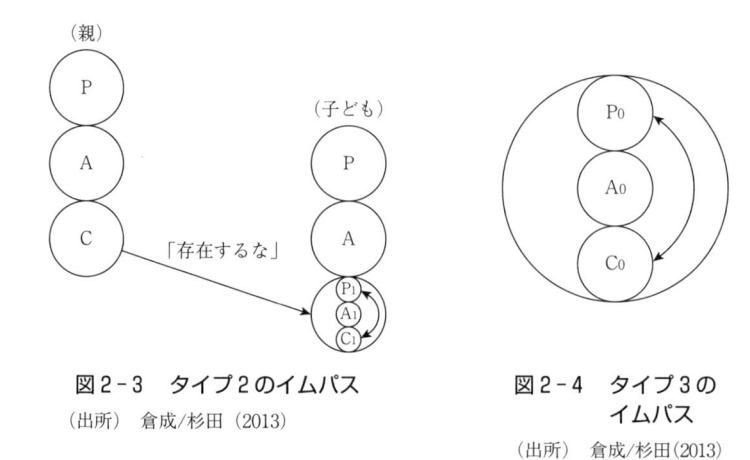

図2-3　タイプ2のイムパス
（出所）　倉成/杉田（2013）

図2-4　タイプ3のイムパス
（出所）　倉成/杉田（2013）

たいなど）が葛藤する。たとえば親から与えられた「存在するな」の禁止令メッセージを取り入れたP_1から"お前を愛さない，お前は生きる価値がない"，C_1から"愛されたい，生きる価値があると思えるように扱われたい"という2つの自我状態による葛藤を再体験する。

　クライアントが，まだその2つのどちらを選択するかを決定できていない状態がタイプ2のイムパスである。

③タイプ3のイムパス

　タイプ3のイムパスは，クライアントが言語を理解するより早期の非言語的禁止令メッセージとそれに対抗しようとする葛藤の行き止まりである（図2-4）。タイプ3のイムパスレベルの葛藤が生じているとき，クライアントは禁止令メッセージについて"親が私にどのような態度を取ったかに関わらず，私は生まれつき価値がない人間だ"など生得的なものであると思い込んでいる。クライアントが生まれつきであると感じている問題については，幼少期に体験した養育者の不適切な養育方法が原因とは認識されないかもしれない。養育者の不適切な養育方法の有無に関わらず，元々禁止令メッセージを持っていると感じているのである。

したがってこの問題は，幼少期の場面での P_1 と C_1 との葛藤ではなく，さらに以前，乳幼児期の環境との関わりを通じて得た体験を基にした葛藤である。これは多くの場合出来事としては記憶にないので，現在のポジティブなエネルギーと禁止令に従う今のネガティブなエネルギーとの葛藤として現れる。つまりタイプ3のイムパスでは，クライアントが今感じている"私は生きる価値がない"などの"〜してはならない"という禁止令決断に従った思考・感情・行動である P_0 と，"でも生きたい"などの"〜したい"という欲求に従った思考・感情・行動である C_0 との葛藤の行き止まりである。

4　再決断のプロセスと再決断療法の技法

(1) 再決断療法のワークのプロセス

再決断療法では，クライアントが自身の禁止令に気づき，それを解決（再決断）したいと強く望むとき，すなわち再決断への準備が整ったときに再決断へのワークを実施する。クライアントに再決断を決意させるワークのプロセスは以下の通りである。

①契　約

ワークの最初のプロセスは「契約」であり，クライアントが何を変えたいかを宣言するものである。「契約」はクライアントが，ワーク後に期待する感情面・思考面・行動面の具体的な行動変容について述べる形で行われる。これはクライアントが希望する特定の変化への決心でもある。契約のかわし方について本章の「8．契約」で説明する。

②ワーク

ワークは約20分で行われ，
　①最近の場面の再体験
　②関連する早期の場面の再体験〜イムパスの体験

③Aでの気づき
④再決断の宣言
というステップで実施される。それぞれのステップは下記の通り実施される。

　最近の場面の再体験のステップでは，クライアントの問題を表している場面を，"最近そのような感覚を感じた場面に身を置いて下さい"と「今，ここ」で再体験してもらう。そして"その場面であなたは"自分について"また"他者について"どのようなものだと思っていますか？"と脚本信条を尋ね明らかにする。

　その後，関連する早期の場面の再体験のステップでは，"自分のこと，または他者のことを最初にそのように思ったのはいつですか？"または"今感じているその感覚と同じような感覚を最初に感じたのはいつごろですか？"などの質問によってその問題の決断の原初場面に導く。その上で"あなたがそう思った最初の場面に身を置いて下さい""その場面には誰が居て，何が起きていますか？"とその場面を「今，ここ」で再体験してもらう。そこで空椅子に投影したその場面における葛藤対象者との葛藤を経験し，イムパスへと進んで行く（「(3) 空椅子の技法」参照）。

　Aでの気づきから再決断の宣言へのステップでは，多くの場合ペアレントインタビュー（「(4) ペアレントインタビュー」参照）を実施し，Aでの気づきを促進する。

　タイプ1のイムパスワークは，今の問題と原初場面の決断との関連を，クライアントが思考レベルで理解した後，成人の自我状態Aによる再決断へと導く。

　タイプ2のイムパスワークは，決断の原初場面を「今，ここ」で再現することにより，原初場面での感情を体験してもらい，クライアントが自身の決断と今の問題との関連に気づいた後に再決断へと導く。クライアントは原初場面で，自身が禁止令メッセージを与えられたときの感情と思考を再体験する。そこで，今の自分は原初場面のころの幼く無力な自分と違って，そこで使う適切な感情とより建設的な思考を取り入れる能力があると気づきを促したうえで再決断を

行う。

　タイプ3のイムパスワークは，クライアントに自身の"～したい"という欲求と"～してはならない"という禁止令のそれぞれの立場を体験してもらい，その葛藤を経て再決断へと導く。そのための一つの方法として，2つの空椅子を使って，クライアントに禁止令と本来的な自然な欲求とのそれぞれの立場から発言させ，最後はクライアントの欲求からの発言が禁止令からの発言に勝利するよう支援する。

③再決断の定着に向けた取り組み（アンカリング）
　再決断を定着させるために，日常の生活場面において実践できる課題をクライアントとカウンセラーの共同作業で作成する。たとえば，"私は人生を楽しむ，自分をゆううつな気分にしない"と再決断した後に，日常で自分が楽しいと感じることを探してみる，あるいは"私は自分の意見を言う"と再決断した後に，日常で嫌なことを頼まれたときに"できません"と断ってみる。カウンセラーは課題ができたことにストロークする。再決断の定着に向けた効果的な方法として，「セルフリペアレンティング」を使ったやり方（「(6) 再決断の効果をつなぎとめる手法」参照）がある。

（2）再決断療法の特徴
　ジョン・マクニールは，再決断療法を進める上での，ワークショップでの特徴を7つの項目にまとめたが，その中でもとくによく使われる技法を抜き出し要約すると下記の通りである。

①個人のパワーと責任を強調する
　クライアントが，自分のパワーを持ち，自分に対する責任を持てるようにするための援助として，
・自分の問題や状況について，犠牲者の立場から述べることに対決し，自分が主体的に行動したという能動的な表現に変えるよう提案する

・自分の思考・感情・行動の責任を放棄したような"…させられた""…のせいで"などの受身の表現を"…した"と能動的な表現に変えるよう提案する
・過去の場面も,「今,ここ」で体験するよう現在形で表現させる,"できない""それ"などの,無力化させる言葉を「しない」「私」などの言葉に変えるよう提案する

などを行う。

②安全な,保護的な環境を作る

クライアントが気持ちよく変化を達成するための環境つくりの援助として,

・クライアントの感情や行動が,健康的な方向に変化したことにストロークを与える
・クライアントが肯定的なストロークを受け取らない場合,それをきちんと受け取るように促す
・幼少期の場面などで,養育者などから不当に扱われたクライアントの（Cの）味方になる
・クライアントにとっておかしいことではない事柄への笑いを止める（たとえば悲しい話をしながら笑顔などの「絞首台の笑み」をしない）ことにより,保護的・養育的雰囲気を強化する

などを行う。

③カウンセラーがモデル的行動を示す

・健康であること,生きることに情熱を持っていること,を自主的に開示する
・自ら相手の存在を重要だと認めるために,クライアントのペースにしっかりついていき丁寧に聴く
・カウンセラー自身が値引きされることを了解しない

④迷信や思い込みと現実の区別をつける

クライアントが迷信や思い込みなどの間違った事実と現実を区別するための

援助として,
- 自分と他人は違うということを強調する
- 嫌な感情を持ち続けていれば誰かが助けてくれるといった非建設的な感情に対決する
- 過去の場面と今の場面がどのように関係しているかを説明する（今も過去と同じ方法を取っていることに気づくよう援助する）
- 過去と他人は変えられないことについて繰り返し理解を促す

などを行う。

⑤不一致な点に対決する

言語的な面と非言語的な面の不一致を指摘するために,
- クライアントの言葉を具体化する
- 言葉とボディランゲージのずれを指摘する
- 思考と感情を区別させる
- "…ねばならない"といった義務的な契約（「Pの契約」とも言う）は本当の欲求かどうかを確認する

などを行う。

⑥その他の特別な技法

主な技法としては,「空き椅子の技法」を応用するが,そのほかにも,クライアントが未だ引きずっている過去の出来事との「訣別のワーク（本節の「(5) 訣別のワーク」で詳しく解説する）」,クライアントの過去の出来事や未来を空想で体験する「ファンタジー」,遊び心を使った笑いながらの「対決」,クライアントの脚本やゲームを明らかにする「ゲーム分析」,共生関係への誘いに乗らない「対決」,直感の活用などがある。

⑦運営上の配慮
- ゴシップを禁止する

・時間を守る
・環境整備のためのルールを守る
　　　暴力や脅しの禁止
　　　ワークショップ中のパートナー以外とのセックス禁止
　　　全てのセッションへの参加
　　　守秘義務
　　　危機を回避する

（3）空椅子の技法
　「空椅子の技法（empty chair work）」または「チェアワーク（chair work）」は，クライアントの前に空椅子を置き，カウンセラーはその人に何かを言うよう告げる。その空椅子は，過去の母親や父親，または現在の夫，上司など誰かが投影されている。そしてクライアントはその後空椅子に移動し，その椅子に投影された誰かに成りきって，元々座っていた自分自身の椅子（自分）に向かって応答する。
　クライアントが空椅子を目の前にして自分自身の椅子にいるとき，
(1) ACの自我状態であり
(2) 普通，空椅子に投影している誰かに"私を愛して""お前ならできると言って"などとお願いする
(3) そのお願いは，ラケット感情を伴っている
という状態である。
　クライアントの目の前の空椅子からの返答は，下記のうちの一つである。
(1) "お前はどうせ何にもできない""なぜいつも困らせるの？""そう言われると嫌な気分になる"などの，厳しいCPからの返答
(2) 表面的にNPに聞こえるがそうではないずるい返答，それはその場にふさわしいようでいて本当にそうとは思えないにせものの親の返答（プラスチックペアレントと呼ぶ）
　たとえば，"愛してください"と自分の椅子でお願いし，親の椅子から"も

ちろん愛しているに決まっている"と表面的に返答する

　2つの椅子のワークを行うのは，その問題が過去の場面の葛藤であっても，もしくは彼らの現在の生活上の誰かとの葛藤であっても，周りに問題があると思っていて，それに対して今は解決を感じないクライアントに対してである。その人が解決していない状況の場面を演じ，十分な葛藤を終えた後は，解決策は自然に湧きあがるものである。

　クライアントの問題解決に向けた，カウンセラーの援助のメインテーマは，過去の未解決の場面を解決するのを待ち続けているという円環システムから抜け出すよう援助することである。

　クライアントが自分自身の椅子と誰かを投影した空椅子を移動しながら対話を続けるというチェアワークを進行させながら，カウンセラーは
・ワークから沢山の効果を得るために，クライアントの気持ちを高揚させる役割を果たす
・この状況で何が行われているのかについて知る
・クライアントが繰り返している明らかなパターンに気づく
・クライアントがどのように，過去の誰かから変化を導き出そうとしてラケット感情を使っているのかを知る
・インパス突破から再決断に向けてどのような支援が必要かを知る
　以下，カウンセラーにとって留意すべきことをあげる。

①**クライアントがワークを始めたとき，ほとんど多くの場合，犠牲者の立場にいる**
　クライアントは自身をかわいそうな犠牲者の立場に置いていることに気づいていない。
　たとえば，クライアントは契約で"私は腹を立てるのをやめたい"と言ったとき，それは自分の感情に責任を取っていない。そして"私が子どもの頃から今まで，そして現在の結婚生活でどんなにひどい目に遭っているかをわかってほしい。そしたらあなたはきっと私がかわいそうな人で，それは怒っても当たり前だということがわかってくれるでしょう"といった意味のことを言いはじ

める。

　クライアントが自分自身の椅子でそう言っているとき，カウンセラーは，"この人はどのようにして自分自身を不幸にしているのだろう"ということを考え，そして"クライアントがこの一連の流れの中で自分がどのように行動しているかを理解してもらうために，どのように支援したら良いだろう"ということについて考える。

　クライアントは自分の不幸を造り出しているのである。たとえば，彼女は夫の椅子に向かって不満を言っているかもしれない。現在の状況に居続けようとするクライアントにアプローチする方法は，"私は15年間あなたとともにいる，そして私が不幸なのは当たり前だと正当化している"と言ってもらう，または，"夫に会う前は何が彼女を不幸にしていたのか？"と彼女の不幸の原因となる要因を彼女に尋ねることなどである。

　このように，カウンセラーにとってクライアントが犠牲者の立場にいることについて理解させることは重要である。

②イムパスで，クライアントは誰かが変わることを待っている

　チェアワークで，クライアントが向かいの椅子に投影している人に対して変わることをお願いするという現象は多くみられる。そのワークのときは，いつもラケット行動をみることができ，そのときは，クライアントは多くのCPやプラスチックペアレントからの反応をもらっているにもかかわらず，なおかつもっともらしく何を望んでいるかを頼み続ける。そして，クライアントは自分の感情をエスカレートさせていく。

　そのようにエスカレートさせるメッセージは共通して何か"もし私が十分に悲しんだら，十分に怒ったら，十分に落ち込んだら，十分に混乱したら，そうしたら最後にはあなたは私が望むものをくれるだろう"というもののようである。自分のラケット感情をエスカレートさせるにつれて，クライアントは，向かいの椅子の誰かを変える必要性を証明できると信じている。カウンセラーがこれらの言葉を聞いているときに，そこに他の人を変えようとしている仕組み

があることを知るのは重要なことである。その状況では，"あなたは相手が変わることを望んでいない？""相手が変わることを待ち続ける？"と聞くことが適切であろう。

③世の中で自分自身をどのように理解しているかに気づくことの重要性

　クライアントは，本当に変わろうということから自身を切り離しているという傾向がある。たとえば，"私はうつ気分を解決したい"と言ったとする。そのときクライアントは，"私は自身のうつ気分の犠牲者であると感じていて，うつ気分がどこかに行ってほしいと望んでいて，私にうつ気分を感じさせる全ての人を変えたい"と望んでいる。

　この立場はしばしば，カウンセリングでクライアントが人をなんとかしたいと望み，しかしそれをやることはできないのでどうしようもないという状況にする。カウンセラーはクライアントに，その立場に留まっていることに気づかせ，"私は望ましくない状況から脱したい"と思わせる支援をすることが必要である。

④「実際の要望」対「心理的な要望」

　チェアワークの間，クライアントが自分の椅子にいるとき，現在の生活の状況か子どものときの場面などで多くのお願いをする。たまにこれらの要望が表面的（間接的・遠慮気味）なものに聞こえるときがある（たとえば，"せめて黙っていてくれたら""お父さんお母さんが，あまり喧嘩しないでくれたら""たまには家に居てくれたら"）。そのようなときカウンセラーがその実質的な要望を見ること，そして"私を見て""私の話を聞いて""私を愛して""私に居ていいって言って"といった解決できない心理的な要望（奥底の欲求）を拾い上げることは重要である。

　カウンセラーは未解決のままになっている場面での心理的な要望を理解すること（"本当は愛してほしかったんですね"）をクライアントに支援することにより，この場面に重みをつけることができる。

⑤「防衛的応答」の理解

チェアワークの中で、防衛的内容を持つ幼少期の親からの応答を聞くことがある。これらの応答は「魔女的親」の言葉と呼ばれたり「人喰い鬼」の言葉とよばれたりする。これらの防衛的応答は、Cの自我状態の中の恐ろしい父、母（P_1）、などの防衛の一つで、その機能は本能的なものである。

その防衛の内容は、自分が投影している親がとても強く確固としすぎていて、聞こえにくいまたは見えにくいかもしれない。それは、その人が否定的なことを親からお願いされたり、否定的な返答を聞かされたりしているときに、見つけることができる。

たとえば、クライアントが5歳のときの父の椅子に対して"悲しんでいる私を受け入れてください"と言ったとして、それに対してクライアントの父親が"泣くな"と返答したとする。この内容は5歳の子どもとの対話の場にふさわしくない。そのとき、父親の返答に防衛的内容が姿を見せていることになる。この「人喰い鬼」の父親の応答が防衛的応答だとするならば、この応答は何を防衛しているのだろうか？　それは父親が自身のCの自我状態を防衛しているのである。

このように、このクライアントのイムパスは、父親が感じることの許可をくれることを待ち続けたこと、そして彼の感じたいという欲求はどうも父親のCを脅かしていたことをわかっていなかったことである。ここでやることは、父親のおびえたCを理解すること、そして決して得られないものを待ち続けることを止めることができることへの援助である。「人喰い鬼」の姿だけではなく、父親のおびえたCをもこの場面で見ることによって、彼はイムパスを突破する準備ができるのである。

（4）ペアレントインタビュー
①ペアレントインタビューの進め方

「ペアレントインタビュー（parent interview）」はイムパス突破のための技法であり、「空椅子の技法」とともに使用する。以下、ペアレントインタビュー

についてジョン・マクニールが述べた内容より説明する。

　幼少期における決断の場面をワークしているとき，クライアントは目の前の空椅子に葛藤対象の相手を投影している。すなわち多くの場合，目の前の椅子には幼少期における決断のメッセージを与えた養育者が座っているとイメージしているのである。カウンセラーはクライアントに，目の前の空き椅子に座るよう促し，空き椅子に投影している養育者の立場に身を置くよう指示する。その上で，クライアントが元々座っていた本人の椅子と養育者の椅子を交互にスイッチし会話するよう提案する。その後会話において感情がエスカレートし会話が行き詰ったところ（イムパスの場面）で，カウンセラーが養育者の椅子に座ったクライアントにインタビューを実施する。

　ペアレントインタビューは，
・クライアントが犠牲的な立場にいることが明らかなとき
・クライアントがまだ幼少期の親が変わるのを待っているとき
・クライアントが自分の心理的な要望に気づかないとき
・クライアントが幼少期の親への要求の中でラケット感情をエスカレートさせているとき
・クライアントが幼少期の親の防衛的応答（何を防衛しているか）を理解するとき

に使う効果的な技法であり，そしてそれは思考レベルでの形式的なものではなく真にイムパス状態を突破するために使うものである。

　親への介入質問は，息子や娘の要望に対しての親の応答の感情や経験を顕在化させることである。

　このように，カウンセラーはクライアントに，かつてどのようにクライアントの欲求や行動が幼少期の親を脅かしたかデモンストレートさせる。この経験で，クライアントは親のACから（禁止令的な言葉）ではなくLPから声を聴く。このインタビューの目的は，葛藤対象者のC，すなわち本音の応答を導き出し，明らかにすることである。クライアントが今，現実にその経験をすること，そして，自分自身の問題と父親，母親を分離することを理解することに気

づくことは重要である。

　クライアントはそのときにそれらの人たちと分離ができるのである。そしてこのような状況を解決するために心の底から"あなたのお世話をするために，もうこれ以上，自分を抑えません"と宣言できるのである。

　またペアレントインタビューは，養育者の真の姿の発見につながる。クライアントの多くは，母親ができることできないことを頭では理解している。ペアレントインタビューを経験することで，母親を一人の人として理解し，正しい姿を頭ではなく全身で理解する。母親は何でも応えてくれるべき人ではなく，自分と同じ不完全な人間であることに気づくのである。

　ペアレントインタビューの進め方を下記にまとめている。

クライアント自身の椅子	カウンセラーの介入	幼少期の親の椅子
要求 クライアントが親に変わることをお願いする 「○○してください」		
	「お母さんの椅子に座ってお母さんに身を置いてください」 「お母さん，あなたのお名前は？」「お母さんに身を置いて，子どもさんの言葉に応えてください」	
		防衛的応答（しばしば理屈っぽく，言い訳っぽく聞こえる） できない理由を並べる 「忙しいから」「下の妹が手がかかるから」など
エスカレートした要求（心理的な要望を秘めたラケット的表出） 「なぜ○○してくれないの？」		
		防衛的応答（エスカレート） 逆に怒ったり，突き放す態度を取ったり。 「何であなたはいつも怒らせるの？」「そんなわがまま言うなら嫌いになる」
エスカレートしてそれでも変わることを要求する（魔術的な信念は最高潮）		

第2章 再決断療法

「それでも私を見て」「話を聞いて」「愛して」「居ていいって言って」			
			防衛的応答 「そんなことはできない」 「わがまま言うな」 「(無関心)」 膠着した状態
		ペアレントインタビュー 「あなたはなぜそういう態度を取っているのですか?」	
			防衛的応答 「できないから」 「この子が言うこと聞かないから」 「この子を愛せないから」
		ペアレントインタビュー 「怒ることで何を防衛しているのですか?」「なぜあなたはそういう態度を取り始めたのですか?」 「こういう態度,苦手ですか?」「そう言っていると都合良いですか?」	
			子どもの自我状態からの応答。脅威,本音 「本当は私も…」 「実は夫のストレスで…」 注) 周囲のせいにしているところで終わらせると「親はかわいそう,だからやっぱり我慢しなければ」となることがあるので,親のC(本音,気持ち)が出るまで介入する
LPからの観察		「親の言葉を聞いてどのように感じますか?」	
分離への決意,そして状況の理解 「親も…だったんだなあと思いました」 「この親に期待しても…」			
再決断:分離 「もうあなたには期待しない,私はあなたがどうであろうが…」			

(出所) McNeel (1976) を一部改変

②事　例
　以下，筆者がカウンセリングを担当したクライアントとのワークにおける，ペアレントインタビュー部分の事例である。クライアントは，40歳代主婦，うつ病であり，夫と夫の両親が自分のうつ病に対して無理解であることを嘆いていた。「無理解なのは，自分への愛情がないためである。自分は幼少期からずっと両親からも愛されておらず，誰からも愛されない自分には生きる価値が無い」と訴えていた。「　」はクライアント（以下：Cl）の言葉，〈　〉はカウンセラーの言葉を表している。

〈目の前の（空椅子にお母さんが居ると思って）お母さんに，あなたが望むことを話してみてください〉
「お母さん，私はいつもお母さんの愚痴を聞いてあげて，お母さんの手伝いをして，お母さんの役に立とうとして（泣），いつもそうしてきた。でも，お母さんは私を愛してくれなかった（泣）。ほんとうは，愛してほしい。もっと私を愛してください」
〈お母さんに"愛してほしい"とお願いしているあなたは，何歳くらいの自分に身を置いているつもりなのですか？〉
「もう，2～3歳ころから，私はこんな感覚を感じていました」
〈それでは，2～3歳くらいのあなたがそのように訴えているのですね？〉
「はい（泣）ずっとそんな思いをしてきました（泣）」
〈お母さんの椅子に移って（Cl椅子を移動）この椅子ではあなたはお母さんに身を置いてみてください。（Clうなずく）そしてお母さんに身を置いたつもりで話してください。（Clうなずく）お母さん，あなたの名前は？〉
「〇子です」
〈それでは，お母さん，目の前にいる今の娘さんの質問に答えてください〉
「《母の椅子から》愛してあげているじゃない」
〈自分の椅子に移ってください（Cl椅子を移動）。今度は小さいころのあなたに身を置いたつもりで，今のお母さんの言葉に答えてください〉
「違う。違う。私が欲しいものは物じゃない，もっと違うものが欲しい」
〈あなたが欲しい違うものって何ですか？　それをお母さんに伝えてください〉

「抱きしめてほしい」
〈お母さんの椅子に移って（Cl椅子を移動）今の娘さんの言葉に答えてください〉
「《母の椅子から》あなたの言っていることの意味がわからない」
〈じゃあ，自分の椅子に戻って。そこで今のお母さんの"意味がわからない"という言葉に答えてください〉
「お母さんはいっつもそう。面倒くさくなると怒って"知らない"とか"わからない"とか，そればっかり」
〈お母さんの椅子にスイッチして，今の言葉に答えてください〉
「《母の椅子から》そんなわがままばっかり言うんだったらもう知らない。あんたなんて大嫌い。だからあんたは嫌いなのよ」
〈お母さんに質問します。あなたはなぜ娘さんの求めていることをしてあげないのですか？〉
「《母の椅子から》私もやることあって大変だし。子どもに構ってられないし。それに，どうやっていいかわからないのです」
〈どうしてわからないのですか？〉
「《母の椅子から》私も自分の親からしてもらっていないので」
〈そうなんですね。あなたもしてもらっていないからわからないのですね。それを目の前の娘さんに直接言ってください〉
「《母の椅子から》私もお母さんからしてもらったことがないからできない」
〈それでは娘さんが愛する価値が無いのではなく，愛情の表現方法がわからないのですね〉
「《母の椅子から》そうなんです」
〈では，娘さんの問題ではなく，あなた自身の問題だと？〉
「《母の椅子から》そうです」
〈そのことを，目の前の娘さんに伝えてください〉
「《母の椅子から》私があなたを抱っこしてあげないのは，あなたの問題ではなく，私の問題」
〈自分ができないことを，"抱っこして"と娘さんから要求されたとき，お母さんはどんな気分ですか？〉

「《母の椅子から》ほんとうは怖いです」
〈自分の椅子に移動してください（Cl椅子を移動）今お母さんの言葉を聞いてください。あなたは今どう感じますか？〉
「お母さんに期待してもダメだなと」
〈期待してもダメだと思うんですね〉
「そうですね。でもずっと，そうやって，期待してというか，心の中で責めてきたかも。それに，お母さんも怖いというか，お母さんもお母さんなりに，子どもの愛し方がわからず，不安できつかったかもなあと」
〈そうなんですね〉
「そうですね」
〈まだ，お母さんが愛してくれるまで，自分に価値が無いと思い続けたほうが良いですか？〉
「いいえ，もうお母さんに期待しない。私はお母さんがどうでも関係ない」
〈相手が愛してくれなくても，あなたは価値がありますか？〉
「はい，相手と関係ありません。お母さんがどうであれ，私は価値があります」
〈今その言葉を言って，どんな気分ですか？〉
「力がわく感じ」
〈そうですか。じゃあ今度は，目の前の椅子にあなたのご主人とそのご両親が座っていると思って，同じことを宣言してください〉
「あなたたちがどうであれ，私は価値があります」

　上記の事例で，クライアントの目の前の空椅子に幼少期の母親を見立て，自分の椅子と母親の椅子を交互にスイッチしながら対話を進めるのが「空椅子の技法」である。その後〈お母さんに質問します。あなたはなぜ娘さんの求めていることをしてあげないのですか？〉というカウンセラーの投げかけからのやりとりがペアレントインタビューである。ペアレントインタビューによってクライアントは，親が自分を抱っこできなかったのは自分に価値が無いからではなく，親自身の問題であること，そして過去の親の被害者でいつづけているの

は親のせいではなくまぎれもなく自分の問題であることを認識する。これによって，"人が自分を愛そうが愛すまいが，私は価値がある"という再決断への準備が整うのである。

(5) 訣別のワーク

「**対象喪失**（object-loss）」とは，愛情や依存の対象との別離，住み慣れた場所や環境・地位などとの別離，事故や病気による自分の身体機能の一部や健康との別離，などである。人が一体化していた対象を失い，身に付けていた役割を失っているのである。

人が対象を失った場合，苦痛や悲しみ，思慕の情や怒りなどさまざまな感情体験を繰り返すことにより，はじめて対象喪失に対する受け入れができる。フロイトはこれを「**喪の仕事**（mourning work）」とよんだ。この対象喪失による悲哀感情や絶望，苦悩，孤独を時間の経過とともに和らげていくプロセスを完成させることなしに，途中で無理に忘れようとしたり，別のことに逃避してしまうと心の病理を引き起こすことになる。

人は喪失した対象に，強い思慕の念を持つ，理想化する，同一化する，罪悪感を持つ，恐怖し怯える，などの反応を示すことがある。喪の仕事の自己完了ができず，心理的バランスを崩したり，自己アイデンティティを喪失している状態では訣別のワークを実施することがある。

訣別のワークの手順は下記の通りである。

(1)事実の受け入れ

対象を喪失したという事実をきちんと受け入れることがこのワークのスタートになる。ワークでは事実の受け入れをして，"私は今から●●とお別れします"という宣言から始める。

(2)未処理の感情を体験し，それを処理する

空椅子の技法を使い，目の前の椅子に喪失した対象をイメージし，対象との対話を実施する。対話では，クライアントが言いたいことを全部言葉にしてもらう。未処理の感情は「悲しみ」「怒り」「不安」「憎しみ」「罪悪感」などであ

る。とくに「怒り」の感情はクライアント自身もその存在に気づいていないことが多いため，注意が必要である。

(3) お別れをする

お別れをするときには，対象に対して言い残した言葉が無いか，未処理の感情が残っていないかに注意する。全て言いたいことを伝え終え，未処理の感情処理が終わったらお別れをする。

(4) 「これからの私」宣言

お別れをした後，これからクライアントがどのように生きていくかについて考え，それを宣言する。

（6）再決断の効果をつなぎとめる手法

再決断の効果をつなぎとめる演習などを「アンカリング（anchoring）」という。アンカリングにおいて，ミリエル・ジェイムス（James, M.）が提唱した「セルフリペアレンティング（self reparenting）」の考え方を応用した演習が効果的である。

セルフリペアレンティングは，「自己再養育」という意味であり，自分で自分をもう一度養育するという手法である。

再決断のワーク前後の変化を自我状態で説明すると（図2-5参照），ワーク前の自我状態はCPとACの内部交流が行われている状態である。たとえば

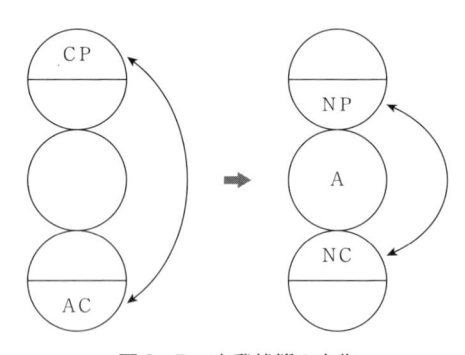

図2-5　自我状態の変化

"もっとちゃんと頑張らなければならない"という CP と "もう無理だけどまだ頑張るしかない"という AC が内部で交流している状態である。ワークによって，"頑張らないときでも，私は価値がある"という再決断がなされ，ワーク後は "無理して頑張らなくても価値がある"という NP と "気持ちがリラックスできる"という NC の内部交流へとシフトする。

　この内部交流をセルフリペアレンティングの考え方を使い，意識的に体験することは再決断の効果をつなぎとめ，場合によってはその効果をさらに発展させる。

　具体的なやり方としては
(1) 理想的な親と自分（子どもの自分でも可）の交流をイメージする
(2) 理想的な親から自分に対して（再決断した内容に関する）許可メッセージ（NP）を与える
(3) 自分がその許可メッセージを受け入れ心地よい気分（NC）を味わう
という手順で行う。

（7）ワークではなく語りとしての再決断療法

　再決断療法は，ワーク主体の心理療法であり，再決断療法のカウンセリングには空椅子を使ったワークが不可欠であるという誤った考え方を耳にすることがある。ワークだけでなく，カウンセラーとクライアントの会話の中でも再決断は行われる。

　再決断療法とは人生脚本を見直し修正を行うものである。人生脚本は禁止令や拮抗禁止令を骨格とした人生の物語でもある。たとえば "私は幼いころから環境に抗う力もなくずっと無力であり，ダメな人間であった"と語っていたクライアントが居た。受容的・共感的に面接を重ねるうちに，このクライアントは "あの悲惨な環境の中で，私は私なりに前向きに生きてきたんだ" "私は決してダメな人間ではなく，価値があると思う"と語るように変わっていった。

　このクライアントの中では，自身の過去の人生の物語が変化している。カウンセリングの中に絶対的な事実としての物語は存在しない。それはクライアン

トの中にも存在しない。

　カウンセラーとクライアントの会話の中にクライアントの物語が存在しているといえる。カウンセラーという対話の相手，つまりクライアントの物語の聞き手が居て初めてクライアントの物語は存在する。物語は語られることによって初めて存在し得るのである。

　カウンセリングにおいてクライアントが語る物語は，幼少期の親子の交流が土台となった，ある種の信念，否定的な感情を伴い，否定的な人生脚本の一部となっているものである。クライアントは今まで，その物語をベースにした行動を繰り返すことによってその物語を強化してきている。すなわち否定的な物語は非建設的な人生脚本を演じている人生そのものを表しているのである。

　クライアントが物語を語るとき，カウンセラーはクライアントに言葉で答える。クライアントが次にカウンセラーに言葉を返すときにはカウンセラーの答えた言葉を含んだものになる。そのときに少しずつ変化が起きている。これが繰り返されると物語は変化していく。悲惨な養育環境に悪影響を受けた自分の物語から，それを乗り切った自分の物語へと変化する，これはクライアントの人生の物語の変化である。人生の物語が変わるということは，過去の人生の物語をベースにした過去の体験によって作られた今の自分が変わっていることでもある。

　ワークを通して今の自分が過去と違う生き方を決めるのも再決断であるが，語りの中で今までの自分の物語を変えていくことも人生脚本を変える再決断なのである。空椅子を使ったワークを利用しなくても，カウンセラーとクライアントの語りの中から再決断は実現できるのである。カウンセラーがクライアントとの会話を通して，クライアントの語る物語の変化を目指した応答を心がけ，それが実現すること，それも再決断そのものなのである。

5　カウンセラーの姿勢

　再決断療法の技法について説明するときに，しばしば受ける誤解がある。そ

れは再決断療法に基づきカウンセリングを実施するとき,カウンセラーは指示的でなければならないというものである。これは大きな間違いである。

　カウンセリングにおけるカウンセラーの姿勢として,カール・ロジャース（Rogers, C.R.）の古典的な3つの条件がある。それらは,「誠実さ（自己一致）」「受容（無条件の肯定的関心）」「共感」である。

　これらについては多くの書籍で内容を知ることができるため,ここでの紙幅を割いての説明は割愛するが,これらの姿勢は再決断療法のカウンセリングにおいても見失ってはならないものである。再決断療法の介入においても,クライアントの準拠枠から見て体験しようとする姿勢や,クライアントの体験をあるがままに受け入れる姿勢は重要である。カウンセラーがクライアントにOKであり,重要であるという認識を持って対応することは,再決断療法の基本である。

　またカウンセラーの姿勢として下記の事柄にも留意しておきたい。

(1) カウンセリングはカウンセラーにとって成長の場である

　カウンセラーはクライアントとの面談において,自身の問題に気づかされることがたびたびある。クライアントは,カウンセラーに成長のための気づきを与えてくれる存在でもあるのである。

(2) カウンセラー自身が問題解決の姿勢を持つ

　カウンセラー自身も一人の人間として問題を持つ。カウンセラーが問題解決の姿勢を持たないにもかかわらず,クライアントの問題解決の支援をするというのはおかしな話である。カウンセラーも自身の問題解決の姿勢を持ち,カウンセラーとしてもより人間的に成長を続けていくことが望まれる。そのために自身もワークを受けるなどクライアント体験を持つことも重要である。

(3) 学びの姿勢を維持する

　カウンセラーが学問的な学びを継続することも大切なことである。心理学領域の学問は日進月歩で発展しており,カウンセラーはつねに最新の理論を学ぶ姿勢が求められる。

(4) スーパービジョンを受ける

カウンセラーはスーパーバイザーから指導を受けることが必要である。スーパーバイザーはカウンセラーの客観性，さらに広い視点，自身の問題などについて，有益な気づきを与えてくれるであろう。

(5)カウンセラーとしての倫理を遵守する

カウンセラーとしての倫理は遵守されなければならない。とくに
・守秘義務の遵守の問題
・二重の関係（たとえばクライアントであり友だちでもある）の困難さを理解すること
・法令順守
・クライアントとカウンセラーの関係性を維持すること
・リファー（他の専門機関への紹介）の必要性を理解すること
などを遵守することは重要なことである。

6　インテーク

「インテーク（intake）」とはカウンセリングにおいて，その初期に実施する面接である。以下，簡単にインテーク面接のポイントについて説明する。

（1）インテークで実施すべきこと

カウンセリングのインテークで実施すべき事柄については，再決断療法のカウンセリングにおいても他の心理療法のカウンセリングにおいても大きな違いは無い。違いは，再決断療法のカウンセリングを実施する場合は，人生脚本の考え方を基本に見立てを行うことである。

基本的にインテークで実施する事柄は下記の通りである。

(1)カウンセリングの構造について明らかにする

　金額，頻度，場所，諸ルール（連絡方法，キャンセル，など），守秘義務の原則など

(2)承諾書の読み合わせと承諾書へのサイン

(3)見立てを行う

　クライアントの主訴を聞く，カウンセラーとしての診断を行う（精神疾患の診断など）。この時点でリファーが必要か否かの判断も行う。クライアントの話からクライアントの問題について整理する。ここでは禁止令決断などと関連づけて主訴に関係する背景の問題を予測する。それを踏まえてカウンセリングの組み立てを行う。最後に大まかな回数を予測しそれを伝える。回数は目安であり前後することも伝える。

　見立てを伝えるときには，事実をそのまま伝えるのではなく，クライアントの気持ちを汲み取り伝える。また見立ては，今後のカウンセリングで，追加の情報を聞く過程で変更になっていく可能性があることも伝えておくといい。

（2）インテークにおけるカウンセラーの基本的態度

　インテーク面接では，2つのことに気をつけて進める。
(1)情報収集
(2)信頼関係（＝クライアントの気持ちを受け止める）

　情報収集は必要だが，インタビューだけに終始しないよう注意する（もちろん詰問にならないように注意することも必要）。クライアントとの信頼関係を構築するためにはクライアントの気持ちを受け止め，彼らに寄り添う姿勢を示すことである。インテークにおいては情報収集と信頼関係構築のバランスが大切である。

　クライアントによっては，インテークでも自身の話を聴いてほしいという気持ちを強く持つ場合もある。その場合にはクライアントの思いを一方的に聴くことに終始してしまい，十分な情報収集ができないかもしれない。情報収集ができない分は次回以降の面談時に実施すれば良いし，インテークに数回の面接を費やしても良いつもりでいることも大切である。

　またインテークでは訊きにくいこともハッキリと訊く態度も求められる。学歴や性的な事柄を訊くことに躊躇するカウンセラーが居るが，これはカウンセラー自身の問題であることを認識しておくことも大切である。

表2-7 インテークチェックリスト

家族歴
- ☐ メンバーの年齢，婚姻歴，職歴，病歴，死因
- ☐ 原家族から現在の家族までの出来事
- ☐ メンバーの関係，コミュニケーションのパターン
- ☐ 家族の性格（Clから見て）
- ☐ 家族の葛藤，行動パターン
- ☐ 家族の問題行動
- ☐ 養育者の役割を果たしたメンバー
- ☐ 家族の文化規範・宗教
- ☐ メンバーの役割，メンバー間の境界

学歴，職歴
- ☐ 教育歴
- ☐ 学校生活
- ☐ 退学，休学，転校理由
- ☐ 友人との人間関係
- ☐ 先生との問題
- ☐ いじめ
- ☐ 職歴
- ☐ 転職理由
- ☐ 仕事内容
- ☐ 職業観，仕事観
- ☐ 時間外労働有無，時間数
- ☐ 職場内の人間関係
- ☐ 給与への満足度

家庭生活
- ☐ 結婚歴，恋愛歴（恋愛のパターン）
- ☐ パートナーとの関係
- ☐ 結婚観，恋愛観
- ☐ 性に関する経験，性的満足
- ☐ 家族との関係，満足度
- ☐ 家族内での役割
- ☐ 友人関係
- ☐ 趣味，レクレーション

既往歴，現病歴
- ☐ 病歴，外科的処置
- ☐ 健康診断の受診状況
- ☐ 現病歴
- ☐ 薬物の名前，服用量
- ☐ 通院（入院）中の医療機関，医師
- ☐ カウンセリング歴

触法歴
- ☐ 刑事問題，犯罪行為
- ☐ 民事上のトラブル
- ☐ 道路交通法違反
- ☐ 暴力行為

嗜好
- ☐ アルコール，量
- ☐ 薬物
- ☐ タバコ
- ☐ コーヒー

態度
　　□ 容貌外見，服装，衛生面
　　□ 面接態度
　　□ 話の仕方と話の理解
　　□ 言語表現と非言語的表現との相違
　　□ 運動性行動（動作の緩慢さ，麻痺，ふるえ，多動など）
　　□ 内容の信頼性，内容の首尾一貫性
　　□ 見当識，記憶，注意，集中力
　　□ 思考過程，知覚異常
　　□ 知能
　　□ 感情の表出，表現
拮抗禁止令
　　強くあれ，努力せよ，喜ばせろ，完全であれ，急げ
禁止令
　　存在するな，お前であるな，信頼するな，健康であるな，正気であるな，重要であるな，触れるな，近づくな，属するな，子どもであるな，愛着を感じるな，欲しがるな，関わるな，お前の性であるな，成長するな，セクシーであるな，感じるな（怒り，悲しみ，恐れ），見えるな，考えるな，するな（自分の人生を生きるな），成し遂げるな，成功を感じるな，楽しむな，感謝するな，くつろぐな，人生をともにするな
心理ゲーム
　　迫害者の立場からのゲーム
　　犠牲者の立場からのゲーム
　　救済者の立場からのゲーム
ラケット感情
　　ラケット感情
　　ラケッティアリング
希死観念の有無

（3）インテークの進め方

インテークの進め方として，

(1) インテークの目的と内容を告げる

(2) クライアントの主訴を聴く

(3) クライアントの話を聴くことと情報収集

(4) インタビューした内容を基に見立てとカウンセリング方針・大まかな回数を伝える

という手順で行う。

　インテークでのインタビュー項目として，表2-7のチェックリストを参考にできる。

　インテークにおいてインタビューすることを忘れてはならないことに，希死観念について確認することがある。とくに，うつ病や抑うつ気分が強いクライ

アントには必ず確認しなければならない。希死観念の有無を尋ねて，もし希死観念があると回答した場合，

(1)希死観念の強さと頻度を確認する。これは"死にたい感覚はどれくらいの強さで感じますか？どれくらいの頻度で感じますか？"という質問でなされる。
(2)現在，具体的な計画が無いか確認する（日時，方法など具体的に）。これは"いつ，どうやって死のうと考えていますか？"という質問でなされる。
(3)もし自殺企図が具体的であって，実現可能と思われたら，守秘義務の例外について話す。

これは"守秘義務についてお話しさせていただきましたが，守秘義務には例外があります。もしあなたがそのような方法で死ぬとおっしゃるのであれば，私はそのことをご家族に伝えることになります"と伝えることである。
(4)最後に重要なのが，死なない約束を交わすということである。

死なない約束は下記のステップで交わす。

・まず次回のカウンセリングの約束をする。1週間後くらいを目途に日時を約束する
・その上で死なない約束を交わす。死なない約束は，"今度のカウンセリングまで，意識的にも無意識的にも死なない約束をしてください（自分を殺さない約束でも可）"。
・"はい，約束します"ではなく，"次回のカウンセリングまで意識的にも無意識的にでも絶対死にません"と明確に宣言してもらう。

死なない約束は，

・笑顔で言わない
・クライアントの目を見て，ゆっくり言葉をかける，早口で軽く言わない
・"絶対死にません""絶対自殺しません"などクライアントにはっきり言ってもらう

などが大切である。

もしクライアントが約束できない場合は，"このまま帰すわけにはいきません""約束していただかないと，次回のカウンセリングができません""何日だ

ったら自殺しないことが可能ですか？"など何としても約束を交わそうとする姿勢を持つ。クライアントが，笑顔で"死にたくても死ねませんから""死ぬ勇気がありません"などと言う場合には対決する。死なない約束が交わせない場合，自分の手に負えないと感じた場合，必ずスーパーバイザーに相談する。

ただし死ぬための計画（いつ・方法）が具体的で，実行するための準備をしようとしている状態で，計画が現実的である場合，"死なない約束"より医療機関に行くことを勧める。

7　逃避口を閉ざす

カウンセリングにおいて，クライアントに悲劇的な結末の可能性がわかったときにはそれに対処する必要がある。以下，逃避口への対処について，『交流分析のカウンセリング――対人関係の心理学』（Stewart/杉村ほか（訳），1989/1995）の記述を基に説明する。

悲劇的な結末とは，
(1)自殺あるいは自傷の可能性
(2)殺人あるいは傷害の可能性
(3)正気を失う（精神病の発病をする）可能性
(4)中毒のように仕事する
(5)逃げる
である。

カウンセリングで行ったさまざまなワークの効果を継続的なものにするためには，悲劇的な結末のすべてを明確に否定して断ち切ることが必要である。悲劇的な結末を「**逃避口**（escape-hatch）」という。"もし事態が悪化したら，私はいつでも自殺できる"という問題解決の代替案が逃避口である。

逃避口の可能性を断つことを「逃避口を閉ざす」という。逃避口を閉ざすこととは，どのような状況下においても決して逃避口の行動をしないことを宣言することである。これはカウンセラーに約束するのではなく，クライアント自

らが自分自身のために決断することが重要である。カウンセラーの役割は証人として振る舞うことであり，クライアントが決断を述べるときに示す不一致を見逃さないこと。つまり，述べている言葉の内容と，言葉の表現，表情（不安げな表情など），ジェスチャーが一致しているか否かを見定めるということである。これらが一致していないときは，逃避口を閉ざす宣言に対してクライアントのCが拒否していると考える。

（1）脚本変化のために逃避口を閉ざすこと

　逃避口を閉ざすことは脚本変化の中心になる。つねに逃避口を連想するCの自我状態は，"もし事態が最悪になれば，私はいつでも…"という考え方をする。それらの悲劇がいかに過酷であろうとも，Cにとっては耐えられないような状況に出会ったときに，最後の解決策にできると密かに思っている。逃避口を開けているクライアントは，悲劇をいつでも利用できるように悪い感情を溜め込んでいて，何かのときに脚本変化を目指す契約を台無しにしてしまう。

　自殺はもっとも基本的な逃避口とみなされ，殺人や正気を失うことは自殺に代わる働きをする。"自分自身を殺す代わりに他人を殺す" "存在することをやめる代わりに，考える人間として存在することをやめる"ということである。

　逃避口を閉ざすことによって，クライアントはそれらの選択を一つ残らずきっぱりと断ち切る心構えができる。現在の状態を招いているのはほかでもない自分自身であることを認め，その現状を変える力が自分の中にあることに気づくことができる。その結果，クライアントは自己コントロール力を失うのではないかという不安感を抱くことなく，自由に経験し思いのままに感情反応を自分のものにすることができる。

　逃避口を閉ざすことで，クライアントは行動を自分でコントロールする力を発揮する。逃避口を閉じる宣言は"どれほど悪い感情を持っても，どんな環境でも，私は決して自殺したり，殺人をしたり，傷害事件を起こしたり，正気を失ったりしない"である。

逃避口を閉ざすとは，Cにとって，突然逃避口に逃げ込むという"耐えられない状態に対する最終的な解決策"がもはや使えなくなってしまうことを意味する。その結果，人生を通して慣れ親しんできた脚本感情や思考や行動パターンを正当化するのに役立ってきた最後の解決策を奪われることになり，そのために，しばしば脚本の全体が取り壊され始めることになる。

逃避口を閉じた結果，"これが使えなくなったのならば，いったい，私は今，どうすればいい？"という混乱が起こることがある。それが徐々に起こってくるクライアントも居る。あるいはときには一種のパニックのように急速に起こる場合もある。また，身体感覚の混乱として現れる場合もある。また，感情のパニックや肉体的な苦痛，痛み，吐き気，不眠，抑うつなど変な感じという漠然とした感じを訴えることもあるかもしれない。

しかし時がたつにつれて，人は新しい状況にCとして適応していく。逃避口を出ることを正当化するための悪い感情を溜め込んでおく必要はないことをCとして認識していく。

対照的にクライアントの逃避口が開いたままになっているときに，カウンセリングが進むと，クライアントは今まで自分が行った再決断を全部なかったかのようにしてしまうことがある。

（2）治療過程の一部として逃避口を閉ざすこと

"すべての逃避口は，診断上の悲劇的な脚本結末の存在の確証を待たずに，できるだけ早期の治療過程で，機械的に閉ざされるべきである"という考え方がある。この考えに従えば，差し迫った状態があるないにかかわらず，あらゆるクライアントに逃避口を閉ざさせるワークを勧めることが必要である。

確かに逃避口のいずれかを開く初期の決断をしたことがない人も居れば，逃避口を開いたことはあっても，カウンセリングに来る前に自主的に閉ざした人も居る。しかしこのようなクライアントにも，逃避口を閉ざすようワークすることは悪いことではない。そのようなクライアントは，無理なく容易にワークができるはずである。

もし，クライアントが逃避口のすべてを閉ざす準備ができていなければ，直面している問題が何であれ，すべてを閉ざす準備が最優先されなければならないとも考えられている。

(3) カウンセラー自身が逃避口を閉ざすこと

クライアントに逃避口を閉ざさせることを効果的に勧めるためには，カウンセラー自身がすでに逃避口を閉ざしてないといけない。もし，カウンセラーが逃避口を開いたまま，クライアントの逃避口を閉ざそうとすれば矛盾が生じることになる。

8　契　約

ここでは「**契約**（contract）」について解説する。エリック・バーンは契約を，一連の行為に対する，はっきりと表現され，定義され，両者によって合意された約束と説明した。再決断療法のカウンセリングにおいて契約は重要視される。インテークにおいても，ワークを実施するごとにも契約は明確にしなければならない（表2-8）。

契約では，クライアントは自分の思考，感情，行動で，何を変えるかをはっきりと決心する。契約は，クライアントが自分自身と結び，カウンセラーは，クライアントが自分自身と契約を結ぶ際の証人となる。そして契約は，具体的なものでなければならない。変化の目標に合意する中で，心的イメージによる

表2-8　契約明確化のためのシート

	現　状	目　標
思　考		
感　情		
行　動		

(出所)　倉成/杉田（2013）

積極的な視覚化が，目標の達成を可能にするのである。

　契約を結ぶことの目的は，
(1)クライアントが受動的ではなく自発的にカウンセリング過程に没頭するため
(2)変化に向けての心の準備のため
(3)明確なゴールなくカウンセリングがだらだらと続く可能性を防止するため
(4)カウンセラーが自分の目標をクライアントに押し付けることを防止するため
である。

　効果的な契約を締結するためには，契約がクライアントの自発性を重視したものでなければならないのは言うまでもない。

　契約には，そのまま締結してはならない契約がある。それらは，
(1)そのクライアントの人生脚本を強化する契約
(2)Ｐの契約，すなわち"…ねばならない"という義務感からの契約
(3)他人を変える契約，すなわち他者にこうなってほしいと望む契約
(4)それ自体が心理ゲームの一部である契約，すなわち「どんなにひどい目に遭っているかわかって」「他者のせいでこうなった」などの心理ゲームに発展する契約

などである。これらの契約に対しては，対決が必要である。

　契約内容はクライアントの意思で選択されるものであるが，クライアントの意思よりも優先されるべき契約もある。それらは，
(1)自殺あるいは自傷をしない契約
(2)殺人あるいは傷害をしない契約
(3)正気を失わない（精神病の発病をしない）契約

などである。これらの可能性がある場合，他のどのような契約よりもこれらの契約が優先されなければならない。

9　再決断療法のカウンセリング（ワーク）事例

　カウンセリング面接の中で，再決断療法のワークを実施した事例を以下に紹

介する。なおクライアントの情報およびカウンセリング内の発言の一部は，クライアントの個人情報保護の目的により修正してある。下記の逐語において，Th₁ はカウンセラー，Cl₁ クライアントの言葉であり，逐語の最初から番号をふってある。この逐語は5回目のカウンセリングの内容の一部である。話が本題から逸れた会話部分は割愛してある。

○クライアントの背景：
　35歳　男性　公立小学校教師　妻と娘（1歳）と3人暮らし
○症状：
　抑うつ気分，吐き気，無価値感，食欲不振，集中力欠如，中途覚醒，早朝覚醒

○カウンセリングを受けるまでの経緯：
　クライアント（以下 Cl）は小学校3年生を担任する教師である。教師の仕事をする一方で，一昨年の秋からうつ病を患う妻の代わりに家事や娘の世話もこなすことが多く，身体的にも精神的にも疲れていた。そのような状態で，昨年4月より担任したクラスに Cl の指導に耳を貸さず授業中に ADHD の同級生の物まねをして歩きまわる男子児童がいたり，女子児童の間でいじめが起きたりと，問題が次々と起きた。Cl は，その解決を図るため自分なりに頑張っていたが，問題は解決することなく，Cl は次第にイライラと教師としての無力感を募らせていった。さらに9月に女子児童のリーダー格の女子児童の上履きに，画びょうが入れられていたという出来事が起きた。これは，この女子児童からいじめを受けていた児童が仕返しにしたものであった。Cl はこの件について，いじめを受けていた女子児童が仕返しをするに至った気持ちを考慮し，厳しく注意をしなかった。しかしその件に関する Cl の対応に不満を持った，リーダー格の女の子の母親（△）より強いクレームを受けた。その母親は保護者の中でもボス的な存在で，保護者会でも発言力があった。その画びょうの出来事への Cl の対応について，その母親は保護者会で Cl に対して指導力のなさと熱意のなさを指摘し，クラスの指導に身が入らないのはうつ病の妻に気を取られて仕事をおろそかにしているからだと大きな声で文句を言った。保護者の何人かはその意見に賛同し，Cl を擁護するような意見は一つもでなかった。

その後も，その母親は事あるごとに電話をかけてきて，Clの授業中の発言や児童に対する態度について文句を言ってくるようになった。"もっと児童をほめるべきだ""特に女の子はほめないといけない""女の子から人気が無い"などと言われ，何かほめなきゃと思い児童をほめても"そのほめ方はセクハラだ"などと否定される。Clは毎回クレームを言ってくる保護者から，いつも監視されているような窮屈さを感じるようになっていた。また同時にClは，児童をきちんと指導できない自分のような人間が教師をしていることによって，児童に迷惑をかけているのではないかとすら感じるようになっていた。

 そんな中，クラス内の別の児童が，他の児童の首にロープを巻きつけ引きずりまわすという出来事が起き，それをやった子がクラスの他の児童たちから無視されるという出来事が起き，その無視された子の母親（▲）からもクレームをもらうようになった。

 問題が次々に起きる中，それでも何とか問題に対処しようと懸命に頑張っていたが，10月に急に吐き気を感じるようになり，身体も疲れを覚えるようになった。そしてClは内科を受診，精神科へと紹介されてきた。その後カウンセリング開始。

 2回目までのカウンセリングでは，妻がうつ病になった経緯と，妻が娘の世話をできる状態ではないので，自分が代わりに子どもの世話をしているが，体力的にかなりきついことについて涙を流しながら訴える。"なぜ自分ばかりが大変な目に遭わなきゃいけないのか"と嘆く。3回目は，クラスの児童たちのトラブルについて語る。"なぜ，自分のクラスでばかり立て続けに出来事が起きるのだろう""自分は運が悪い""何とかしなきゃいけないが，モグラたたきをしているようでとても対処しきれない"と嘆く。4回目ははじめて児童や保護者に対する嫌悪や怒りの気持ちを表した。これはClにとっては大きな体験だった。

Th$_1$　今日はいかがですか？
Cl$_1$　そうですね（15秒），なんか状況はと言うと，少し楽になった感じがしてます。前回，ムカつくことは悪くないということを，先生に言ってもらったじゃないですか。言ってもらったというか，その人のことをムカつくと他人であ

る先生に聞いてもらって受け入れてもらったじゃないですか。それで，ほっとしたというか，そうやって自分の気持ちを言って受け入れてもらうと，気分良いですよね。

Th_2　以前と比べて気分が変わりましたか？

Cl_2　はい（10秒），ちょっと気分が良い感じがします。ただ，とは言っても自分の周りはそんなに何も変わったわけではないですからね。

Th_3　クラスの状況とか，児童の保護者，△さんや▲さんのこととかは何も変わっていないということですね？

Cl_3　そうですね（10秒），それに家の状況も，妻もうつで，うつが治っているわけでもないし。まあ，状況を考えると，良い気分になったとか言っても，でもまだ全然良い状態にはなったと言えないと思いますね。

Th_4　前回，ムカつくことをお話しして，生徒や父兄にムカつく気分を吐き出して気分は前よりよくなったのですよね？

Cl_4　そうですね（10秒）。

Th_5　まだ全然良い状態ではないとおっしゃったので，せっかくいい気分になってきていることまで否定してしまっているように感じたので，少し気になりまして。

Cl_5　ああ，そうですね（5秒）。そ，そ，その，あの，状況と言うか，環境は変わりないということで，そういえば気分は前と違いますね。そう，そうでした。

Th_6　そうですね，せっかく気分が変化していっているわけですから，そのことをご自身の成果として受け止めていただきたいと思います。

Cl_6　そうですね，そうします。

Th_7　（5秒）前回の最後に，今日，ワークをしましょうとお話ししたのを覚えていますか？"自分はダメだな"と感じてしまうこととか，"自分は男らしくない"と考えて，そして自己嫌悪になってしまうこと，そういうことを，最近ももちろん感じているし，そういうことを繰り返していることとか，そういう話を前回して，それで最後に，今回そのことについて変えていくためにワークをしましょうとお話ししたと思うんです。

Cl_7　はい，その通りです（5秒）。そのことについて，少しでも変えられたら

良いなあと思っています。というか変えたいと思いますね。
Th8　そうですか，わかりました。では，今日はそのことをテーマにしましょう。まず最初にワークの契約を，どうなりたいかをご自身の言葉でハッキリとおっしゃってください。
Cl8　変わりたいです。
Th9　そうですね，変わりたいですね。もう少し具体的に，どのような状態がどのような状態になったら良いか教えてもらえますか？
Cl9　そ，そうですね（5秒）。あ，あ，あ，あの，まずは，というか，
Th10　今，早く答えなきゃと思っていますか？
Cl10　ああ，はい。
Th11　急がなくて良いです。ゆっくりと自分のペースで考えてください。
Cl11　はい。（下を向いて15秒，その後顔をあげる）
Th12　どうですか？
Cl12　なんかですね（5秒），何かできていないときに，上手くできていないときですね，そういうときに"自分はダメだなあ"って思うんですよね。だから，できるようになりたいですね。
Th13　詳しく教えてください，具体的に何ができるようになったらいいなあと思いますか？
Cl13　（5秒）言いたいことがハッキリというか，（5秒）もちろん，その場の状況を見てというか，まったく状況を考えずにポンポンと何でも言うつもりなんて無いんですけど，（5秒）言ったほうが良いことというんですかね，自分の気持ちや考えというんですか，それを言えるようになりたいと思います。おどおどせずにというんですか。おどおどせずに言えたらいいと思います。今は言わないことというか，ハッキリしてないことにも自己嫌悪だし，言ってしまったとしても，言うことなんて無いんですけど，そうなったらそうなったで罪悪感なんですね。そういうところですね。そういうところ，罪悪感ではなく，自分への自信というか，言いたいことを言ったという達成感を持ちたいですね。
Th14　わかりました，最近そういう気持ちを感じた場面に身を置いてみてください。
Cl14　はい。

Th15　どんな場面ですか？
Cl15　△から電話をもらった場面ですね。
Th16　その場面で何を感じていますか？
Cl16　言いたいことを一方的に言われていて，僕は何も言えないで，怖いから何も言えないで，それで情けない自分，そういう感じです。
Th17　そういう感じ方や自分についてそう思った，それらを最初に持ったのはいつごろですか？
Cl17　（15秒）もう子どものころですね。
Th18　そうですか．何歳くらいなんでしょうか？
Cl18　5～6歳くらいだと思います。
Th19　そのときの自分に身を置いたつもりになってください。
Cl19　はい。
Th20　（7秒）それはどういう場面ですか？（3秒）誰がそこにいますか？
Cl20　お母さんがいて，僕にいろいろ言っています。
Th21　あなたはお母さんから何て言われているの？
Cl21　"まったく，少しは男らしくしなさい"
Th22　目の前の椅子にお母さんが居ると思って，言いたいことがあるなら言ってごらん。
Cl22　（15秒）怖くて。
Th23　お母さんが怖い？
Cl23　（5秒）怖い。
Th24　（5秒）お母さん，怖いよね。
Cl24　怖い（20秒）。
Th25　直接，今の気持ちを伝えてごらん。
Cl25　（5秒）ママ，恐い（10秒）。そんなに，（5秒）そんなに（5秒）。
Th26　そんなに？
Cl26　なんで，そんなに言うの？（5秒）そんなに"ダメダメ"言わないでよ。僕だって，（5秒）僕だって，一生懸命頑張っているつもりなんだから。
Th27　今腹が立ってる？
Cl27　嫌，というか，腹が，（5秒）はい，ムカついている感じです。

第2章　再決断療法

Th₂₈　この新聞紙で，この椅子にお母さんへの腹立たしさを吐き出してごらん。（新聞紙を丸めて渡す）（Clの前に新聞紙で叩くための別の椅子を出す）
Cl₂₈　（10秒）そんなに言うな。（新聞紙で5回椅子を叩く）
Th₂₉　（Clが渡した新聞紙を受け取る）どんな感じ？
Cl₂₉　少しすっきりした感じ。
Th₃₀　そうですか。（Clの前から新聞紙で叩いた椅子を外す）（5秒）お母さんに，その時言えなかったことを言ってみませんか？
Cl₃₀　そんなに言うから，僕は怖いし，かえって何も言えなくなる。つい顔色をうかがってしまって，それで，すぐ，ママがすぐ，大きな声で"ダメダメ"言うから，だから言えなくなる。だから言わないでほしい（10秒）。
Th₃₁　向かいの，お母さんの椅子に移ってください。
Cl₃₁　（椅子を移る）
Th₃₂　この椅子ではあなたはお母さんです。お母さんに身を置いて本音で応えてください。お母さん，あなたのお名前は？
Cl₃₂　は，はい，私？，□です。
Th₃₃　□さんですね。今の息子さんのお願いに応えてください。
Cl₃₃　（5秒）だって，あなたが男らしくないから，あなたのために言ってあげているんでしょう。（厳しい口調）
Th₃₄　自分の椅子に移ってください。
Cl₃₄　（自分の椅子に移る）
Th₃₅　お母さんの言葉に返事してください。
Cl₃₅　（5秒）だから，ママがそんなに言わなければ，僕ももっと自信を持って，おどおどせずにやれるから。（涙をこぼす）（15秒）
Th₃₆　お母さんの椅子に移って。
Cl₃₆　（母親の椅子に移る）
Th₃₇　息子さんに応えてください。
Cl₃₇　何言ってるの。あなたが男らしくないから言ってるんでしょう。あなたはほんとうに話にならない。（厳しい口調）（10秒）
Th₃₈　お母さんに伺いたいのですが。（5秒）お母さんは今，イライラしていますか？

Cl38　（5秒）この子にイライラしてます（自分の椅子を指差す）。男らしくないからイライラします。
Th39　お母さんは，なぜ息子さんに，そんなにイライラするのですか？
Cl39　この子が，この子がしっかりしないからです。
Th40　なぜ，しっかりしていないと，そんなにイライラして厳しく言うのですか？
Cl40　これが私の性格だからです。私は男らしくない人が嫌いなんです。
Th41　なぜ，男らしくない人が嫌いなんですか？
Cl41　父親みたいだからです。
Th42　あなたの父親ですか？
Cl42　はい，そうです。母親がいつも言っていました。お父さんは，ハッキリせずにグズグズして男らしくないって。でも，そのくせ，お酒を飲むと急に乱暴になったり。嫌なんです，そんなハッキリしてない男が。
Th43　□さん，あなたはお父さんへの感情を息子さんにぶつけているんですか？
Cl43　（15秒）私はただ，私の父親のように，この子になってほしくなくて，だからこの子のためを思って。
Th44　息子さんに，"私は父親に対して嫌な気持ちを持っている，そしてそれをあなたにもぶつけている"と言ってみてください。
Cl44　（5秒）私は父親に嫌な気持ちを持っていて，その気持ちをお前にぶつける。
Th45　（5秒）自分の椅子に戻って。
Cl45　（自分の椅子に移る）
Th46　目の前のお母さんの言葉を聞いて，今何を感じますか？
Cl46　（5秒）自分の父親への気持ちを僕に押し付けて，"勝手なことを言うな"という気分です。
Th47　あのとき言えなかったことを言ってみてください。
Cl47　ダメダメと勝手なこと言うな（10秒）。
Th48　あなたはダメですか？
Cl48　ダメじゃないです。

Th49　そのことをお母さんに言ってください。
Cl49　ダメじゃない。僕はダメじゃない。
Th50　お母さんがあなたのことをダメと言ってもですか？
Cl50　お母さんがダメと言おうが，僕はダメじゃない。僕はほんとうはできる子だ。
Th51　もう一度，その言葉をお母さんに言ってみてください。
Cl51　お母さんがダメと言っても，僕はダメじゃない。（10秒）僕はできる，能力がある。
Th52　その言葉を言って，今どんな感じを感じてますか？
Cl52　力が湧いてくる感じです。
Th53　そうですか良かったですね。お母さんに，"どんなに厳しく言われても，僕は自分の言いたいことを言う"と言ってみてください。
Cl53　ああ，（3秒）厳しく，お母さんが言っても，僕は自分の言うことを言う。僕はダメじゃないし，僕はできる。
Th54　どんな気分ですか？
Cl54　良い気分です。（5秒）なんか，ずっと我慢してたなあという感じがします。
Th55　そうですか。
Cl55　なんか，吹っ切れたような感じがします。
Th56　良かったですね。では，今度は，直接今の▲さんと△さんにあなたの言いたいことを言ってみましょう。
Cl56　はい。
Th57　まず，▲さんから。目の前の椅子に，▲さんが居ると思って，言いたいことを言ってみてください。
Cl57　はい（5秒　深呼吸をして）。あなたに一つお話ししときたいことがあります。（3秒）あなたの子どもさんが無視されるようになったきっかけは，元々，学校のロープを，クラスメイトの首に無理やり巻きつけて引きずったという出来事を起こしたから，それでみんなから逆に無視されるようになったんです。これは，遊びの範囲を超えていると思いますし，こういうことをすると，危ないし，クラスメイトからだって嫌がられるということを，ちゃんと教えな

いといけないかなと思い，この話をお話ししようと思いました（10秒）。
Th58　どんな感じですか？
Cl58　ちょっと勇気が要りましたが，言えて気分が良いです。そして本当に本人にも言えそうな感じがします。
Th59　そうですか，すごいですね。
Cl59　嬉しいです。
Th60　今度は△さんです。目の前にいると思って，言いたいことを言ってみてください。
Cl60　（10秒）この人は正論を言っても通じなさそうですね。そうですね。（5秒）元々，画びょうの一件も，子どもさんがその子に嫌がらせをしていたからということがあるんです。私は，だから，その子の気持ちも子どもさんの気持ちも考えて，穏便に済ませようとしていたんです。ただ，私のやっていることがいろいろ気に入らないみたいですが，私もなんでもあなたの言う通りにできるわけではないですので，小さいことで連絡してこないでください。
Th61　どうですか？
Cl61　まあ，そう言っても，どうせこの人はまた電話してくるでしょうね。
Th62　どうしたいですか？
Cl62　（10秒）いいです。電話してくるなら電話してきても。一つ一つ小さいことを電話してきても，あなたの期待通りにできるとは限りません，と言います。
Th63　そうですか。
Cl63　うるさくても，というかなんといっても自分の言いたいことをちゃんと言う方がいいかなと思います。
Th64　そうですね，言いたいことを，つまり，自分の考えをちゃんと伝えることは良いですよね。
Cl64　私は，やっぱり，母親の影響だったというか，母親が厳しかったから，それに萎縮して言いたいことを言わなくて，そして，言いたいことを言えなくて，それではっきりモノが言えないので男らしくなくてダメだということを言われて，そう言われることが恐くて，ますますおどおどして，悪循環になってしまって。

Th65　そうなんですね。
Cl65　母親は怖かったですね，あの顔は今も思いだします。さっき，椅子で母親に向かい合ったとき，その顔を鮮明に思い出して，それで"怖いなー"と思って，とてもリアルな感じでした。
Th66　そのお母さんの怖い顔を，△さんとかに重ね合わせていたのかもしれませんね。
Cl66　ああ，そうですね。そう，そういえば，母親のときと同じような感覚を感じていましたね。もちろん母親とはまったく別の人とわかっているんですけどね。
Th67　そういう意味では，母親に対して，"僕はダメじゃないし，できるんだ"ということや"何と言われたとしても，言いたいことを言う"と決断できたのは大きなことでしたね。
Cl67　そうですね。大きなことですよね。（10秒）良かったです。
Th68　良かったですね。姿勢を正して，深呼吸してみてください。はい。（Cl深呼吸を3回）そうですね。今気分は大丈夫ですか？（Cl2度頷く）そうですか。ちょっと，数分早いけどこれで，今日は終わりにしていいですか？
Cl68　はい，ありがとうございました。

10　再決断療法による精神疾患へのアプローチ

（1）うつ病へのアプローチ
①うつ病の変化

　昨今精神科臨床の現場においてうつ病の病像が変化しているとの指摘もある。具体的には，抗うつ薬治療が効果的であるとされてきたメランコリー親和型性格を病前性格とする単極性うつ病像が減少する一方で，薬物療法よりも精神療法が有効とされる慢性化の傾向を示す比較的軽症なうつ病が増加しているというのである。こうした現象は，薬物療法をうつ病治療の中心的方略とする従来の精神科治療論にも大きな影響を与えていくものと予測される。従来型のうつ

病と異なるうつ病の変異型として、いわゆる非定型うつ病（新型うつ病）があげられる。その一つである現代型うつ病は、比較的若年層に多く見られ、うつ病の症状が出揃っていない不全型かつ軽症の内因性うつ病であるとされる。抑うつ気分よりも選択的制止症状が前景に立ち、自責より当惑、対他配慮よりも自己中心性が目立つといった特徴が指摘されている。その他にもうつ病の変異型として古くは笠原嘉（1978）の退却神経症が知られ、近年では、逃避型抑うつ、未熟型うつ病、若年性うつ病、職場結合性うつ病、ディスティミア親和型などの諸病型が提唱されている。このように、うつ病の病態が変化し多様化する中で、うつ病に対する治療も変化を見せつつある。従来、典型的なうつ病に対する抗うつ薬の有効性は確実なものと考えられていたが、非定型うつ病は薬物療法の限界も指摘され、効果的なうつ病治療に向けて心理社会的な治療を含めた総合的な対応が求められる気運がある。

　非定型うつ病は、患者が病前から（場合によっては幼少期から）抱えていた神経症的葛藤が表面化した病型であるとも考えられ、治療にあたって薬物療法や休養だけでなく精神療法的関与が効果的であろうと推測する根拠がある。多様化する非内因性うつ病や軽症化うつ状態に対しては、これまで行われてきた症状に対するアプローチのみならず、患者のパーソナリティ構造や社会的状況にまで踏み込んだアプローチが有効かつ必要であるとも考えられている。

②うつ病と再決断療法

　再決断療法はうつ病治療に効果的である。ジョインズ（Joines, V.）やスチールら（Steel, C.A. & Steel, N.P.）など米国の再決断療法カウンセラーたちによって、うつ病治療において再決断療法が奏功した事例がいくつも報告されている。筆者の研究においても、うつ病治療において再決断療法は、薬物療法と遜色ない効果を上げている。

　再決断療法の病理理論では、うつ病は自然で自発的な自我状態の抑圧の結果であると考える。自然で自発的な自我状態の抑圧に関与するのは禁止令の存在である。グールディングらによると、禁止令の中でも"生存に関する禁止令"

は，うつ病発症の原因となる自然で自発的な自我状態の抑圧と深い関係があると考えられている。「生存に関する禁止令」は，自身の存在そのものや存在価値に関係した否定的な早期決断であり，その代表的なものは"私は要らない人間であり，親にとって居ないほうがいい存在だ"と決断する「存在するな」の禁止令である。通常子どもは，自分の養育者が自分のことを居ないほうがいいと思っていると感じたとき，私は存在してはならないのだと決断すると考えられている。その他，自身の存在そのものや存在価値に関係すると考えられる禁止令は，「健康であるな」「信頼するな」「重要であるな」「正気であるな」「触れるな」「愛着を感じるな」などである。マクニールによると，「生存に関する禁止令」に共通するものは，それを決断した人の健康を害するほどの，過度なエネルギー消費を伴う生き方である。これらの禁止令を決断した場合は，禁止令による自己否定メッセージに拮抗して生きるために，過度のエネルギー消費を伴う情動に突き動かされるものである。それは，これらの禁止令決断をした人に"存在意味を見つけなくては，私は生きている意味がない""私が重要であることを証明しなければ，まったく価値がない""他人をコントロールし続けなければ，どんな目に遭わされるかわからない"など，個人の健康を脅かす生き方を強いてしまうほど強烈なものである。この情動に従っている間，これらの禁止令を決断した人はつねに外的な目標に囚われていながらも，自身は前向きな生き方をしていると信じている。そして身体的・情緒的健康面を脅かすほど駆り立てられた生き方をしていることに気づいていない。その探索の過程で生じる欲求不満や憤りが，自殺念慮や抑うつ気分に帰結することがあるのである。

　したがって，再決断療法でうつ病のクライアントのカウンセリングを実施するということは，うつ病のクライアントの持つ生存に関する禁止令の再決断を実施するということを意味する。再決断療法のカウンセリングでは，うつ病クライアントの持つ生存に関係する禁止令を確認し，禁止令の存在確認後にその解決を動機づけ，その禁止令決断を建設的な新たな決断へと再決断するワークを実施するのである。

③治療効果の検討

　以下うつ病治療への再決断療法の効果を検証した研究データを紹介する。研究では，被験者を，抗うつ薬（SSRI）を中心とした薬物療法を実施する薬物療法群と，抗うつ薬を使用せずに再決断療法を使用したカウンセリング面接を実施する再決断療法群に分け，それぞれ治療開始時点と3か月間経過時にうつ病重症度評価を実施する。この評価の得点差を治療効果と考え，薬物療法と再決断療法の治療効果を比較検討している。

　薬物療法群の被験者はSSRIを中心とした薬物を処方され，2週に1回約15分間医師による診察を受ける。再決断療法群の被験者に対しては抗うつ薬を処方せず（ただし睡眠導入薬は処方する），2週に1回医師による15分間の診察と，原則毎週1回60分の再決断療法を使ったカウンセリング面接を実施した。再決断療法群被験者の治療開始時から3か月経過時までにおいては平均10.4回であった。

　うつ病の重症度の評価手段として，被験者自身によるうつ病重症度評価であるSDSうつ病自己評価尺度（Self-rating Depression Scale，以下SDS）と，治療者によるうつ病重症度評価であるハミルトンうつ病評価尺度（Hamilton's Rating Scale for Depression，以下HAM-D）を用いる。後者について本研究では，半構造化面接形式で実施し簡便かつ標準的に採点できるという理由からGRID-HAMD-17（日本臨床精神病理学会）を使用した。これらの評価は全て医師が担当した。

　結果は表2-9，表2-10，表2-11，図2-6，図2-7で表している。

　これらの結果から，再決断療法はうつ病治療に一定の効果を示していることがわかる。とくに，SDSの結果では，再決断療法で治療した患者の得点は薬物療法で治療した患者の得点より有意に改善していた。ここから明らかなように，再決断療法で治療したうつ病患者の自己評価は高い。うつ病患者は通常，自己評価が低くなることが症状の一部であることを考えると，この結果は大きな意味を持つ。これは再決断療法がうつ病患者の主体性の回復に効果があるためと考えられる。

　再決断療法では，"私は価値がない""私は愛される存在ではない""私は邪

表2-9　薬物療法群・再決断療法群のHAM-Dの得点変化

	薬物療法		再決断療法	
	開始時	3か月後	開始時	3か月後
正常（7点以下）	0	13	0	17
軽症（8～13点）	9	11	3	7
中等症（14～18点）	9	6	16	4
重症（19～22点）	8	0	7	1
最重症（23点以上）	4	0	3	0
合　計	30	30	29	29

（出所）　倉成（2012）

表2-10　薬物療法群・再決断療法群のHAM-Dの平均得点および標準偏差

被験者	時期	人数	平均	標準偏差
薬物療法群	治療開始時	30	17.5	5.36
	3か月経過時	30	8.9	5.18
再決断療法群	治療開始時	29	17.3	3.02
	3か月経過時	29	8.4	4.67

（出所）　倉成（2012）

表2-11　薬物療法群・再決断療法群のSDSの平均得点および標準偏差

被験者	時期	人数	平均	標準偏差
薬物療法群	治療開始時	30	56.9	6.30
	3か月経過時	30	46.1	7.89
再決断療法群	治療開始時	29	57.3	5.18
	3か月経過時	29	41.1	8.40

（出所）　倉成（2012）

魔な存在だ"といった，うつ病患者にしばしば認められる非建設的な認知を，幼少期からの親子関係に起因する自己の生存や存在に関する禁止令決断による不合理な思い込みであるという解釈を基本に面接を進めていく。そしてその認知が，"私は価値がある""私は生きる意味がある"といった建設的なものへと変容するよう支援していく。このような再決断療法の特徴は被験者の主体性の回復および自己評価を高める結果に貢献したと考えられる。

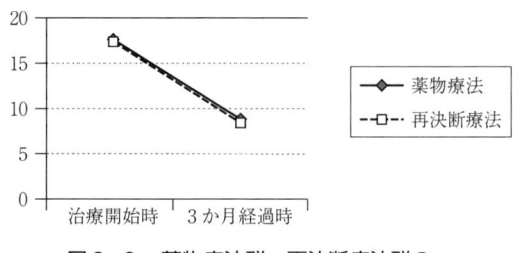

図2-6　薬物療法群・再決断療法群の
　　　　HAM-Dの平均得点変化

（出所）　倉成（2012）

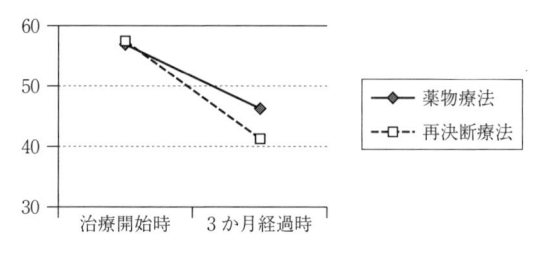

図2-7　薬物療法群・再決断療法群のSDSの
　　　　平均得点変化

（出所）　倉成（2012）

（2）さまざまな精神疾患への応用

　再決断療法は，グールディングが提唱して以降，さまざまな臨床家たちによって，うつ病以外の精神疾患への適応についても研究が進められてきた。

①発達障害

　ロルフ（Rolfe, W.）は成人のADHDに再決断療法を適用し，ADHDの障害を持つ人が，自身の生育過程において，自分の個性（他者との違い）を悪い部分であると決断している自己認知について，カウンセリング的関わりにより修正していくことが有効であるとし，長所も欠点も含めて自分らしさとして肯定的に受け止めることを目指す「お前であるな」の禁止令の再決断に向けた支援について紹介した。

事実，ADHDやアスペルガー障害のクライアントは，自身の障害に関係した特徴を，自身の個性だとは思えていない。それらは良くない部分であり，周囲から受け入れられることが無い不適応な部分なのである。これらを，自分の一部として受け入れることができるとき，彼らは前向きになれる。その結果場合によっては，その障害の特徴の一部が改善したかのような変化を見せる場合がある。

②パニック障害

　ジャノフ（Janoff, D.）は，パニック障害について，パニック障害の不安や恐怖を喚起する基となる葛藤が幼児期の決断に起因するものであると考え，パニック障害の基になる葛藤を，「お前であるな」「重要であるな」「成功するな」「正気であるな」「属するな」の禁止令（幼児期の決断）と「強くあれ」「完全であれ」「喜ばせろ」「私が感じるように感じろ」「努力せよ」の拮抗禁止令の葛藤に代表されると考えた。

　筆者は，パニック障害のクライアントのカウンセリングを進める過程で，「子どもであるな」「成長するな」の禁止令決断の影響を確認することが多かった。彼らは，周囲の迷惑を気にしつつ自分の欲求を表現して自由に振る舞うことができない。それでいてどこか依存的であり，大人としての自立した行動に自信が持てないのである。

　これらの禁止令の再決断が実現するとき，彼らはパニック発作から解放される。

③過食症

　カーニクル（Carrnicle, L.）は，過食症の患者に見られる葛藤を，「感じるな」「成長するな」「考えるな」「お前であるな」などの禁止令決断と「完全であれ」「努力せよ」「成長しろ」などの拮抗禁止令との葛藤で表した。

　筆者は，過食症のクライアントに「感じるな」の禁止令決断を確認することが多い。厳密には「感じるな」というよりも「お前が感じるように感じるな，私が感じるように感じろ」という禁止令決断がむしろ多いと感じる。他には「離れるな」の禁止令決断が見られ，支配的な親に対して服従するか回避する

かの葛藤を抱えていた。彼らにとって感情を表さないことは，生きていくために必要なことだったのである。彼らにとって感情を表す再決断は，自分の命を守るための再決断と同義である。

④再決断療法の広がりと変化

これらのような再決断療法の精神疾患への対応については，それぞれの精神疾患に特徴的な心的葛藤パターンを，幼少期の拮抗禁止令と禁止令による葛藤で説明し，治療の手がかりとしようとしている。またマッシィ（Masse, V.）は，PTSDに関する研究から，PTSDにおけるトラウマ体験を決断と捉え，悪夢やサバイバーズギルト[1]，抑圧された恐怖や怒りを解決する悲嘆のワークと，それに至るまでのカウンセリングの組み立てについて紹介した。このような研究は，再決断療法の精神疾患への適応可能性を広げようと模索する動きと思える。またクランプトン（Crumpton, C.）がEMDR[2]との併用の有用性を説いたように，他の心理療法との併用という方向性にも広がりを見せている。

グールディングが再決断療法を提唱し，それが欧米を中心に静かに広がりを見せる間，カウンセリングの世界では認知行動療法が全盛を極め，ブリーフセラピー，ナラティブアプローチ，構成主義的心理療法，間主観性アプローチ，関係性精神分析などが台頭し大きな変化を迎えていた。またカウンセリングに訪れるクライアントも，神経症傾向のクライアント中心からパーソナリティの問題を持つクライアントが増加するという変化を見せていた。そのような流れに対応するかのように，交流分析・再決断療法も心理療法の変化の影響を多く受けることとなった。その代表的なもの，関係性のカウンセリングについては第3章で説明する。

（1）サバイバーズギルト：周囲の人たちが命を落とした事故で，生き残った人が，自分が助かったことに対して持つ罪悪感。
（2）EMDR：眼球運動により脱感作を行う心理療法であり，PTSDの治療に有効といわれている。

第3章
感情処理，その他の手法

　昨今，カウンセリング臨床の現場は大きく変化している。その一つがパーソナリティの問題を抱えたクライアントの増加である。このようなクライアントに対応するために，カウンセリング技法も進歩が求められている。そこでこの章では，カウンセリングの新たなアプローチについて説明する。前半で不快感情の軽減に焦点を当てた「**感情処理法**（Feeling-Focused approach）」，後半できわめて幼少期の親子間の愛着に関係する問題をどのように扱っていくかについて説明する。

1　感情処理法

　「感情処理法」は再決断療法のワークの基本の技法ではない。しかし交流分析や再決断療法の理論を活用している。禁止令とは，現在の問題行動を引き起こす不合理な認知の基底をなす認知といえる。禁止令にアプローチするということは，問題行動を引き起こす原因となる根本の認知に介入していることになる。根本の認知はそれに伴う感情を扱うことなくして変えることは困難である。再決断療法が禁止令の再決断，すなわち最高の認知変容を目的としているとすれば，感情処理法は感情の消化を目的としている。感情処理法単独での使用も効果的であり，再決断療法と組み合わせて使用することもできる。
　再決断療法そのものがその技法を通して感情を扱い，それとともに認知変容を実現することを目的としている。しかし再決断療法ではそれほど深い感情を扱うことを目的としていない。グールディングの著書（Goulding & Goulding,

1979/1980）中の表現によるとそれは「中程度の感情表出」である。これはすなわち認知とともにそれに伴う感情を体験するというものである。感情を深く扱うことの是非は議論の余地があろうが，再決断療法家の中には感情を深く扱う臨床家もいる。そして感情を深く扱うことは日本人に向いていると筆者ら（倉成・中谷）は考えている。

　感情処理法は，再決断療法で扱うよりも時間をかけ，深く感情を体験していく。その目的は，
・感情を処理し手放していくこと
・その感情とともに起動する認知との結びつきを弱めていくこと
にある。感情を処理するとは，感情を認知とともに体験するだけではなく，未処理の感情そのものを消化させることを目的にしている。カウンセリングにおいて感情処理を再決断療法と組み合わせて使うと，感情をゆっくりと時間をかけ体験し，その感情が消化していくよう支援し，その後に認知変容を再決断することになる。

　感情処理をカウンセリングにおいて再決断療法と併用して使用することにより，より高いカウンセリングの効果を期待できるものである。ただし，再決断療法のワークに感情処理を組み入れた場合，20分間でワークを終えることは難しくなる。

（1）感情処理の必要性
　カウンセリングにおいて，クライアントが自らの感情に触れることは重要である。
　人が何かの問題を解決しようとするとき，その問題は思考・感情・行動の一連のつながりを持ったパターンを示している。一般的に問題を解決するために，思考の変容に焦点を当てがちである。しかし，いくらAで理性を働かせても，その思考が不合理であるという証拠を集めても，思考の変容が実現しないことがある。その変容のためには，感情の処理が必要となる場合がある。
　ある50歳代女性のクライアントは，自分の義母を許したいと願っていた。結

第3章 感情処理,その他の手法

婚以来長きにわたり義母からいじめに遭い,年老いた義母は認知症を患い,彼女が介護をすることになった。介護する上で,義母を心から許し過去のわだかまりを捨てて,今は認知症でかわいそうな状況にある義母を,義務的・表面的ではなく心から優しい気持ちで世話をしたいと思っていた。しかし,どうしてもいじめられた数々の出来事が頭をよぎり義母にイライラしてしまう。なぜ私をいじめたこの義母のために自分が苦労して介護しなくてはならないのかと思ってしまう。認知症になった義母をいまだに許すことができない自分を心が狭いと思うし,夫も"いつまでも昔のことを根に持つな"と言う。確かに夫の言う通りだと思うもののどうしても気持ちがついていかない。それでも無理して,自分の気持ちを抑えようとしているうちに強いイライラと落ち込みを繰り返し感じるようになり,家族への八つ当たりが増えた。

　このクライアントは義母とのわだかまりを忘れて許したいと思っている。これは思考レベルで考えていることである。しかし気持ちがついていかないのである。長きにわたりいじめられた体験に関する未処理の感情がそれを邪魔しているのである。それでも許そうと自分を抑えつけているうちに,すなわち思考で感情を抑え込もうとしているうちに余計にイライラや落ち込みを感じるようになってしまった。このクライアントが過去のわだかまりを捨て許せるようになるためにはいじめ体験に関する未処理のままに放置してある感情を処理することが必要である。彼女の場合の未処理の感情はいじめた義母への怒りであろう。

　不快感情は,ある刺激(状況)との結びつきを強く持ってしまうと,その後体験する類似した刺激(状況)で,その不快感情を自動的に生成させる。それは,感情と思考と行動はつながりを持ったシステムとして起動するためである。

　たとえば幼少期に不機嫌な父親が怖かった人が,成人したのちに上司の不機嫌な顔を見るだけで怖い気持ちを感じる。このような場合,やはりその怖れを処理することが必要になる。頭では,"上司は私の怖かった父親ではないので怖がらなくても良い"と思っても,なかなか怖さが軽減しないことがあるのである。

表3-1　ラケット感情になり得る感情

怒り・混乱・恐怖・自己卑下・劣等感・憂鬱・ライバル意識・罪悪感・闘争心・イライラ・優越感・恨み・不安感・不信感・心配・孤独感・無力感・かんしゃく・空虚感・焦り・憤り・落胆・緊張感・悲しみ・嫌悪感・憐れみ・疲労感・絶望感・（未練がましく）恋しい気持ち・不全感・義務感・拒絶される感覚・同情心・使命感・敗北感・後悔・猜疑心・羨望・責めたい気持ち・批判・見捨てられた気持ち・甘えたい気持ち・敵視する感覚・自責感・楽しさ・喜び・淋しさ・無気力感・依存心　など

（出所）　倉成/杉田（2013）

（2）ラケット感情と本物の感情

　ファニタ・イングリッシュ（English, F.）は，ラケット感情の理論を発展させ，感情を「ラケット感情（にせものの感情）」と「**本物の感情**（authentic feeligs）」とに分類して説明した。この概念は，後述する感情処理法の解決感情を理解する上で参考になる。

　ラケット感情とは，その状況に適応するために本物の感情の代用として使ったものであり，その後も同様の状況で使用し続けるものである。ラケット感情は本物の感情を覆い隠すように使われる。そうすることで，何らかのストロークが得られるかもしれないし，最悪の状況を回避できるのである。また，本物の感情が問題解決的であるのに対し，ラケット感情は問題解決的ではない。

　ラケット感情の特徴として
・幼児期に親の愛情を得る手段として取り入れたもの
・慢性的で定型化された不快感情
・真実の自然感情をカムフラージュした人工的な感情
・ストレス状態で経験されるなじみ深い感情
・心理ゲームの結末で味わう感情
などがあげられる。

　したがって，ラケット感情にはあらゆる感情が該当する可能性がある（表3-1）。

　ラケット感情は，それを繰り返すことによって，その不快感情を溜め込んでいくことになる。ラケット感情を溜め込むために，「**ラケット行動**（racket behaviour)」で無意識に自分がラケット感情を味わうように仕向けている。このようにラケット感情を溜め込むことを「**スタンプ**（stamps）」という。

　一方，本物の感情は，
・怒り（angry）
・悲しみ（sad）
・怖れ（scared）
・喜び（glad）
であると考えられている。本物の感情には時間枠があり，その時間枠で使用されないとその感情はラケット感情になる。本物の感情は下記のように説明されている。

　「怒り」は欲求や願望の充足を妨げられたり，自己（の側面）が脅かされたときに生起する感情であり，問題解決のための積極的で主張的なアプローチを生むものである。怒りの時間枠は今である。怒りが今の時間枠で使われないと，それは溜め込まれてラケット感情になる。

　「悲しみ」は喪失と関係しており，何かの愛着対象を失ったことへの感情である。悲しみは「喪の仕事」を経て喪失対象を乗り越え，新しい関係形成に向けた主体的な行動に結びつくものである。本物の感情としての悲しみは，抑うつや不幸とは区別される。悲しみの時間枠は過去である。

　「怖れ」は危機を回避するための感情であり，特定の危険を対象とした感情である。漠然とした脅威に対する怖れや特定のものに焦点が当たっていない怖れ，過剰な怖れなどは本物の怖れとは区別される。怖れの時間枠は未来もしくは今であるが，今は手が打てない未来にのみ焦点化されるとラケット感情になる。

　「喜び」の時間枠は今であり，ポジティブな感情でありその時点では変える必要がないことを表している。

　ラケット感情は，人生脚本やゲームを構成する基の一つであり，環境を操作し，否定的なストロークを得る手段ともなる。また"悲しみに浸っていれば，誰かが助けてくれる""怒りを表せば，相手は思いどおりにしてくれる"など

何らかの不合理な信念とも結びついている。したがってカウンセリングにおいては、カウンセラーはクライアントのラケット感情にストロークせず、本物の感情にストロークすることを心がける。

(3) 感情処理をすることとは

「情動焦点化療法」を提唱したレスリー・グリーンバーグ（Greenberg, L.S.）は、認知スキーマの変容を目指すのではなく、感情スキーマの認知、動機づけ、行動の構成要素を変えることの必要性を訴えた。人間が生来的に持つ2つの情報処理過程のうち、概念的処理過程という因果的推論、分析的思考による自分についての見方ではなく、体験的処理過程という非意識的、前概念的に感情的意味から生起する自動的な評価に焦点を当てるカウンセリングの効果性を説いたのである。

たしかに、知性化によって問題の解決策を明らかにしてもまったく変化は見られないと筆者らも臨床を通して感じる。もし仮にそれがクライアントに変化をもたらしたとしても、その変化は一時的なものに過ぎず長期間維持されることはない。

Aの活用は思考に対するアプローチである。不合理な思考や問題行動に焦点化したアプローチは、継続的に効果を維持できない。ちょっとしたネガティブな刺激で元の行動に戻ってしまうという結果に終わってしまう。不合理な思考や問題行動を解決するためには、それらと結びついた不快感情の処理が必要である。再決断療法はそれを目指したものであるが、ワークの技法には感情面へのアプローチ方法について明確な基準がないために、臨床家によってばらつきが出てしまう。臨床家によっては、Aで認知面のみを扱った、Cによる感情の体験が少ない表面的なワークになってしまうこともある。感情処理法では、不合理な思考や問題行動と結びついた感情を解決することを目指す。感情の処理とは、

・不快感情を解決感情（後述）を使って軽減させ
・不快感情を自然な感情に置き換え

・思考と行動の継続的な変化を実現する

という一連のプロセスで実施する。

　したがって感情処理は，不快感情がスッキリするというカタルシス効果のみを目的にしたものではない。感情をスッキリさせることも実施するが，最終的には不快感情に伴う不合理な思考や問題行動との結びつきをなくし，継続的な思考変容と行動変容を促すことを目指すものである。

　感情処理のためには感情を体験することが必要である。しかし多くの場合，解決感情や自然な感情は抑圧・抑制されている。感情を抑圧・抑制している状態のままでは処理できない。感情処理のためには，クライアントが解決感情の抑圧・抑制を止め，あるがままに受け入れることができるよう保護的な雰囲気を作ることが重要である。そして自身の解決感情と自然な感情に焦点化し，それを受け入れ，その感情を体験することが必要である。

　また，感情を頭で理解するというのは感情処理ではない。感情は「今，ここ」で体験することによって処理される。体験は，活き活きとその感情を感じることである。それは，その感情が生起した場面を再体験（追体験）することによって可能となる。

（4）感情処理におけるにせものの感情と解決感情

①にせものの感情

　いくら感情に焦点化してそれを体験したとしても，消化が進まない（徐々にでもスッキリしていかない）ときがある。それは，その感情が感情処理におけるにせものの感情であるということを意味している。感情処理におけるにせものの感情は，ラケット感情とほぼ同じである。にせものの感情である不快感情は，

・パターン化された不快感情

・ラケット感情同様，別の感情の代用感情

・その状況における思考（または感情）に対する二次的な反応としての感情

・その状況において何かを得る手段として利用された感情

・抑制されている感情

である。それらは，解決感情や自然な感情の生起を覆い隠してしまうのである。

　たとえば，イライラは悲しみの感情の二次的な反応として生起する場合があり，またイライラを表すことによって本当に得たいストロークの代替のストロークを得ることができるかもしれない。また抑制されている感情はにせものの感情となる。たとえば怒りがその場にふさわしい感情（解決感情や自然な感情）であったとしても，それを表出することにブレーキがかかっている場合，それを体験しても消化されない。これはクライアントの意識外で行われることもある。

　にせものの感情は，それに伴う不合理な思考と問題行動を結びつける役割を果たす。不快感情であるにせものの感情と，不合理な思考と問題となる行動は結びつき一連のシステムとして働いている。したがって不快感情が生成されると，自動的に不合理な思考と問題行動が起動するのである。その結びつきは，不快感情の処理によって解消される準備が整う。

　感情処理のためには，「解決感情」と「自然な感情」を理解することが重要となる。

　にせものの感情は，それをいかに体験したところで消化されない（スッキリしない）。その後の同種の刺激で繰り返してしまうのである。

②解決感情

　感情処理における解決感情とは，にせものの感情である不快な感情をスッキリさせる感情であり，言い換えれば不快感情を消化する感情である。また解決感情は，状況に対する「今，ここ」で起きる，即時的で直接的な反応でもある。不快感情でも，時間をかけて体験することによってカタルシス効果をもたらすと誤解されることがあるが，それは不快感情を強化している行為に過ぎない場合が多く，不快感情と不合理な思考と問題行動の一連のシステムからの真の脱却は果たせていない。したがって不快感情に焦点を当ててもその先の不合理な思考や問題行動の変容には到達しないことが多い。真の変容のためには解決感

情に焦点を当てることが必要である。

　しかし解決感情の多くは，普段抑制されているか，場合によっては抑圧されている。抑圧とはその感情を感じないこと，抑制とは感じようとするときに抵抗が働くことである。クライアントはそれらの感情を使うことに抵抗を覚え，体験することに慣れていない場合が多いのである。そのため，クライアントはしばしば解決感情を体験することに不安を覚える。解決感情を体験するために，クライアントが安心して感情を体験できるよう保護的な環境を作ることは重要である。また場合によっては，それを体験するためのモチベーションが必要になることもある。

③解決感情の消化

　現在クライアントは一連のシステムの中で不快感情を使うようになっているが，本来不快感情を使うように決断した原初場面において，クライアントにとって効果的（不快感情をそのままにせずに軽減できた）であったのは解決感情である。解決感情が生起され，それを完了させる（筆者たちはこれを消化するとよぶ）ことによって不快感情は軽減する。解決感情についてまとめると下記の通りである。
・不快感情を軽減する感情
・状況に対し「今，ここ」で起きる，即時的で直接的な反応としての感情
・その状況での個人の欲求との関連において，評価された状況に対する真の感情
・不快感情を決断した原初場面で効果的であった感情
・この感情の処理ができて初めて，次の自然な感情を体験するステップに進める
・普段は抑制されているか，抑圧されていることが多い感情

　あるクライアントは，新しい行動をする状況においていつも不安を感じていた。彼は幼少より自ら何かをやろうとしたときに，父親から"ほんとうにそれでいいのか？""失敗したら取り返しがつかないぞ"と脅されていた。それが

繰り返されるうちに，新しい行動をしようとするという状況で，不安や心配を強く感じるようになった。ワークでは，彼が幼少時の父親から脅されている場面，いわゆるこの不快感情を感じた原初場面を想起し再体験した。ここでの再体験は，あたかも「今，ここ」でその出来事が起きているかのようにその状況に身を置き，そのときの感情を再体験することである。そのときに彼が感じたのは，自分がやりたいことを応援し励まそうとしてくれない父親に対する怒りと悲しみであった。解決感情とは，その状況での個人の欲求との関連において，評価された状況に対する真の感情である。それを明らかにする良い方法は，原初場面に身をおいて実際にその場面における欲求を言葉にしてもらうことである。このクライアントの場合，原初場面において父親に対し，"そんなに脅さないでほしい""私がやろうとすることを応援してほしい"とお願いしてみた。その直後，クライアントはある種，怒りや悲しみの感情を感じた。それが解決感情である。

　解決感情になり得る感情は，
・怒り
・悲しみ
・怖れ
・嫌悪（嫌）
・寂しさ（淋しさ）
のいずれか，もしくはこれらの中の複数の組み合わせであることが多い。

　クライアントは，再体験した場面において父親に対する怒りと深い悲しみを体験した。それを原初場面に身を置き，「今，ここ」で体験することを何度か繰り返すうちに，不安が軽減していったのである。不快感情を解決するためには，その解決感情を消化する必要がある。そのことによってはじめて，一連のシステムから脱却する準備が整う。前出のクライアントの場合だと，新しい行動を起こす状況での不安の生起が解決する準備が整うということである。解決感情の消化について効果的なのは，感情を体験することである。感情の体験については「（7）感情の体験」で説明する。

（5）自然な感情

　自然な感情は，解決感情の消化によって不快感情が解消されることなしに体験されることは困難である。自然な感情とは，その状況において建設的な行動を取ることの動因となる感情であり，問題解決的な感情である。そしてその感情は適応的でもある。また自然な感情は適応的な欲求にも関係している。たとえば，新しい行動をする状況で，チャレンジしたいという欲求は建設的かつ適応的であり，そこで感じるものは自然な感情と関係がある。自然な感情をまとめると下記の通りである。

・その状況において建設的な行動の動因となる感情
・その状況において問題解決的な感情
・適応的な感情
・その状況における適応的な欲求と関係がある感情

　前述のクライアントが新しい行動をしようとした状況において感じる自然な感情とは好奇心（ワクワク感）と怖れであった。ワクワク感は行動への動機となる。怖れは過剰な不安や恐怖ではない。無鉄砲な行動を回避し，行動に慎重さや十分な検証・準備を伴わせる感情であり，十分な検証と準備を重ねることにより軽減するものである。これらの感情は問題解決的な感情である。これを身につけていくため，すなわち同様の状況で問題解決的で自然な感情を生起させるためには，その前提として解決感情の処理が必要となる。その上で原初場面において，本来この場面ではどのような感情が適切で建設的だろうかとAの自我状態を働かせて考えてみることである。このように感情処理では，解決感情の処理の後，状況と自然な感情の結びつけを実施する。

　感情処理におけるにせものの感情と，解決感情，自然な感情をもう一度まとめると下記の通りである。

・にせものの感情…不合理な思考や問題行動と結びついている不快感情
・解決感情…………不快感情を消化する（スッキリさせる）ための感情
・自然な感情………その状況で建設的に対処・行動するための本来の感情

表3-2 感情処理のプロセス

感情処理のプロセス	手　順	内　容
《プロセス1》 不快感情の再体験	①不快感情が生起する状況に身を置く ②不快感情を体験する	不快感情が生起する状況を具体的にイメージする。そのときの光景，言葉などを時間を追って順に想起する。自身は今ここでそれが起きているかのように体験する。不快感情を生起する同様の状況が過去にある場合には原初場面とその状況を想起し身を置く。
《プロセス2》 解決感情の消化	①解決感情を明らかにする ②解決感情を体験する	その状況での解決感情を探る。そのための方法は，その場面での自身の欲求を知り，それをその場面で実際にしゃべるように言葉に出してみること。 解決感情が明らかになると，それを消化する（完了する）まで体験する。
《プロセス3》 自然な感情との結びつき	①自然な感情・欲求を考える ②状況に身を置き，自然な感情・欲求を体験する ③同様の状況で自然な感情・欲求を使うことを決める	同様の状況での自然な感情・欲求について考える。本来その状況において問題解決的で適応的な感情である。その状況に身を置き，自然な感情・欲求を感じてみる。その上で，今後の同様の状況でその感情を使うことを決心する。そのために「今後はこの感情を使う」と宣言してみるのも良い。

（6）感情処理の方法

　感情処理のプロセスは，不快感情を感じる状況を再体験し，その感情の解決感情を体験することにより消化する，そして自然な感情を明らかにし，それを状況と結びつけるという手順で行う（表3-2）。

（7）感情の体験

　感情の体験とは，感情を理解することではない。また過去の感情体験を回想して語ることでもない。感情の体験とは「今，ここ」で感情を感じることである。そして感じた感情を抑制せずにありのまま受け入れることである。グールディングは「今，ここ」を図3-1のように描いた。

　感情を消化するもっとも効果的な方法は"感じる"ことである。"感じる"ときにその感情を嫌悪する，感じることを怖れる，別の感情に目を向けるなどにより抑制した場合には，感情をありのままに感じることはできない。たとえその感情が怖れや悲しみなどネガティブに評価されるものであっても，その感

第3章　感情処理，その他の手法

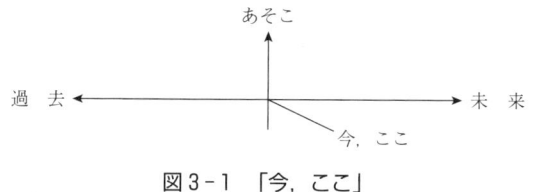

図3-1 「今，ここ」

情を自分に自然に生起したものとして肯定的に受け入れることが必要である。カウンセラーはクライアントがその感情を肯定的に受け入れることができるよう，保護的に支援することが求められる。

　過去の場面における感情を再体験するときには，その過去の場面に身を置いたつもりで（「今，ここ」でその場面が繰り広げられているつもりで），そこでの感情を感じてみることが必要である。その場合それが過去の場面であっても，使用される言葉は全て現在形である。"私は（今）腹が立つ" "私は（今）悲しい"という表現である。そしてその感情を感じていることを肯定的に受け入れるのである。

（8）解決感情の消化（完了）に向けて
　解決感情を消化するためには，クライアント自身がその感情を拒否することなく，また抑制することなく体験することが重要である。拒否はもちろん，抑制が働くことによって，生起する解決感情の湧き上がる力に対しそれを抑える力が働いてしまい十分な消化が期待できない。したがってクライアントがその感情を受け入れようとしているか否かを確認することも必要になる場合がある。
　また解決感情を抑制しようとしているか否かの判断には身体の反応も手がかりになる。身体が緊張している場合は抑制が働いている場合が多い。身体の力を抜くよう導くことが効果的である。
　筆者らの臨床上の体験では，怒りや嫌悪を表現するクライアントは多いが，悲しみと怖れを抑圧もしくは抑制しているクライアントは，解決感情としての怒りと嫌悪の表現は困難である。悲しみと怖れを解決感情として使えないクライアントは怒りや嫌悪も使えないのである。したがって，怒りや嫌悪の解決感

情を消化する場合には，悲しみと怖れの感情の抑圧・抑制を解決しておくことも必要である。

　解決感情の消化の方法は，その感情を体験することが基本である。その感情が消化したと思えるまで体験するのである。その他，下記の方法もしばしば使用される。

　怒りの消化の方法として，
・"腹が立つ"と怒りを言葉で表す
・新聞紙などで怒りを表現する
・クッションを叩く
・怒りを表情やジェスチャー・姿勢で表現する
などが効果的である。

　悲しみの感情の消化としては，
・"私は悲しい"と言葉で表す
・悲しさを泣いて表現する
・悲しみを表情やジェスチャー・姿勢で表現する
などが効果的である。

　怖れの感情の消化としては，
・"私は怖い"と言葉で表す
・怖れを表情やジェスチャー・姿勢で表現する
などの方法がある。

　嫌悪の感情の消化としては，
・"嫌"と言葉で表す
・嫌な気持ちを表情やジェスチャー・姿勢で表現する
などの他，怒りと同じように新聞紙などで怒りを表現する，クッションを叩くなどで表現することで消化される。

　これらを行うときには，クライアントの姿勢に

図3-2　好ましくない姿勢　　　図3-3　好ましい姿勢

も注意を払う。クライアントの姿勢はクライアントの明確に意識されないその感情に対する気持ちを表している。たとえば，下を向いて背を丸めて怒りを表している場合，そのクライアントは怒りを自分の内側で反芻しているだけで外に吐き出すつもりはないのである。また怖れを感じながら肩や背中に力が入っている場合，彼らは怖れを感じつつもそれを避けるために抑えようとする気持ちが働いている。これらはいずれも感情の消化ができない。

クライアントの姿勢で下記項目には注意を払う（図3-2，3-3）。
・身体が前かがみになっていないか
　　　→姿勢はまっすぐ
・下を向いていないか
　　　→顔を上げる
・息を止めてないか
　　　→息は止めない
また，
・クライアントの感情と表情や動作の不一致
・感情の変化（感情が変化していくこと）
などにも注意を払い，感情消化の支援を行う必要がある。

これらのプロセスを経て，解決感情が消化されたか否か，どのように確認すればいいのであろう。一つの方法は，クライアントの内的な体験の報告に耳を

傾けることである。"スッキリした""楽になった"などの報告は，消化が十分であることを知る手がかりになる。しかしこれで十分ではない。消化が十分ではない段階でもクライアントはスッキリしたと思い込みそう報告する場合がある。解決感情の消化については，クライアントの表情や態度が緊張から解き放たれリラックスしているか否かを観察し確認する，または再度不快感情を感じた状況の場面に身を置いてもらい，そこでの感情を体験してもらい，解決感情の体験をする前と比べて不快感情の軽減ができているか否かを報告してもらい確認することなどが良い方法である。

(9) 自然な感情との結びつき

クライアントは，原初場面と同様の状況で特定の不快感情を使うことを繰り返してきた。これを断ち切り変化をもたらすための感情処理の最終段階，すなわち自然な感情と不快感情を引き起こす状況を結びつけるという作業がこのステップである。

前ステップまでで解決感情の消化が完了しているクライアントは，この状況においてどのような感情または欲求が，その状況で建設的な行動の動因となるものなのか，またそれが真に問題解決的であり適応的かを考えるAを十分に回復している。クライアントが考えた感情を，その状況に身を置き，試してみるのである。

怒り，悲しみ，怖れ，嫌悪，寂しさなどの解決感情も自然な感情であり得る。むしろ解決感情が自然な感情と同じであることは多い。しかし解決感情と自然な感情が異なる場合もある。その場合の自然な感情は，喜び，楽しさ，幸福，満足感，興奮，愛する気持ち，愛しむ気持ち，好き，感謝，愛おしさ，敬う気持ち，同情心，慰め，信頼感，闘争心，うらやましさ，甘え，好奇心，慈しみ，安心，意欲的な気持ち，達成感，自尊心，誇り，世話したい気持ち，大事に思う気持ち，ゆるし，ゆったりした気持ちなどである。

自然な感情が明らかになると，今後の同様の状況で，今まで使ってきた不快感情ではなく，自然な感情を使うようにすることを宣言するのである。"私は

これからこのような場面で，○○の感情を使います"と宣言する。

またこの状況での自然な感情と同時に欲求が湧き上がることがある。これは自然な欲求である。自然な欲求がある場合は，それについても考えてみる。自然な感情とともに湧き上がる欲求は建設的で問題解決的で，不快でないものである。この欲求は自分を駆り立てるPから生起しているものとは区別されなければならない。自然な欲求は，愛したい，応答したい，抱きしめたい，甘えたい，甘えられたい，親密にしたい，慈しみたい，感謝したい，協力したい，サポートしたい，協調したい，喜ばせたい，認めたい，能力を発揮したい，考えたい，行動したい，楽しみたい，ゆっくりしたい，信頼したい，安定したいなどである。これがある場合には，自然な感情と一緒に宣言するといい。

(10) 再決断療法で感情処理を使用する

再決断療法のワークで感情処理を組み入れることによって，不快感情により深く関わるレベルでワークが実施できる。再決断療法のワークは，①契約，②最近の場面の再体験，③関連する早期の場面の再体験〜イムパスの体験，④Aでの気づき，⑤再決断の宣言，という順序（第2章参照）で進められる。ワークに感情処理を組み入れる場合には，①契約，②最近の場面の再体験，③関連する早期の場面の再体験〜イムパスの体験，④感情処理，⑤Aでの気づき，⑥再決断の宣言，という順序で実施する。

イムパスの時点で感情処理を実施することにより，クライアントがCに留めていた不快感情が処理され，Aが働きやすくなる。その結果Aでの気づきが得やすくなる。感情処理の手順の解決感情の消化までが実施できた場合，ペアレントインタビューを実施しなくてもAでの気づきに到達できることがある。

(11) 解決感情と自然な感情の事例

40歳代の男性クライアントは，妻に対してしばしば怒りを表していた。また妻の言動に対しイライラすることが多かった。妻が彼の思いどおりに動いてく

れないときそういう不快感情が生起された。彼の欲求は自分をもっと構ってほしいというものであり，その原初場面は子ども時代の母親との場面にあった。彼はその場面で母から構ってもらえない悲しみを感じていた。彼の解決感情は悲しみであった。彼が悲しみを消化した後，彼は妻にもっと甘えたいことを理解した。彼の自然な感情は甘えであった。彼は妻にイライラの代わりに甘えを表現するようになり不快感情を感じることはほとんどなくなった。

　この例のようにイライラの不快感情の多くは悲しみを解決感情としていることが多い。また，ときどき"キレる"若者がカウンセリングに連れてこられることがある。彼らはキレて親や家の家具に暴力を振るうのである。キレる若者たちの解決感情の多くは怖れであった。また消化しない悲しみや，無力感，ゆううつ感，抑うつ気分などの解決感情は多くの場合怒りである。

　臨床において，解決感情ごとにどのような問題が見られやすいかについて以下にまとめる。これは解決感情を探る際の手がかりになる。

①怒り
・身体的問題：痛み，かゆみ，咳，吐き気，めまいなど
・心理的問題：無気力，疲労感，自責，自己批判，自己嫌悪，不安，他者から責められるなどの気分
・行動上問題：何もしない

②悲しみ
・身体的問題：消化器系の症状
・心理的問題：怒り，過去にこだわる
・行動上問題：イライラする，責める，強く振る舞う

③怖れ
・身体的問題：吐き気，緊張
・心理的問題：強迫的，こだわり，安心しない，不安，恨み
・行動上問題：暴力的，威圧する，強迫的行動，怖くないはずのものを怖がる

図 3-4　葛藤①　　　　図 3-5　葛藤②

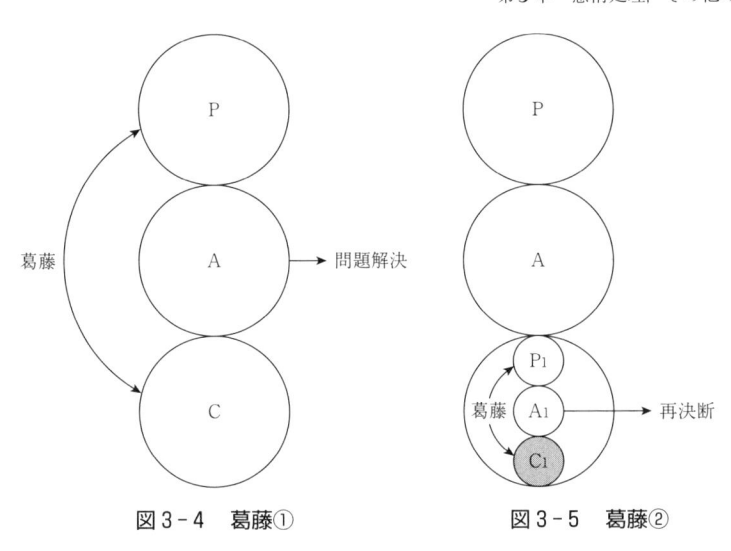

2　愛着の問題のカウンセリング

(1) 愛着の問題とは

　昨今，カウンセリング臨床において，愛着の問題がクローズアップされることが多い。事実愛着の問題を抱えたクライアントが増えているという印象を受ける。それは愛着の問題を抱えた人が以前よりカウンセリングを利用するようになったためにそう感じるのか，以前より愛着の問題が深刻化しているためなのかは明らかではないが，その問題を訴えるクライアントは増えている。

　愛着の問題は自我の問題ではなく自己の問題である。愛着の問題を抱えた状態とは，自己感が確固たるものではなくゆらいでいる状態である。交流分析の言葉で表現するならば，自己の問題は C_1 に問題を抱えた状態，すなわちタイプ3のインパスの問題であるといえる。C内部の問題（いわゆる禁止令の問題）が大きくない場合，何かの刺激やストレス要因に対して，PとCの自我状態での葛藤は起きるであろうが，それは図3-4「葛藤①」に示すようにAを働かせること，もしくは感情処理法を使ったカウンセリングを実施することに

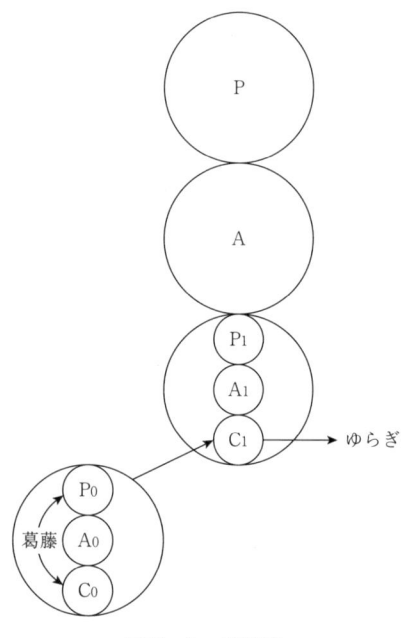

図3-6　葛藤③

より解決可能であり，それ以上に深刻な問題になることはない。再決断療法以前の古典的な交流分析は，Aの活用による混乱したCのコントロールを目指したものであり，クライアントのAを活用し，客観的に自己を洞察し，クライアントの認知面の変容を図ることを目的としたものであった。しかし，C内部に深刻な問題を持つ場合，その葛藤はPとCの葛藤に留まらない。

　図3-5「葛藤②」のようにCの内部であるP_1とC_1の葛藤のためAが働かず解決できないという問題に直面したとする。これはいわゆる禁止令の影響であり，Aを活用したコントロールでは抜け出そうとしても抜け出せない幼少期からの繰り返しのパターンである。それから脱出するための方法は再決断である。葛藤②のようにP_1とC_1の葛藤の行き止まり，すなわちイムパスを感情処理法と再決断療法の技法を使い突破し再決断することにより，この葛藤は解決可能なのである。再決断療法の貢献は，Aでコントロールできない問題の

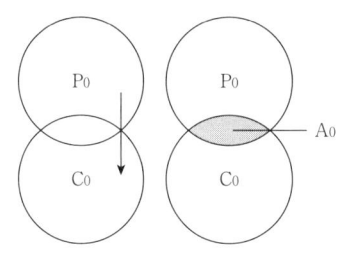

図3-7　C_1の形成

解決方法を示したことであった。

　しかし，図3-6の葛藤③で表されるC_1内部のP_0とC_0の葛藤は，再決断療法の技法では解決が難しいと考えられている。繰り返し再決断療法の技法を使ってアプローチをしたとしても，クライアントに変化は期待できない。劇的なワークを実施した後に，変化が期待できるとカウンセラーが安堵したとしても，その期待はしばらくして裏切られる。葛藤③では，C_1がゆらいでいるためCは混乱する。Cが混乱しているのは，自我の問題ではなく自己の形成の問題，つまりC_1が健全に形成されていないことを意味する。

　C_1の形成においては，環境（親）であるP_0の働きかけに対するC_0（新生自己）の感覚から，A_0という認知が決定されている（図3-7）。乳児は自身の感覚体験から内的な認知を決定していく。決定されたA_0の認知は漠然としており，またその根拠は不快な感覚でしかない。しかしひとたび自己感覚ができてしまうと，それに基づく中核自己感覚を形作る。その後子どもは自分の感情体験を自身の内的モデルへと表象し始める。Aが発達し子どもが高度な思考力を操る能力を発達させると，ある体験と関連する信念やその意味によって，自己感覚を理由づけするようになる。

　親子関係において安心する感覚が得られないことからA_0の自分や他者・世の中に対する否定的な信念が生成された以上，その感覚に変化がもたらされない限りその信念の変化は困難である。すなわち自分自身に，そして他者との間に安心を得られない限り信念の変容は難しいのである。再決断療法のワークが感情を伴う認知変容を目指すとはいえ，それはP_1，A_1，C_1で行われるもので

あり，C_0での体験を伴うワークではないために，再決断療法のワークを利用しても変化は期待できないのである。

　PとCの葛藤の問題が神経症レベルの問題と考えられるのに対し，C_1のゆらぎの問題は精神病レベル，もしくはパーソナリティ障害レベルと考えられる。このような問題に対して，解決のためにどのようなアプローチを実施するのが好ましいだろうか。

（2）関係性のカウンセリング

　精神分析において，自己の問題を解決するために「転移（transference）」を利用したアプローチが注目されている。転移とは幼少期の両親に向けられるはずであった感情をカウンセラーに向けることである。転移を利用するとは，治療者の匿名性，中立性などを重視した古典的精神分析の特徴と異なり，相互性，関係性，共感性などを重視したものである。ハーガデンとシルズ（Hargaden, H., & Sills, C.）は，『交流分析——心理療法における関係性の視点（*Transactional Analysis: A Relational Perspective*）』（2002/2007）において，交流分析のカウンセリングに関係性の視点を組み込んだあり方を示した。それ以降この考え方は交流分析・再決断療法に取り入れられるようになった。

　関係性の視点は，Cが混乱しているクライアントに対して，一つのやり方を提示している。Cの混乱の問題を持つクライアントの特徴は，乳児期の発達課題である基本的信頼感の部分に問題を抱えている。この部分に問題を抱えた場合，人間関係において安心を感じることができない。つねにゆれている地面の上で生活しているように，恐怖や絶えない不安を感じている。そして何かストレスに感じる刺激を受けると，見捨てられ不安感と不適切なほどの激しい怒りを感じる。そしてそれを行動化してしまう。

　関係性のカウンセリングは，クライアントがカウンセリングにおいて，カウンセラーとの安定した関係を通して安心感を持っていくことを目的に進めていくのである。クライアントは母子間で一体感・安心感を体験していない。安定した母子関係のもとで，母親には良い部分も悪い部分もあることを受け入れる

経験をしていない。したがって成長した後も，人が自分をいつも十分に抱え込んでくれるわけではないということがわかっていない。他者が他者であり自分とは違うという境界線もあいまいである。そして何か他者との間で葛藤が起きると，"なぜ私を抱え込んでくれないのか？""なぜこういう言葉をかけてくれないのか？"という激しい怒りを覚える。

　これをAで理解しコントロールしていくのは困難である。仮に教育を実施し，クライアントが思考レベルで理解したとしても，一体になりたい・安心を得たいという欲求は解消されないまま残るのである。これをカウンセラーとの関係，すなわち転移関係を通して心で理解していくのが関係性のカウンセリングである。

　Cの自己の核，すなわち中核自己であるC_1の形成が脆弱なためCはしばしばゆらぎ混乱する。クライアントはこの脆弱なC_1から他者に幼少期に愛してほしかった親を投影する。その結果他者との関係は破たんする。これが日常生活において繰り返し起きている。このゆらぎや混乱を解除するためには，カウンセラーはクライアントのC_1の投影に基づいた転移（依存や攻撃など）を受け止めつつ，過去に満たされなかった自身の親との間の関係性に関連する欲求を，カウンセラーとクライアントの安定した関係性の中でカウンセラーが再養育的な視点を持ち反応することにより解決していくことを目指すのである。

　Cの中には，人生最初期の母子関係の影響によって形成された自己感が含まれている。C_0の新生自己，C_1の中核自己などである。子どもは環境すなわち養育者との間で調律された相互交流の体験が十分にできれば，子どもの自我状態（C）の中の自己感を発達させ，健康な自己の核を形成する。関係性のカウンセリングは，カウンセラーとの間でその発達を促そうと考えるものでもある。

　このカウンセリングにも問題がないわけではない。それは第一に，このカウンセリングは5年10年，場合によってはそれ以上と時間がかかりすぎることである。安定した自己を獲得するのに，何度もクライアントは転移を繰り返しながら徐々に安心を培っていく。そこに至る道のりはかなり長いものであり，カウンセラーとクライアントはその間，安定した関係に基づく継続した面接を実

施しなければならない。第二に，カウンセラーと安定した関係を長期間維持することが困難であることである。とくに日本においては，カウンセラーの雇用形態はきわめて不安定なものであり，長期間のカウンセリング契約を維持することが難しい面がある。このカウンセリングは，カウンセラーとの安定した継続的な関係に基づいて実施されるが，途中でカウンセラーが交替する事態は十分に起こり得るのである。第三に，関係性のカウンセリングまで必要ないにもかかわらず，それを実施してしまう可能性があることである。自我の問題で解決可能（いわゆる再決断療法で解決可能）なクライアントにも，長期間のカウンセリングを実施してしまう可能性があるのは，自己の問題と自我の問題との線引きが困難なためである。極端な言い方にはなるが，自己の問題は全ての人が抱えている。基本的信頼感の形成に関して問題がまったくない人は存在しないのである。それは完璧な子育てをする完璧な両親は居ないからである。再決断療法でワークを実施したが十分な効果がないという根拠を持って関係性のカウンセリングを実施するという考え方は安易であり，避けなければならないのである。

（3）愛着の問題を解決するワーク

　人生初期の愛着の問題を解決するために，関係性のカウンセリングだけではなく別のアプローチがある。

　精神科医療機関「山の手クリニック」等で行われている**「愛着のカウンセリング」**と呼ばれるこの方法は，幼少期の愛情不足の場面をクライアントが再体験した後，母親役のサポート役から抱きしめられるという方法である。このときにクライアントは，

・暖かさ

・安心感

・安らぎ

などの感覚を体験する。これを繰り返し体験することによってクライアントは，

・自分の中に安心を感じる能力があることを心で理解する

ことができる。そして"たとえ他者がどのような態度を取ろうが、自分には安心を感じる能力がある。自分で自分をコントロールできる"という宣言を心から行うことができる。

愛着のカウンセリングの実際の進め方は下記の通りである。

①クライアントが幼少期の場面を再体験する

これは愛情を求めたくても十分に得られなかった場面

②そのときの感情を再体験する

愛情を求めても得られなかった場面での恐怖に似た怖れや深い悲しみ、そして強い怒り

③母親役を演じるサポート役がクライアントを抱きしめる

カウンセラーはクライアントの身体から緊張が解けるよう導く

表3-3 愛着のカウンセリング、ワーク前後の変化

クライアント	面談	ワーク前	ワーク後の変化
30代女性	24回	職場の先輩や家族からの少しの刺激で不安定になっていた。不安定になると不安と強い怒りを感じ、一日それが続いていた。	以前と同じレベルの刺激で不安定になることがなくなった。不安や落ち込みの程度が減った。
40代男性	22回	妻のちょっとした言動から怒りのコントロールができなくなり、暴力をふるっていた。	コントロール不能なほどの怒りがわかなくなり、妻への暴力が無くなり、妻に対して以前より親密さを感じるようになった。
40代女性	18回	思春期より漠然とした不安が続いていた。子どもが言うことを聞かないときに感情的になってしまい暴力をふるっていた。	漠然とした不安が解消し毎日が楽しくなった。子どもに対して愛おしさを感じるようになった。暴力をふるうほどの怒りを感じなくなった。
20代女性	26回	性的な逸脱行為、自傷行為がしばしばあり、いつも空虚感を強く感じていた。	安心を感じるようになり、空虚感はほとんど感じなくなった。性的逸脱行為と自傷行為およびその衝動がまったくなくなった。
30代男性	36回	激昂することが多く、ナイフなどを持ち出すことがあった。パートナーに依存的でありかつ支配的でもあった。	落ち着いている情緒の状態を維持しており、激昂しなくなった。パートナーに対し支配的な言動がなくなった。
30代女性	32回	普段は他者に気を遣うが、ときどき人格が変わったように落ち込みと攻撃を見せていた。	普段から過剰な気遣いをしなくなった。落ち込みや攻撃行動は目立たなくなり、安定している。

④クライアントが安心や暖かさを体験する
⑤自分の能力について宣言する
"私は自分に安心を感じる能力がある"という宣言
　これらの手順に従ったワークを最低10回以上の面談を通して繰り返し実施する。
　このワークを受けたクライアントの変化は大きい。表3-3にいくつかの変化を記載した。

(4) 愛着のワーク事例
　愛着のカウンセリングを実施したワークの事例を紹介する。下記の逐語において，〈　〉内はカウンセラー，〈親役：〉は母親役のサポートメンバー，「　」内はクライアントの言葉である。その他クライアントの様子は（　）内で説明している。またクライアントの個人情報を守るため，内容を一部修正している。
　クライアントは30歳代女性，家事手伝い。精神科通院患者。診断は境界性パーソナリティ障害。クライアントは人間関係が上手くいかず，破たんしてしまうことを何とかしたいと訴えている。

「彼氏の（3秒）彼氏を受け入れたい，彼氏を好きなのに，彼に昔の彼女のこととか聞いて"お弁当とか作ってもらったことある？"とか（7秒）彼が"答えたくない"とか（5秒），それ聞いてどこかほっとしてるようだけど，でも"言いたくないんだ，まだ好きなんだ"って感情的になって（5秒），そうなると気持ちが，抑えがきかなくて，彼の携帯折ったりして，もう，"わー"って。ナイフ持ち出したり。自分でも怖くて。でも30分くらいして落ち着いて，そしたら"彼から嫌われる"て，"また一人ぼっちになる"って，やっぱりそうなんだって。（10秒）カーテンに火をつけようとしたり。もう疲れた。もうこんな自分を何とかしたい。なんでこんなになってしまうのか。友だちとか，そんなの知らないから，"彼と一緒に住んで幸せだね"って，でも苦しい。もう変わりたい。何とかなりたい。先生との約束で死ねないし。でも苦しい。変

わりたい。もっと素直になって，彼と楽しく暮らしたい。今は"愛してる"って言うけど，このままじゃ彼も居なくなる。彼から去られるとまた1人で…」
〈今，何を感じてる？〉
「えー（5秒）恐怖，恐ろしい（震える）」
〈見捨てられるような感じがして怖いんだね（Cl 頷く）。それを良く感じてみよう。（17秒）自分が見捨てられるように思ってそういう怖さを感じたのっていつぐらいからだろう？（Cl "ずっと小さいころ，3歳とか"と答える）うん，そこに身を置いたつもりになってみて。○○ちゃんは3歳で。どんなことがおきてるの？〉
「（7秒）今何も感じないように。何か（6秒）お母さんに求めたいけど求めないようにしてる。お母さんは（4秒）あまりわかってない感じ（5秒）お姉ちゃんばかり抱っこして，そっちが大事な感じ（3秒）私は抱っこされないし，ふり向かれてないか，愛されてないか」
〈今，何を感じているの？〉
「悲しい」
〈直接，お母さんに，そう言ってみて（Clの目の前に母親の空椅子を出す）〉
「私は，悲しい。（5秒）何か喉が，カラッカラになる。（7秒）何かとめなさいって感じ（涙まじりの声）（6秒）気持ち，自分の気持ちを。感じることとか（涙を止めようとして，絞り出すような声になる）」
〈そうかあ，自分の気持ちを感じることとか止めなさいって言ってるんだね。○○ちゃんは，このまま感じることを止めたい？〉
「止めたくない。私は，悲しい（4秒）（涙を流す）（嗚咽を漏らす）」
〈悲しいよね（18秒）（涙を流す）。お母さんの，この態度は，あなたにどんなメッセージを伝えているのかわかる？〉
「何でも良い，ただ私も抱っこしてほしい（言葉になりにくい感じ，涙まじりの声）」
〈抱っこしてほしいんだね。直接お母さんに言ってみて〉
「（3秒）お母さん，私も抱っこして（3秒）（涙まじりの声）」
〈あなたのその言葉に，どんな反応するような気がする？ お母さん〉
「（5秒）何か，シャットアウト，何か無理な感じ（涙まじりの声）。お母さん

自体意味がわかってない感じだし（7秒）遠い感じ。気持ち遠いし」
〈気持ちも遠いしと思うんだね〉
「お母さんに（3秒）近づきたい（涙を流す）。お母さんに近づきたい。気持ちも近づきたいし。お母さん自身に近づきたい」
〈お母さんはその訴えにどう反応してる？〉
「(10秒)（涙を流す）（ため息をつく）」
〈そうなんだね。お母さんにもう一回訴えて〉
「お母さんに（涙を流す，声がつまる）抱っこしてほしい。気持ちも近づきたい（ふり絞るような声）」
〈そうだよね（5秒）（Cl 涙を流す）もう一回お願いしてごらん〉
「お願いしたら，遠くなっていく気がする（涙を流す）（ため息をつく）」
〈そっか，遠くなっていく気がするんだ，それでもお願いしてごらん〉
「（涙を流す）(10秒) お母さん，抱っこ，気持ちが近づきたいし，心が触れ合いたい（涙を流す）」
〈心が触れ合いたいね。本当は，そう願ってるんだね。悲しかった？（Cl 涙を流しながら頷く）そうか，悲しかったね。（Cl 呼吸が苦しい様子のまま涙を流す）お母さん役のアシスタントさん，手伝ってもらっていい？　あなたのお母さん役として（母役，クライアントの前の椅子に座る）○○ちゃん，どうしてほしいか，もう1回お母さんにお願いしてごらん〉
「（1秒）怖い（涙を流す）怖い（震える）」
〈怖いよね〉
「怖い（2秒）怖い」
〈今何が怖いの？〉
「（3秒）（涙を流しながら）表現することが怖い（震える）（涙を流しながら）表現したら，ますますお母さん，遠くに感じることになる」
〈それを尋ねてみて，直接，表現しても遠くに行かないか，お母さんに聞いてみて〉
「私が自分の気持ちとか，こうしてほしいって表現しても，遠くに行かない？」
〈親役：うん，絶対行かないよ〉

「(2秒) 表現するのが怖くてもいい？」
〈親役：怖くていいよ〉
「(3秒) (涙を流す)」
〈親役：怖いよね。(3秒) ちょっとずつ言ってみたらいいよ〉
「こわ (2秒) (涙を流す) 怖い (震える)」
〈親役：怖いね〉
「(2秒) (涙を流す) 表現したら遠くに行かないって聞いても怖い」
〈親役：そっか (2秒) 約束しても怖いよね〉
「(8秒) (涙を流す)」
〈親役：いいよ。待ってるよ〉
「(13秒) 本当は，お母さんと気持ちが (2秒) 気持ちが触れ合いたいし，お母さんに近づきたいし (涙を流す)，(2秒) あったかい感覚感じたい」
〈○○ちゃんが自分でお母さんのところに行って。本当にそうしたいなら〉
「私から (椅子から立つ) 私から。(嗚咽を漏らす)」
〈うん，○○ちゃんから行ってみて〉
「(9秒) うっー，うっー，私が行く」
〈うん，このお母さんは，心に触れてもいいって言ってるよ。あなたの心に触れたいって言ってるよ〉
「私も，お母さんの心に触れたいって言っても (涙を流しながら)，迷惑じゃない？」
〈親役：迷惑じゃないよ〉
「お母さんの，心に触れても，それでも迷惑じゃない？(涙を流しながら)」
〈親役：うん，知ってほしい〉
「知ってほしい？(驚いた様子) 知ってほしい？(涙を流しながら) 知ってほしい，(2秒) 私も知ってほしい」
〈親役：じゃあ，一緒やね〉
「一緒だ (4秒) 本当に？(親役頷く) (3秒) まだ怖いけど行っていい？」
〈親役：いいよ。(5秒) (Cl涙を流す) おいで！〉
「(6秒) (理想の親まで，自分から行きハグされる) (15秒) (涙を流す) (10秒) 遠くに行かない？」

〈親役：行かないよ〉
「（涙を流す）（8秒）」
〈○○ちゃんが，今，何を感じてるか教えてもらっていい？〉
「（3秒）あったかい，あったかい，安心する」
〈そうなんだね，"私はあったかさ，安心を感じています"って言って〉
「私は，暖かさを感じています」
〈"私は，暖かさを感じる人間です"〉
「私は（2秒）暖かさを感じる人間です」
〈それは，まぎれもない，今，真実だよね（Cl頷く）今，抱っこしてくれてる，お母さんにも。あったかさと安心を感じる？〉
「うん，ものすごい，あったかい，安心」
〈ものすごいあったかいんだ。"私は人の暖かさと安心を感じる人間です"〉
「（18秒，涙を流す）私は，人の暖かさや安心を感じる人間です」
〈今の言葉は，今あなたが体験してる事実だもんね，全部〉
「（3秒）（涙を流しながら）人が，あったかい」
〈人が，あったかくて安心だね（Cl泣きながら頷く）そして，あなた自身も，あったかいのを感じてるね。もう一度，私は，暖かい人間です。"私は暖かさと安心を感じる人間です"〉
「私は，暖かさを感じる人間です」
〈そうだね〉
「（涙を流しながら）もうちょっとだけ怖い。（涙を流しながら）何か経験したことがない感覚」
〈経験したことがない感覚か。そっか（1秒）そっか，そっか，そうだね。（1秒）でも，大丈夫だよ。消えていかないよ。遠くに行かないし。（1秒）もう一回，尋ねてごらん。遠くに行かないか？　って〉
「（4秒）暖かさを感じても，遠くに行かない？」
〈親役：ううん，行かないよ〉
「（7秒）（涙を流す）あったかい（2秒）あったかい，安心する」
〈○○ちゃんの内側からあったかいのがたくさん出てるのがわかるでしょう？これは，あなたの能力なんだよ。元々あなたはそういう人なんだよ〉

「(4秒)内側から出てる? 出てる」
〈出てるね。内側から出てるってことは,あなたが元々そういうのをもってるっていうことだよ。(頷く)(3秒)"私は,もともと暖かさを感じる人間です"〉
「私は,もともと暖かさと安心を感じる人間です」
〈その通り,その通り(2秒)〉
「(涙を流しながら)心に(1秒)心に触れてほしいって。私は人に,暖かさと安心を感じる人間です」
〈それが今,体験している真実,そして○○ちゃんの真実です。それがあなたの本当の姿です。(1秒)自分もあったかいし,人のあったかさもわかるし,あなたはすごい能力をもってるんだね〉

(5) 愛着のワークを進める上での注意

　愛着のカウンセリングはたしかに効果が高いと思われるが,進め方には注意が必要である。クライアントが抱きしめられる体験をするときの母親役は,カウンセラーではなく,別のサポート役の人が務めなければならない。山の手クリニックではそこに勤務している医療スタッフがその役割を務めている。
　またカウンセラーではない別のスタッフが実施するとはいえ,抱きしめるという行為を伴うということはクライアントの依存を促す可能性がある。そのためにもカウンセリング構造を崩さないよう注意しなければならない。関係性のカウンセリングにおいて,カウンセリングが進むにつれ電話やメールの連絡など構造が緩くなっていく状況を何度か目にしたことがあるが,愛着のカウンセリングでは構造を一切緩くしないという配慮が必要である。
　カウンセリング構造を崩すことは,クライアントを一時的に満足させる。しかしクライアントは要求を高め,それに対応できないカウンセラーが要求を断るとき,クライアントは不安定になる。その結果クライアントは,カウンセラーから見捨てられたと感じ,カウンセラーに激しい怒りをぶつけてくる。このように構造を緩めることはクライアントの見捨てられ恐怖を喚起し,カウンセリングの進行を妨げる要因になることがある。

またカウンセラーは，クライアントを抱きしめるという行為を行うことが，どれくらい危険なことであるかというのを十分に認識していることが大切であろう。

　基本的信頼感の問題をまったく持っていない人は世の中に居ないだけに，愛着の問題を扱うカウンセリングはその手法がどういうものであれ誰が受けてもそれなりに効果があるものであろう。しかし，何でも愛着の問題と解釈し，本来そこまでのレベルでカウンセリングを行わなくても解決可能な問題までをもその対象にしてしまうことは避けられなければならない。

第4章
人格適応論

1 人格適応論とは

(1) 人格適応論の始まり

「人格適応論」は，米国ノースキャロライナ州の学者であり，国際TA協会（ITAA）の重鎮であるヴァン・ジョインズ（Joines, V.）により，「異なった人格適応タイプへの再決断療法（Using redecision therapy with different personality adaptations）」という論文で1994年に紹介された。

人格適応論は，人が子どものころに生き延びるためにまたは親の期待に応えるために戦略を決断して生きるという人生脚本の考え方を基本に，6つの人格的特徴が見られると考えている。各適応タイプにはそれぞれ特有の特徴が見られる。

6つの適応タイプの理論は，精神科医ポール・ウェア（Ware, P.）とテイビー・ケーラー（Kahler, T.）によって開発され，ウェアによって1983年に「人格適応論（Personality Adaptations）」の名でパーソナリティ理論・コミュニケーション理論として発表された概念である。ウェアは，人は幼少期に行動の決定因として禁止令とドライバー（拮抗禁止令）のメッセージを環境適応のために取り入れ，これら6つの適応タイプのうち一つかそれ以上をその後の人生の適応様式として選択するとした。

その後，ジョインズは人格適応タイプの質問紙を作成し，カウンセリングにおける活用のためにわかりやすく説いた。2002年には，ジョインズと欧州における国際TA協会の重鎮であるイアン・スチュアート（Stewart, I.）によって，

『交流分析による人格適応論（*Personality Adaptation : A New Guide to Human Understanding in Psychotherapy and Counseling*)』という書籍として発表され，日本においても2007年に白井幸子・繁田千恵監訳によって日本語訳が発売されている。

　人格適応論において，それぞれのタイプは，その人の言葉・口調・身振り・姿勢・表情により観察可能である。またタイプごとに示された，効果的なコンタクト法があり，それによって効果的・効率的なコミュニケーションを実現することができる。人格適応論のこれらのノウハウをカウンセリングに活用することにより，クライアントとの早期のラポール形成およびカウンセリングやワークのさらなる深まりが期待できる。すなわち，人格適応論はカウンセリングの効果を高めることに役立つものである。

（2）人格適応論を学ぶにあたっての注意
　人格適応論では6つの適応タイプについて説明している。まれにではあるものの，この理論を学んだ人たちから，特定の適応タイプに対して批判的・嘲笑的な発言を耳にすることがある。このような言動が好ましくないことは言うまでもない。6つの適応タイプはそれぞれ，長所と短所を併せ持っている。そしていずれの適応タイプも病理的であるか健康であるかを示すものではない。各タイプの特徴は，その長所も短所も含めて，環境に対する適応の仕方を示しているものである。その違いは優劣ではなく，あくまでも違いであり個性なのである。交流分析の「TAの哲学」に，「人は誰もOKである」という概念があるが，人格適応論においても，その概念は同様である。いずれの適応タイプの特徴を持つ人もOKなのである。
　またヴァン・ジョインズは，人格適応論を学ぶにあたって，パーソナリティ障害などの機能不全の状態と，適応タイプとは区別することが重要であることを強調している。パーソナリティ障害は適応タイプのもっともマイナスの部分を抽出したものであり，適応タイプは肯定的な面もマイナス面とともに見出せるものである。適応タイプは，その人の適応の方略として，過去のある時点に

おいては最高の選択をした結果であるともいえるのである。

(3) 適応タイプの名称
ポール・ウェアが用いた6つの適応タイプの名称は,
・スキゾイド型（Schizoid）
・反社会型（Anti-social）
・パラノイド型（Paranoid）
・受動攻撃型（Passive-Aggressive）
・強迫観念型（Obsessive-Compulsive）
・演技型（Histrionic）
である。

精神科医であるウェアは，精神病院の思春期の入院患者から6つのタイプを観察した。それは患者たちが，自身の養育環境の中で生き延びるために，または環境の期待に応えるためにどのように振る舞ってきたかということに深く関係したものであった。これらのタイプの名前は，精神疾患診断において用いられるDSM-Ⅲの名称と関連している。

しかし適応タイプは，精神科の患者だけに見られる特徴ではない。人は誰しもこれら6つの適応タイプの一つあるいはそれ以上の適応タイプを，自身の行動様式として選択していると考えられる。すなわち人格適応タイプは人格障害などの機能不全のレベルの病理を包含するものではなく，個々の適応スタイルを表しているのである。ジョインズはその後，病的な適応という誤った印象を与えることを回避するために下記のとおり名称変更した。

　　　スキゾイド型　→創造的夢想家（Creative Daydreamer）略語はCD
　　　反社会型　　　→魅力的操作者（Charming Manipulator）略語はCM
　　　パラノイド型　→才気ある懐疑者（Brilliant Skeptic）略語はBS
　　　受動攻撃型　　→おどけた反抗者（Playful Resister）略語はPR
　　　強迫観念型　　→責任感ある仕事中毒者（Responsible Workerholic）略語はRW
　　　演技型　　　　→熱狂的過剰反応者（Enthusiatic Overreactor）略語はEO

筆者が臨床現場においてこれらの名称を使用するにあたって，ジョインズの呼称は病的なイメージの払拭はできているものの，性格のマイナス面を強調しているイメージを抱かせてしまうことがあるために，適応タイプのネガティブな側面が目立ってしまう場合があり，実際の臨床現場では誤解を受けることがあった。とくに，青年期や児童期の子どもの適応タイプをこの呼称で表すときに，その保護者からの抵抗を強く感じた。

　筆者は精神科臨床において，適応タイプの名称をクライアントとの共通言語として使用することを想定し，それぞれの適応タイプを英語の頭文字を取った略語で呼ぶか，各タイプの外界とのコンタクト方略を表す，簡易で覚えやすい名称を使用していた。

　それらは，
・想像型（創造的夢想家　CD）
・行動型（魅力的操作者　CM）
・信念型（才気ある懐疑者　BS）
・反応型（おどけた反抗者　PR）
・思考型（責任感ある仕事中毒者　RW）
・感情型（熱狂的過剰反応者　EO）

である。勝手な名称を付けることは安易な行為であり，名称が増えることは混乱を招くことにつながる。そのマイナス面は十分に理解しつつも，臨床においてこれらの呼称を使用した筆者の印象としては，これらの名称は，クライアントにそれぞれの適応タイプのマイナス面をイメージさせることはなく，またこれらの呼称はそれぞれの適応タイプの特徴をイメージさせやすく，かつクライアントにとって覚えやすいものであった。その結果，クライアントに人格適応論の概念の活用が広まる結果につながった。以下本書では，ヴァン・ジョインズの名称略語と，筆者の使用する名称を一緒に表記する。

（4）適応タイプの測定
　6つの人格適応タイプが現実に即しているかに関する研究について2つの調

査がある。その一つ，テービー・ケーラーが行ったのは，自身が開発した質問紙による調査である。1999年に20か国，50万人以上のデータにより，信頼性と妥当性が立証されていると述べている。もう一つ，ヴァン・ジョインズは6つのタイプそれぞれについての72の質問項目にイエス・ノーで回答する「人格適応タイプ質問紙」によって，6つのタイプが実在していることを明らかにした。この質問紙は翻訳され，『ジョインズ人格適応型心理検査（JPAQ）第3版』（誠信書房）として発売されている。

（5）査定図表

テイビー・ケーラーは，適応タイプの査定図表を提示した。縦の軸は「能動的（active）」「受動的（passive）」の次元を表し，横の軸は「関わる（involving）」「引きこもる（withdrawing）」を表す。

・能動的とは，問題解決に率先して関与すること。自ら主導権を取ることを好むこと。
・受動的とは，問題解決に受け身の姿勢を取ること。誰かが動くのを待ち，他者が主導権を取る方を好むこと。
・関わるとは，大きなグループに参加することを好むこと。
・引きこもるとは，一人または少人数でいることを好むこと。

能動的に関わると，問題解決に自分から関わり，積極的に大きな集団に入るか，周囲に多くの人を集める。

能動的に引きこもると，問題解決には自ら対処し社会参加も行うが，人間関係では一人か少人数でいることを好む。

受動的に引きこもると，他者が問題解決してくれるのを待ち，社会的活動も少ないものの，他者が先導する社会的行動には反応を示す。人間関係では多くの人と関わらない。

受動的に関わると，他者が問題解決してくれることを求め，自分から積極的に接触しないものの大きなグループに参加することを好む。

この査定図表上に6つの適応タイプを配置すると図4-1の通りである。

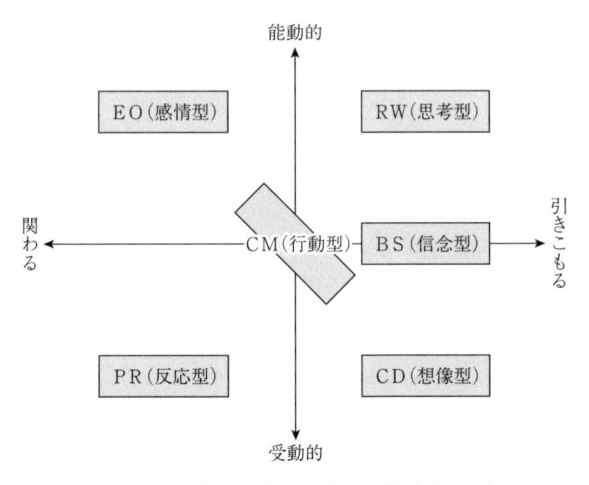

```
                    能動的
                      ↑
     ┌─────────┐      │      ┌─────────┐
     │EO(感情型)│      │      │RW(思考型)│
     └─────────┘      │      └─────────┘
                   ╲ │ ╱
関               ╲  ┌─────┐   ┌─────────┐        引
わ  ←───────── CM(行動型) │  BS(信念型)│ ──────→  き
る               ╲  └─────┘   └─────────┘        こ
                   ╲ │ ╲                          も
     ┌─────────┐    ╲│  ╲   ┌─────────┐           る
     │PR(反応型)│     │      │CD(想像型)│
     └─────────┘     │      └─────────┘
                     ↓
                   受動的
```

図4-1　査定図表上の6つの適応タイプ

（出所）　Joines & Stewart/ 白井・繁田（監訳）（2002/2007）
　　　　　より名称改変

　図4-1で見ると，CD（想像型）は受動的で引きこもる，PR（反応型）は受動的で関わる，RW（思考型）は能動的で引きこもる，EO（感情型）は能動的で関わる領域に配置され，BS（信念型）は能動的と受動的の中間で引きこもる領域に位置している。CM（行動型）は能動的に関わると受動的に引きこもるの2つの領域を行ったり来たりする。

（6）適応タイプの発達

　ヴァン・ジョインズによれば，適応タイプは遺伝と生後の経験の相互作用によって決定されている。すなわち，人は生まれつき6つのタイプのいずれかの特徴を有しているが，その後環境とどのように関わってきたかが大きく影響を与えると考えられる。とくに生後6年間の環境（主に親）との関わりは，その人の適応タイプに大きな影響を与えている。

（7）生き延びるためのタイプと行動上のタイプ

　ポール・ウェアは，6つの適応タイプは，「**生き延びるための適応タイプ**

(surviving adaptations)」と「**行動上の適応タイプ**（performing adaptations）」の２つに分けることができると述べた。

　生き延びるための適応タイプは，CD（想像型），CM（行動型），BS（信念型）である。これらは生後18か月以内に発達し始める適応タイプである。これはこの時期の欲求や心理社会的課題に関係しており，乳児が周囲から彼らの欲求を満たしてもらえない場合に選択する方略と関係する。

　行動上の適応タイプは，PR（反応型），RW（思考型），EO（感情型）である。これらは生後18か月から６歳の間に発達する。乳幼児が環境から強要されるものや，期待されるものに応えようとする反応に関係する。

　人は少なくとも一つの生き延びるための適応タイプと，一つの行動上の適応タイプの特徴を強く有している。

（8）親の養育スタイルと適応タイプ

　適応タイプが環境に適応するために身に付けるものであるならば，親の養育態度と適応タイプは深い関係を持つ。

　親が自信を持って子どもの世話ができずに当惑してあやふやな態度を表してしまうとき，子どもは期待した通りの世話が親から得られないと感じる。または親が自分のことで精いっぱいであったり，他のことで手いっぱいであったりする場合も同様に感じる。子どもがその親に対してあきらめ，"もう要求しない，自分の世話を自分でする"と決断し引きこもるとき，CD（想像型）の適応スタイルを選択する。子どもにとってこの場合の親は，「あてにならない」養育スタイルを持った親である。

　子どもが欲求を表す前に，親が自分の関心に基づいて先取りして子どもの欲求を満たそうとする場合がある。この場合の親は，自分自身が何らかの刺激に飢えており，それを満たそうとしているのか，世間によい親であることを示そうとしているのである。子どもは欲求を満たすことには受け身であり，自分で行動を起こそうとしない。そして彼らの親は自分の欲求を優先させる傾向があるので，親から無視されたときや親が不在のときには欲求を満たせず，見捨て

られ感を体験する。また子どもは親が自分に何が起きても構わない態度のときにも見捨てられ感を体験する。一方で，自分の欲求が満たされるのが当たり前だと思っている子どもは，親の注意を引こうとする，あるいは親がそうするよう操作する。これが CM（行動型）の適応スタイルである。このような親の養育スタイルを「先取りする」養育という。

　ある行動に対してときには愛情深く，しかしあるときには批判的・拒否的であるなど，親の言動に一貫性がなかったとすれば，子どもはどのようにしていいかわからず不安を感じ心配する。このような態度は，親がストレスに影響を受けていることと関係がある。子どもは，親から否定的な反応を得て，驚かされないために用心深くなり，そして親に対して疑い深くなる。これが BS（信念型）の適応スタイルである。そしてこのような養育スタイルを「一貫性がない」養育という。

　親が"ああしなさい，こうしなさい"と管理しすぎで，親の言うとおりにすることを強制されていた場合，子どもは，自身の自律を達成するためには親との闘いを余儀なくされてしまう。子どもは生きることを闘うことのように大変なことであると感じ，親の指示通りにしなくてはならないときには受動攻撃，すなわち直接的な反抗ではなく，遠回しの反抗で反応する。これは PR（反応型）の適応スタイルであり，このような親の態度は「管理しすぎ」の養育スタイルである。

　親から何かを達成することを強調され，何かができることに価値を置く場合，子どもは認められるためにやりすぎるようになる。これは達成できない（認められない）ことに対する恥や罪悪感を避けようとする行動でもある。これは RW（思考型）の適応スタイルであり，このような親は「達成の強調」の養育スタイルである。

　親から，人を喜ばせることを強く求められた場合，子どもは親を喜ばせるために，親の期待に沿った子どもとして振る舞うようになる。しかしそれがうまくいかないときに，子どもは自己否定感を強く感じてしまう。自分が求めるものが得られないことに反応過剰になり，親の関心を引くことで欲求を満たそう

表4-1　適応タイプごとの発達の年齢と親の養育スタイル

適応タイプ	生き延びるための，または行動上の	発達の年齢	親の養育スタイル
CD（想像型）	生き延びるための	0～18か月	あてにならない
CM（行動型）	生き延びるための	0～18か月	先取りした
BS（信念型）	生き延びるための	0～18か月	一貫性がない
PR（反応型）	行動上の	18～36か月	管理しすぎ（子どもと闘争）
RW（思考型）	行動上の	3～6歳	達成の強調
EO（感情型）	行動上の	3～6歳	他者を喜ばせることの強調

（出所）　Joines & Stewart/白井・繁田（監訳）（2002/2007）より名称改変

とする。これはEO（感情型）の養育スタイルであり，この場合の親の養育スタイルは「他者を喜ばせることの強調」である。RW（思考型）が，親が期待することをやり遂げることで関心を得ようとしたのに対し，EO（感情型）は親が期待する子どもとして，魅力的に振る舞い，親を魅惑しようとしたものである。

2　各タイプの心理的な欲求と世界との関わりの主要な方法

　タイプ毎に，心理的な欲求と，世界との関わりの主要な方法がある。
　心理的な欲求とは，そのタイプの人が満たそうとしているニーズである。意識してかしていないかは別として，人は自分の欲求を満たそうとしている。そしてそれが満たされると心理的な満足を得ることができ，満たされないと欲求不満，すなわちストレスを感じてしまう。
　世界との関わりの主要な方法とは，外界とどのように関わっているかを示すものである。これは外界の刺激の取り入れ方を意味し，どのように外界の情報を取り入れるかということにも関係する。
　下記内容は，2013年8月に大阪で開催されたITAA国際大会におけるヴァン・ジョインズの研修，2014年3月にノースキャロライナ州サウスイースト研究所で行われたワークショップでの資料および説明内容を参照している。

① CD（想像型）の心理的な欲求と世界との関わりの主要な方法

《心理的欲求》

　独りになる…独りという状況を求める

《主要な接触方法》

　空想（行動しない）…頭の中で空想するが行動には移さない

② CM（行動型）の心理的な欲求と世界との関わりの主要な方法

《心理的欲求》

　刺激・興奮…刺激と興奮を感じることを求める

《主要な接触方法》

　行動…考えるより先に優位になるように（悪くならないように）行動する

③ BS（信念型）の心理的な欲求と世界との関わりの主要な方法

《心理的欲求》

　仕事や信念に対する承認…自分の考え方ややったことを認めてもらうこと

《主要な接触方法》

　意見…自分の考え

④ PR（反応型）の心理的な欲求と世界との関わりの主要な方法

《心理的欲求》

　楽しさ・触れ合い…楽しいこと

《主要な接触方法》

　好き嫌いの反応…その刺激を好きか嫌いかどちらか

⑤ RW（思考型）の心理的な欲求と世界との関わりの主要な方法

《心理的欲求》

　仕事への承認・時間の構造化…時間を構造化しその通りになることとやったことを認めてもらうこと

《主要な接触方法》

　思考…事実と情報

⑥ EO（感情型）の心理的な欲求と世界との関わりの主要な方法

《心理的欲求》

関心・世話（喜ばせること）…関心を持ってもらうことと人が喜んでくれること

《主要な接触方法》

感情…気持ち

3　各タイプの特徴

各適応タイプはそれぞれ独自の特徴と，それに伴う行動様式を有している。これら適応タイプごとの特徴を知ることは，適応タイプを見極める際の手がかりの一つとなる。以下，適応タイプそれぞれの特徴を説明する（表4-2）。

表4-2　適応タイプごとの性格特徴と性格描写

適応タイプ	性格特徴	性格描写
CD（想像型）	受動的引きこもり，白昼夢，回避，分離，芸術性，他者への配慮	恥ずかしがり，感受性が強い，風変わり，思いやり，支持的，心地良い，親切
CM（行動型）	社会規範との闘争，葛藤への低い耐性，興奮やドラマティックなものを求める，高いエネルギー，目的志向，自分の利益のためにはよく考える	自分本位，冷淡（タフ），無責任，衝動的，魅力的，カリスマ性，攻撃的，口が達者，促進的，操作的
BS（信念型）	硬直した思考，誇大化，投影，明晰な思考，強い警戒心，一番を目指す，詳細にこだわる	超感受性，疑い深い，嫉妬する，羨む，博識，注意深い
PR（反応型）	受動的攻撃性，憤慨を表す，過剰な依存性，自分中心に考える，白か黒かにこだわる	妨害する，ふくれる，頑固，忠実，エネルギッシュ，ふざける，粘り強い
RW（思考型）	順応性，良心的，責任感，信頼性	完全主義，超抑圧的，義務感，緊張（リラックスが一番苦手），頼れる，きちんとした
EO（感情型）	興奮しやすい，過剰反応，感情的に不安定，ドラマティック，注目をされたい，誘惑的，エネルギーが高い，人の感情を気にする，想像力に富む	未成熟，自己中心，自惚れ，依存的，遊び上手，魅惑的，楽しい

（出所）Joines & Stewart／白井・繁田（監訳）（2002/2007）より名称改変

(1) CD（想像型）の特徴（図4-2）
・他者に優しく思いやりがあり支持的，他者へ配慮する，親切
・心理的に引きこもる
・ストレスを回避する
・感情と事実を分離する
・気持ちや欲求を表さない
・内気で過敏，恥ずかしがり
・芸術的要素がある
・科学・宗教・哲学に惹かれる，深く考え，人生の根本的な問題など答えが出ないものを考え探求を楽しむ
・服装・持ち物・身づくろいをさほど重要視しない
・人間関係では受動的で他者から引きこもる，深く関われる一人とのつきあいが気楽で一対一を好む
・親密さを楽しむ
・単独で物事を達成するのを好む
・自我構造は，Pから自分を批判し（他者から批判されると想像する）Cで当惑し不快な感情を感じている。そして不快な感情からも，他者の批判が事実であると見なして引きこもるという行動につながっている。図4-2のCから右に出ている線は引きこもりを意味している。

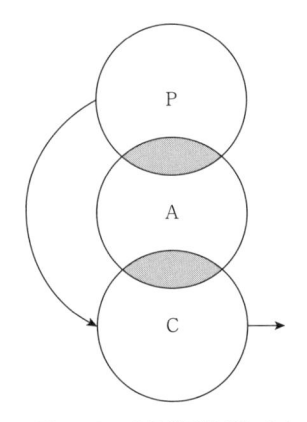

図4-2 CD（想像型）の自我状態構造図
（出所） Joines & Stewart/白井・繁田（監訳）（2002/2007）

(2) CM（行動型）の特徴（図4-3）
・最短距離で最大限の成果を狙う，行動は目的的であり結果重視
・行動力がある
・刺激と興奮を感じることを求める
・逆境に強い

第4章　人格適応論

- 人を操作する言動が多い
- 特別扱いを受けることや人より優位に立つことが好き、優位に立とうとする
- 好きなものを非常に欲しがり何としても手に入れようとする
- 社会規範や決まりごとと闘争する
- 指導者で新しい運動を起こす、リーダーシップやカリスマ性がある、企業家・政治家などにも多い
- 損得を考える、資金集めと販売活動が上手い
- 相手にインパクトを与えるためまたは良くみられるために服・持ち物を選ぶ
- 人間関係では、能動的で他者と関わるときと受動的で他者から引きこもるときという領域にまたがり両方の間を行き来する
- 自我構造は、AよりはLPで直感的にひらめいたことを考えたことと認識し、Pは信頼できない（大人の話すことは信頼できない）と決めてしまっているため、欲しいものを獲得することの邪魔になると思い除外する。

（3）BS（信念型）の特徴（図4-4）
- 考えや信念を大切にし（こだわり）、それに基づいて行動する
- 細かいところにこだわる
- 明晰な思考、鋭く精密に思考する
- 当惑したり恥をかいたりしないために当たり前のことを確実にすることを望む

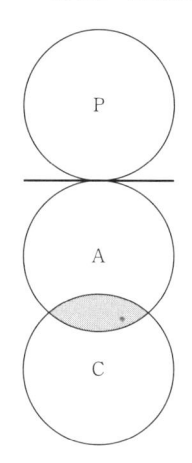

図4-3　CM(行動型)の自我状態構造図

（出所）Joines & Stewart／白井・繁田（監訳）（2002/2007）

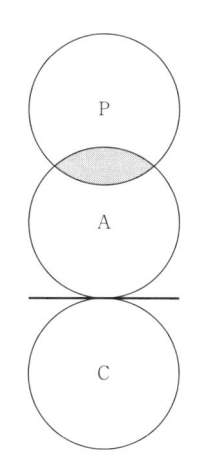

図4-4　BS(信念型)の自我状態構造図

（出所）Joines & Stewart／白井・繁田（監訳）（2002/2007）

・行動する前に情勢を判断する，何事も失敗しないようにする，注意怠りなく物事をやりこなそうとする。悪くならないよう前もって処理し早めに解決する
・利用されないか騙されないかと警戒する，疑い深い
・傷つかないように受身でいる
・衝動を出すのを抑えている
・大げさ．
・自己管理が好き，自身の生き方に沿ってキチンと見えるように行動する
・より上を目指す
・保守的で欠点がないような服装，服装・持ち物は自身の生き方や姿勢を表すものになっている
・人間関係では，グループより一人か二人と関わるのが好き，自分一人でいるのが気楽。能動的と受動的の中間
・人格構造は，Pがちゃんとしなければならず正確に行動しなくてはならないとAを強固に汚染している。そして子どもらしさや感情は予測・コントロールができないので除外している。

（4）PR（反応型）の特徴（図4-5）
・子どものエネルギーを持ち楽しむのが好き
・ふざける，おどける
・粘り強く興味を追求する
・エネルギッシュ，好きなことをやるときにはとくにエネルギッシュである
・他の人が自分の望みどおりにしないときにはふてくされるかすねる，自分中心
・決めることに大きな葛藤を要す，決めた後も葛藤する，白黒思考
・行動は受動的で攻撃的

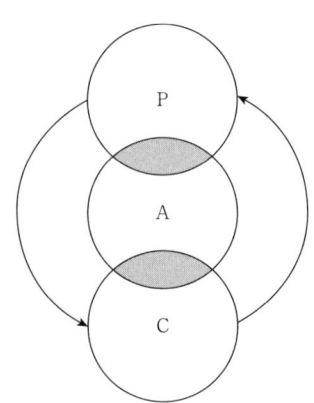

図4-5　PR（反応型）の自我状態構造図

（出所）Joines & Stewart/白井・繁田（監訳）（2002/2007）

第4章　人格適応論

- 妨害する
- 状況に何か悪いところがあると気づくのが早く一番にそれを指摘する，批評家
- 忠実
- 服装・持ち物は自由で個性的，遊び心があるものを好む，親に仕返しするような服装をする
- 人間関係では，受動的であり多くの人と関わる，大きなグループで人と関わるのが好き，他の人が最初に動くのを待つことのほうを好む
- 自我構造は，Pの支配や批判が事実であるように判断し，Cの不快な感情がそれを後押しする。Pから行動について批判し，Cから反発する。この闘争の葛藤の中にいるため，葛藤から抜け出ようとすることに多くのエネルギーを消費している。多くの場合，その葛藤の中にいることに本人は気づいておらず，行動することに対し多くのエネルギーが必要であるとだけ感じている。

（5）RW（思考型）の特徴（図4-6）
- 達成にこだわる
- 義務感，責任感が強い
- （従うべきPに対して）良心的
- 今ここでそうすることが適切か考えるより，一生懸命何かをやること，働くことと正しくやることなどに従おうとする
- 手近の問題を解決するより全てのことを全体的に考える，深くではなく側面を考える
- 良い働き手・良い管理者・職業における成功者であろうと思う
- 何かをやっていないと不安である
- 気楽でない，楽しまない，緊張している
- うまくいかないときに，即問題を解決するため

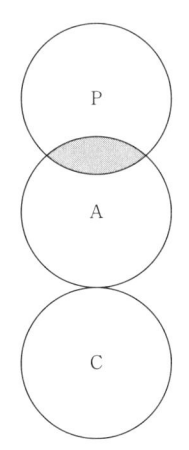

図4-6　RW(思考型)の自我状態構造図
（出所）Joines & Stewart／白井・繁田（監訳）（2002/2007）

に行動するよりもくよくよする
- 自分に厳しく批判的なため抑うつ気分を味わうが，他者にも批判的になってしまう
- 順応性がある
- 服装・持ち物はTPOを考えその場にふさわしくする，また機能や効率重視で服を選ぶ
- 自我構造は，Pからの"すべきこと"と"すべきではないこと"によって汚染され，Aは"なぜそれをすべきか""なぜすべきでないか"という裏づけを収集するために使われている。その結果，多くの責任を引き受けてしまい，それを果たそうとするためにCは満たされていないことも多い。

（6）EO（感情型）の特徴（図4-7）
- 熱狂的で楽しい，NCを豊かに持つ，そばにいて面白い
- 人と接するときのエネルギーが高い
- 子どもっぽい
- 五感の心地よさを好む
- 他者が心地よく感じることを好む
- 気にかけられるのが好き，関心を愛と同等と考える
- 自惚れる
- 感情を通して事実と判断する（感じたことが事実になってしまう）
- 感情が表れやすい，感情が高まりやすい
- 人を喜ばせるような服・持ち物を選ぶ
- 人間関係は能動的に自発的に人々と関わる，社交的でもてなし上手
- 自我構造は，Cで感じたことをAの事実として思い込むことがしばしばあるために，CがAを汚染している

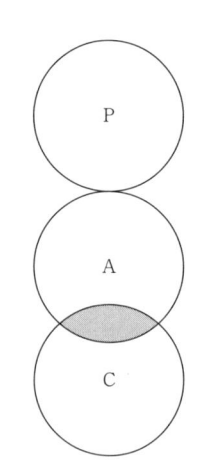

図4-7　EO（感情型）の自我状態構造図

（出所）　Joines & Stewart／白井・繁田（監訳）（2002/2007）

第4章 人格適応論

表4-3 適応タイプの機能

	CD(想像型)	CM(行動型)	BS(信念型)	PR(反応型)	RW(思考型)	EO(感情型)
性格の長所	創造的 思慮深い 冷静	融通が利く 説得力がある 魅力的	献身的 注意深い 良心的	自発的 ふざけたがる 忠実な	論理的 責任感がある 協力的	同情心がある 温かい 熱狂的
心理的欲求	一人になりたい	刺激	仕事や信念に対する承認	触れ合い	仕事や時間の構造化への承認	注意・世話好き
社交性	一人または一対一	グループの周辺にいる	一対一	グループの周辺にいる	グループの中にいる	グループの中心にいる
主要な接触方法	無活動	行動	意見	好き嫌いの反応	思考	感情
ドライバー	強くあれ	人を喜ばせよ 強くあれ	完全であれ 強くあれ	努力せよ	完全であれ	人を喜ばせよ
否定的行動	聞かれるまで待つ	操作する	信念を主張する	非難する	細部を管理する	過剰反応する
防衛機制	分離	否認	投影	置換	合理化	取り入れ
実存的立場	私はOKではない あなたはOKではない	私はOK あなたはOKではない	私はOK あなたはOKではない	私はOKではない あなたはOK	私はOKではない あなたはOK	私はOKではない あなたはOK
役割	犠牲者 または救助者	迫害者	迫害者	犠牲者 または迫害者	救助者 または迫害者	犠牲者 または救助者
ストレスに対する反応	退く	私は関係ないよ！	コントロールしようとする	他の人を非難する，すねる	忙しくする	逃げ去る
プロセス脚本	「決して…」	「決して…」 「いつもいつも」「もう一歩のところで…」	「…までは」 「決して…」	「いつもいつも」「もう一歩のところで…」(タイプⅠ)	「…までは」「もう一歩のところで…」(タイプⅡ)	「…の後では」
ラケット	不安，混乱，欲求不満	混乱，怒り	怒り	欲求不満	怒り，欲求不満，心配，罪悪感	悲しみ，混乱，恐怖，罪悪感
「自然な子ども(NC)」の感情	熱情	痛み，恐怖	恐怖	痛み	悲しみ	怒り
「自然な子ども(NC)」の欲求	応答	きずな	安全	協力，支持	承認	考えることや能力を示すことへの承認

(出所) Joines/白井 (訳) (2014)

　各タイプの特徴を示すために表を添付した。表4-3は，2014年ヴァン・ジョインズのワークショップ資料である。

4　各タイプの人生脚本のパターン

ヴァン・ジョインズによれば，適応タイプはそれぞれ**人生脚本**の一定の独特なパターンを示すという。多くの場合，クライアントが現在直面している問題の多くは，幼児期に組み立てられた人生脚本を演じるパターンの一つから起因している。それを考えるとクライアントの適応タイプから，彼らの人生脚本のパターンを知る手がかりを持つことは有益である。

(1) CD (想像型) の人生脚本のパターン

親が自分の欲求を満たしてくれなかったために求めることをあきらめざるを得なかったのが彼らの決断である。その親の態度から，彼らは「強くあれ」のドライバーメッセージ，すなわち自分の感情と欲求と距離をとることを期待されたと思った。

そして子どもが受け取る主な禁止令メッセージは，「(怒り・喜び・性的なものを) 感じるな」「属するな」「成長するな」「考えるな」「成功を感じるな」「正気であるな」「成し遂げるな」「楽しむな」などである。他に，「欲しがるな」「見えるな」「子どもであるな (甘えるな)」「関わるな」などの禁止令メッセージも受け取っている。

感情の中ではとくに，「怒り」や「興奮 (喜び)」は抑圧している。またしばしば「性的な感情」「傷つき」なども隠して，代わりに「不安」のラケット感情を使う。また「硬直 (無感動)」「真っ白」「無感覚」「空虚」などのラケット感情も使う。

本当は相手から養育的に世話をされたいとも思っているが，自分の欲求を認めることが難しく，心理的に引きこもってしまう。その結果，「あなたさえいなければ」「私に何かして」「あなたのせいでこうなった」「キック・ミー」といった心理ゲームを行う。プロセス脚本は，「決して〜ない」であり，"私の望むものは決して手に入らない" と確信している。また「もう一歩のところでⅠ

&Ⅱ」もしばしば見られる。閉じるべき逃避口は正気を失うことである。

(2) CM（行動型）の人生脚本のパターン

　関心があるときには優しく世話をしたり，そうでないときには見捨てたりを繰り返した親から与えられたドライバーメッセージは，「強くあれ」「私たちを喜ばせろ」である。子どもは受け身になり，周囲が自分に対して，優しい親のような態度で望むことをしてくれることを期待し，操作する。

　子どもが受け取る主な禁止令メッセージは，「（怖れや悲しみを）感じるな」「成功を感じるな」「問題解決を考えるな，出し抜くことや人を馬鹿にすることを考えろ」「近づくな」「成し遂げるな」などであり，他にも「信頼するな」「属するな」「何でも欲しがれ，でも本当に欲しいものは欲しがるな」「重要であるな（反抗的な決断）」などが認められる。

　「怖れ」や「悲しみ」を隠して，代わりに「怒り」のラケット感情を使う。また「混乱」のラケット感情も使う。

　彼らは，愛されたのは上辺だけであり，本当には愛されていないと心の中で信じていて，成人しても本当は愛されていなかったと思い知ることを怖れている。人を信頼せず，傷つかないように生きようとし，欲しいものを策略と周囲を操作することで手に入れようとする。心理ゲームは，「捕まえられるなら捕まえてみろ」「警官と泥棒」の他，本当のふりをして嘘を言ったり，嘘のふりをして本当のことを言うことで信用されなくなるゲームを行う。プロセス脚本は「決して〜ない」であり，それと「いつもいつも」「もう一歩のところでⅠ」の組み合わせを示す。閉じるべき逃避口は殺人である。

(3) BS（信念型）の人生脚本のパターン

　一貫しない親の態度に幾度となく驚かされたために，不測の事態を怖れる。そして悪いことが起きないように，安全であるために用心して，いつも疑心暗鬼に周囲をコントロールしようとする。他者の無能力のためにそのコントロールが上手く行かないときには，彼らに対して攻撃的になる。彼らはコントロー

ルし続ける限り，安全であると信じている。親が子どもに伝えるドライバーメッセージは，「完全であれ」「強くあれ」である。

　子どもが受け取る主な禁止令は，「(怖れや悲しみを)感じるな」「近づくな」「信頼するな」「子どもであるな」「楽しむな」などであり，「親密になるな」「感謝するな」なども見受けられる。

　感情は，「怖れ」を抑圧していることが多く，代わりに他者に対する「怒り」のラケット感情を使う。他にも義憤という「正当化した怒り」や「嫉妬」「うらやみ」「疑い」などのラケット感情を使う。

　心理ゲームは「あらさがし」「さあつかまえたぞこの野郎」「キック・ミー」など非難する立場を取り，その非難する立場がますます「キック・ミー」のゲームを結末へと進行させる。プロセス脚本は，「～までは」「決して～ない」を一緒に使っている。閉じるべき逃避口は殺人である。

(4) PR（反応型）の人生脚本のパターン

　親は子どもが何かしようとしたときに闘いを挑み親の意思を強制してきた。競争的で白黒はっきりつけてきた。その結果，いつも自律性を求めては，頻繁に行き詰まりを感じ，周囲を強制する人とみなして遠回しの反抗（受動攻撃）で抵抗し，欲求不満を感じ続ける。成人してからも頻繁に親との闘争を他者と繰り広げ，また他者と現実に闘っていないときでも自分の頭の中でその葛藤を再現している。

　彼らのドライバーメッセージは，「努力せよ（遂行せずに努力し続けろ）」であり，受け取る主な禁止令は「成し遂げるな」「成長するな」「(痛み・嫌や怒りを)感じるな」などである。その他，「満足するな（やったことやらなかったことを他者のせいにしろ）」「するな（決めるな）」などもよく見受けられる。

　感情は，「怒り」を抑圧し「嫌」を抑制している。また「傷つき」を隠して「欲求不満」「イライラ」を，「怒り」を隠して「混乱」を使い，義憤という「正当化した怒り」を使う。

　心理ゲームは「はい，でも」「私に何かして」「キック・ミー」「まぬけ」な

どを演じ，プロセス脚本は，「いつもいつも」「もう一歩のところでⅠ」である。閉じるべき逃避口は正気を失うことである。

（5）RW（思考型）の人生脚本のパターン

達成を強調された彼らは，達成のためにやり続けることが自分を価値がない存在にしない唯一の方法である。有能でなければ関心を持たれないと思っている。何かをやっていないと不安を感じる。いつも自分の能力に不安を感じ，達成できないことを責め，良くないことを考えることに罪悪感を持つのである。

ドライバーメッセージは「完全であれ」であり，彼らが受け取る主な禁止令は「子どもであるな」「（楽しさ・性的な感情を）感じるな」「楽しむな」「近づくな」「重要であるな」である。その他「くつろぐな」「健康であるな」「成功を感じるな」「（悲しみを）感じるな」なども受け取っている。

感情は「悲しみ」を抑圧している。その代わりに「怒り」を使う。また，「怒り」「傷つき」「性的な感情」を隠して，「不安」「抑うつ」「罪悪感」のラケット感情を使う。

心理ゲームは，できる以上のことをやろうとしてそのことに不平を言う「急いで」や，「あなたさえいなければ」「こんなに一生懸命やっているのに」をしばしば演じる。プロセス脚本は「〜までは」であり，しばしば「もう一歩のところでⅡ」「結末のない」も用いる。閉じるべき逃避口は自殺であり，過剰に働くという方法でそれを行う。

（6）EO（感情型）の人生脚本のパターン

親は彼らに"何をするか"ではなく"どうあるか"によって喜ばせることを求めた。それは，"優しい""可愛い""明るい""元気"などの振る舞いであった。その結果彼らは，やったことの評価よりも自分という人間が喜ばれ関心を持たれているか否かで自分の価値が決まってしまうと考える。そしてまた周囲が喜ぶこと（周囲の幸せ）に責任を感じ，自身の存在価値を他者の反応に委ねて生きていくのである。

ドライバーメッセージは「喜ばせろ」であり，受け取る主な禁止令は「成長するな」「考えるな」「重要であるな」「お前であるな」などである。またしばしば「(怒りを) 感じるな」「子どもであるな（周囲を喜ばせるために我慢して相手に合わせろ）」「お前の性であるな」も見受けられる。

　感情は，「怒り」を隠している。その代わりに「不安」や「悲しみ」「混乱」のラケット感情を使う。心理ゲームは「誘惑」「あなたさえいなければ」「まぬけ」を演じる。プロセス脚本は「〜の後で」であり，「もう一歩のところでⅠ＆Ⅱ」もしばしば見受けられる。閉じるべき逃避口は自殺または逃亡である。

5　幼児期の問題と解決策

　前述のとおり，6つの人格適応タイプはそれぞれ，人生脚本の一定の独特なパターンを示している。すなわちそのような人生脚本を組み立てるに至る乳幼児期の決断があるということである。クライアントの適応タイプを知ることは，彼らが自身の環境をどのようなものと認識し，どのように対処してきたのか，つまり彼らの幼児期の問題は何なのか，彼らがどのような環境面の問題を抱え育ってきたのか，そして何が解決のポイントになるのかを知ることに役立つ。

(1) CD (想像型) の幼児期の問題と解決策

　幼少期に，そのときの状況に圧倒されてしまっていた親に対し欲求を表さないことを決断した。そして自分が望むことを求めないでいると，"いつか親は大丈夫になって，私の欲求に応えてくれるだろう"と期待した。強くあり，感情や欲求と距離を取り，欲求を持たない（欲求がない）自分が OK なのだと思うようにした。

　彼らの問題は，乳児期（0か月〜18・24か月）の発達課題に関係している。他者と安定した愛情関係を持つことができるようになるという，基本的信頼感に関する課題をクリアーすることが必要である。

　彼らは，自分の欲求が重要であることに気づき，自分自身に支持的になるこ

とが大切である。そして空想に引きこもるのをやめて、現実に他者との交流を行い、欲求を表し、そのことで自分の魅力が増え、それが他者との愛情関係を深めることになるということを理解することが必要である。

(2) CM（行動型）の幼児期の問題と解決策

幼少期に見捨てられ感を経験し、二度と同様の傷ついたつらさを味わわないために、他者から傷つけられる弱い立場に甘んじないこと、他者より優位な立場にいることを覚えたために、彼らはＰの規範が自分の利益のために邪魔になるならばそれを無視し除外することにした。彼らは心の奥で、誰もあてにせず生き残ることを決めている。そのために競争に打ち勝って知らしめること、他の人が欲しいものを与えてくれるよう操作することを決断した。

彼らが取り組むことは、自身の傷つきを認め、失ったものの悲しみを癒すことである。彼らの問題は乳児期の発達課題である基本的信頼感に関係している。本当に愛情を与えてくれる人の存在を認めることを怖れるのをやめ、人と本音で交流し、基本的信頼感を発達させて安心して他者と親密になることが必要である。

そして他者より優位に立ち、他者を操作するのをやめ、対等の協力関係を築いていけるようになることが重要である。

(3) BS（信念型）の幼児期の問題と解決策

一貫性のない親の態度に、何度となく不意打ちを喰らわされた彼らは、幼少期に安全を実感できなかった。彼らはいつ何時予期せぬ悪いことが起きるか不安である。そのために、疑い、過剰に用心深くし、過剰に周囲をコントロールしようとしてしまう。

彼らの問題は乳児期の発達課題である基本的信頼感に関係している。彼らは、安定した愛情を持ち、世の中に安心を感じることによって基本的信頼感を発達させることが必要である。そのためには、自らの怖れを体験することも必要である。

他者の保護を受け入れることにより安心すること，そして自分を強く律し，用心深く，他者と距離を置き受け身でいて，他者をコントロールして，疑い深く生きなくていいことを心から理解することが必要である。

（4）PR（反応型）の幼児期の問題と解決策

彼らの問題は，幼児期前期（18か月・2歳～3歳）の発達課題である自律性に関係している。自律性を発達させる時期に彼らは親からコントロールされてきた。そのために，自律性を獲得しなければいけなかった時期にそれを獲得できなかった。それを獲得するために，親と闘わなくてはならなかった。彼らは，自律性を獲得するための闘争を繰り広げ，いまだにそこから脱出していない。親から支配されないために，親が望むことを阻止して，自分の思いどおりにしようとしているのである。

彼らは，闘う必要がないことを知り，権力闘争の葛藤から抜け出すことが必要である。そして欲しいものを手に入れるために互いに協力し合うことを学び，そのままの自分でOKであることを理解することが重要である。

（5）RW（思考型）の幼児期の問題と解決策

幼少期に親から何かやることについての達成を強調され過ぎたために，子どもであり続けることが許されず，親が望むことをやることに順応してきた。

彼らの問題は幼児期前期の終わりから幼児期後期（3・4歳～6歳）の発達課題に関係している。この時期の子どもの課題は，自分の欲求と親の欲求のつり合いをうまくとることであるが，彼らは親の望むことを優先し自分の欲求をあきらめた。親から愛されるために完全にやることを選んだのである。

彼らは，自分がしていることは別にして，自分は価値があり魅力的な存在であることを理解する必要がある。そして，自分の子どもの欲求を大切にし，ちゃんとやるのをやめてほどほどにやる，力を抜いてくつろぐことを実行することが必要である。

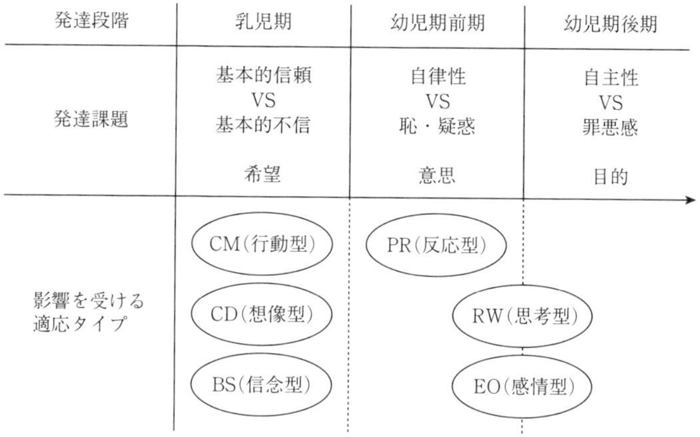

第4章　人格適応論

発達段階	乳児期	幼児期前期	幼児期後期
発達課題	基本的信頼 VS 基本的不信　希望	自律性 VS 恥・疑惑　意思	自主性 VS 罪悪感　目的
影響を受ける適応タイプ	CM（行動型） CD（想像型） BS（信念型）	PR（反応型）	RW（思考型） EO（感情型）

図4-8　発達段階ごとの発達課題と影響を受ける適応タイプ

(6) EO（感情型）の幼児期の問題と解決策

可愛くて面白いことで関心を集めてきた彼らは，感情が事実（感じたことがそのまま事実になってしまう）であり，幼児期後期の発達課題である"感情と事実を切り離す"という課題が未達成である。そして考えることをしないので感情を過剰反応させる。しかしそれまでそれが上手くいったこともあった。

彼らは，自分の力を取り戻し，自立を実現する必要がある。怒りを使い他者との適切な境界を築くこと，考えること，逃げないようにすること，他者から関心を持たれなくても重要な存在であることを学ぶことが必要である。

以上，各タイプの発達上の問題と課題について説明したが，発達上のいずれの時期にいずれのタイプがもっとも影響を受け発達するのかについて図4-8にまとめた。それぞれの時期の発達課題が獲得できなかったときに選択した適応方法が適応タイプの基になっている。図中の「発達課題」は，エリクソン（Erikson, E.H.）の概念である。

6 コミュニケーションモード

　カウンセラーは，クライアントの適応タイプに合わせたコミュニケーション方法を選択することにより，より効果的なコミュニケーションを実現できる。それらは，言語的なものだけではなく，口調や表情など非言語的な部分も重要である。それぞれのタイプに適した言語的あるいは非言語的なコミュニケーション方法について，テイビー・ケーラーは5つの「**コミュニケーションモード**（communication modes）」を提唱した。5つのコミュニケーションモードは，

　　支配モード（Directive mode）
　　要求モード（Requestive mode）
　　養育モード（Nurturative mode）
　　感情モード（Emotive mode）
　　中断モード（Interruptive mode）

である。
　これら5つのコミュニケーションモードは，それぞれ以下で説明する自我状態の言語的・非言語的メッセージを含むことになる。言語的・非言語的メッセージとは，カウンセラーの言葉・口調・身振り・姿勢・表情である。
　表4-4の，自我状態の欄中（　）内に示された自我状態は，エイブ・ワグナーの自我状態機能分類における自我状態機能である。第1章で示した通り，エリック・バーンの自我状態機能と，ワーグナーの自我状態機能には相違点が

表4-4　コミュニケーションモードの自我状態

コミュニケーションモード	自我状態
支配モード	+CP→A（A→A）
要求モード	A→A（A→A）
養育モード	+NP→+FC（NP→NC）
感情モード	+FC→+FC（NC→NC）
中断モード	+CP→+AC（A→A）

（注）「+CP」はCPの効果的な部分を指す（他も同様）。

あるため，混乱が生じないよう両方を記載した。また「→」は，左がモードの発信者の自我状態，右が受け手の自我状態を表す。もし受け手が，表記してある自我状態で反応しなければ，発信者のコミュニケーションモードは上手くいっていないことを表している。

モードごとに発信者が使用する自我状態は異なるものの，カウンセラーがモードの発信者になる場合には，いずれのモードを選択しどの自我状態を使うにしろ，つねにその自我状態はAで管理された状態でなくてはならない。

各モードの詳細は以下のとおりである。

①支配モード

このモードでは，指導とか教育を与える。特定のやり方で行動したり，考えたり，感じたりすることを直接的に伝える。このモードでは尋ねるのではなく，告げているのである。"申し訳ありませんが"という言葉を使っても良いが，文章の調子は指示を述べる確固たる下がり調子である。

②要求モード

このモードは，相手に何かを頼む，またはある方法で行動したり，考えたり，感じたりすることを要請するということである。また要求モードでは，文章の最後が疑問符になり語尾が上がるように話すことも大切である。文章の調子は最後で声の調子を上げるようになることもある。

③養育モード

相手の子どもの自我状態に語りかけるような保護的で養育的な態度である。ただしそれは，「喜ばせろ」というドライバーや「あなたをなんとかしてあげたいと思っているだけ」という心理ゲームに影響を受けたものではない。そうならないためにAでの管理が必要である。

④感情モード

感情モードは，遊び心を持った楽しい関わりや楽しいからかいなどである。ただしこのときにカウンセラーの基本的な態度はOK-OKでなければならない。または心から率直で自由な感情を表すコミュニケーションである。ただしラケット感情は感情モードとしては使わない。ラケット感情なのか本物の感情

なのかを管理するのはAの役割である。

⑤中断モード

中断モードは支配モードに似ているが，これは相手の動作や感覚に向けられた故意でぶっきらぼうな命令である。これは，クライアントの感情や行動が危険な状態にエスカレートするのを中断するものであり，特殊な状況で使用される。

それぞれの適応タイプに適したコミュニケーションモードは，

　　CD（想像型）……支配モード
　　CM（行動型）……支配モード，養育モード，感情モード
　　BS（信念型）……要求モード，（支配モード）
　　PR（反応型）……感情モード
　　RW（思考型）……要求モード，（支配モード）
　　EO（感情型）……養育モード，（感情モード）

である。クライアントの適応タイプに合わせて，コミュニケーションモードを変えるのは，コミュニケーションの入り口をスムーズにする上で有効である。

7　ウェア理論

ポール・ウェアは，適応タイプごとにコミュニケーションを深める方法として「コンタクト・ドア」の概念を提唱した。これを「**ウェア理論**（Ware sequence）」という。人は思考・感情・行動のいずれか一つが，人や社会と関わるときの入り口になると述べた。人が入り口として選択する最初の領域を「**オープン・ドア**（Open door）」という。人は，人や社会と関わるときの入り口として，その領域に自らのエネルギーを注ぐ。

他者との関わりがオープン・ドアを通して十分に作られた後に，次の領域に進むことが可能になる。それを「**ターゲット・ドア**（Target door）」という。カウンセリングにおいて，その個人が変化するためには，オープン・ドアの領域とターゲット・ドアの領域が統合される必要がある。

最後の領域が「**トラップ・ドア**（Trap door）」である。この領域は，その個

表4-5　コンタクト・ドア

	オープン・ドア	ターゲット・ドア	トラップ・ドア
CD（想像型）	行　動	思　考	感　情
CM（行動型）	行　動	感　情	思　考
BS（信念型）	思　考	感　情	行　動
PR（反応型）	行　動	感　情	思　考
RW（思考型）	思　考	感　情	行　動
EO（感情型）	感　情	思　考	行　動

人がもっとも防衛している部分である。この領域への直接的な介入や，早過ぎる介入は，相手の抵抗を呼び起こしてしまう。しかしながらこの最後の領域に大きな変化をもたらしたときに，その個人の変化は実現していると考えられるのである。最後の領域の変化は，その領域へのアプローチではなく，ターゲット・ドアに焦点を当ててカウンセリングを進めるときに起きるのである。

これらをまとめると次のようになる。

・クライアントのオープン・ドアで，最初のコンタクトを行う
・コンタクトが十分にできた後，クライアントとともにターゲット・ドアに進む
・カウンセラーとクライアントがターゲット・ドアで十分に話を深めるとき，トラップ・ドアの変化が起きる

以下，それぞれのタイプに合ったコンタクト・ドアとそれぞれに適したコミュニケーションモードを使ったアプローチを紹介する。

（1）CD（想像型）のウェア理論を使ったアプローチ

オープン・ドアは行動であり，空想に引きこもり行動しないという行動にエネルギーを費やし，世界と関わっている。関係を作る初期において，支配モードで彼らの行動に働きかけることである。彼らは引きこもって他からの働きかけを待つという行動を用いる。彼らを誘い，引きこもりから連れ出し，行動を通して引き込むことである。その際は，行動内容を明確にした具体的な提案を

投げかけることは効果的であろう。彼らに対して彼らが自らアクションを起こすのを待つという受け身でいる態度は効果的ではない。

その後，彼らが必要とすることや望むことを考えるよう支援し，それを行動に移すよう促す。そのためには彼らへの期待を伝えることである。

行動と思考が統合されるとき，彼らの感情は変化する。彼らは活気に溢れ，欲求を表現するようになる。そして自分の欲求が他者を当惑させないという理解を促す。そのためには，彼らが欲求を表したときに，それを喜び受け入れる態度を示すことが必要である。

直接彼らの感情を体験させようとすると，彼らは不快な感情のなかで困惑し身動きがとれなくなるか，強くない自分を良くないと感じる。

（2）CM（行動型）のウェア理論を使ったアプローチ

彼らは，受動的に引きこもっているときと能動的に関わっているときの二つの領域を動く。彼らが受動的に引きこもっているときは，CD（想像型）と同様，こちらから支配モードで行動に働きかけることが最初のアプローチである。

そして彼らが能動的に関わる領域で機能している場合は次の通りにアプローチする。オープン・ドアである行動は，相手より優位に立とうとする意図を持つものである。この行動は能動的で攻撃的である。これに巻き込まれず関係を作るためには，彼らがいかに賢いかを指摘し，感情モードで遊び心を持って向き合う，また先回りをして彼らの意図を暴くのは良い方法である。彼らは先回りされると，先回りした相手を頭が良いと思う。彼らはこちらを頭が良いと思うと優位に立とうとすることを止め素直になる。

その後養育モードで，感情を体験するよう支援する。そして彼らが手に入らないと思っているものに目を向ける。

彼らが行動と感情を統合するとき，思考面で変化が表れる。優位に立とうとすることを止め，長期的で広い視点から問題解決のために考えるようになる。

彼らの思考を直接批判するならば，彼らはさらに強固に自らを正当化し相手を打ち負かし自分が優位に立つことにエネルギーを注ぐことになる。

(3) BS（信念型）のウェア理論を使ったアプローチ

 彼らのオープン・ドアは思考なので，最初に要求モードで思考の領域に働きかける適切な質問を投げかける。彼らは自らの明晰な思考を認められることを歓迎するので，彼らの考えを評価する。

 このモードのまま，他者についての疑い深く批判的な考えが正しいかどうか見極めてもらうため，他者がそのことについてどう思っていると推測するかチェックするよう勧める。彼らが自分の考えが真実ではないと気づき，考えてきたことについての感情が表れてきたらと養育的に接する。すると彼らは気持ちを感じることが心地よくなる。このときには養育モードから語りかけられるのを受け入れる。ただ彼らと思考の領域でしっかりとしたラポールが形成されるまで，一貫して要求モードを使うべきである。養育モードでのコンタクトが早すぎると，彼らはその動機を疑うかもしれない。

 彼らが深く感じ，カウンセラーが養育モードを使って接するようになると，彼らは保護と安心を感じる。思考と感情が統合されるとき，彼らの疑い深いという行動に変化が表れ，リラックスしあまり疑わなくなる。

 彼らの行動を直接批判すると，自分を否定されたと思い恥や屈辱を感じ，さらに疑い深くなり，自身の不快な刺激を相手に投射する。

(4) PR（反応型）のウェア理論を使ったアプローチ

 彼らのオープン・ドアである行動は，受動攻撃的である。彼らと効果的な関係を作る良い方法は，彼らと"支配対受動攻撃（抵抗）"の葛藤の構図に入り込まないことである。そのための方法は，感情モードを使って楽しく遊び心がある会話で行動に働きかけることである。

 その後養育モードを使い，彼らを支え，あるがままでいいことを受け入れることで，彼らは小さいころに闘わされた怒り（嫌）や，傷ついた感情を体験するので，その感情を探索するよう支援する。

 感情を体験するにつれ，彼らは思考の中で闘う（葛藤する）のを止める。そして白黒思考からも脱出する。

もし彼らの考え方に直接働きかけると，彼らは瞬く間に葛藤の構図に入り込み，受動攻撃で抵抗するか，すべてが嫌になってしまう。

(5) RW（思考型）のウェア理論を使ったアプローチ

彼らのオープン・ドアは思考なので，要求モードで適切な質問を投げかけて，思考に働きかける。彼らは思考の領域を使うことが好きなので良い関係が築ける。彼らは深く考えるというより側面を，また全てのことを全体的に考える。

要求モードを使い，彼らの考えをさらに尋ね，それに共感する。すると彼らはより深く考え始める。そして深く考えると感じ始める。そこで，養育的に接し感情を尋ね寄り添う。ここからは養育モードで接すること，もしくは感情モードを使って彼らと楽しむのも好ましい。

彼らが何を感じているか明らかになるとき，思考と感情は統合され，自分にリラックスして遊ぶことを許可するという行動の変化が表れる。

もし直接行動を批判したとすれば，彼らは自分のことを完全ではなく価値がないと思い自分を否定してしまう。

(6) EO（感情型）のウェア理論を使ったアプローチ

彼らは感情を通して世界と関わっている。彼らとのコンタクトは，養育モードで彼らの気持ちに働きかけることである。もしくは感情モードで遊び心を使って楽しい雰囲気を作ることで気持ちに働きかけるのも良い。彼らにとって他者から自らの気持ちを気にかけられることは大切なことである。したがってこれらの働きかけにより，カウンセラーが彼らを気にかけていることを伝える。

次に要求モードを使って，何を感じているか尋ね，より深く感情を見つめるよう促す。すると彼らは自らの感情について考え始める。彼らは，自らの感情について綿密な描写をしない。感情が表面的で深さがないのである。したがって感じていることについてさらに話すように促せば，彼らは考え始める。

考え始めると感情と思考は統合されていく。そしてそれは，彼らが過剰に反応するのをやめるという行動の領域の変化として表れる。

もし，行動を直接批判すれば，彼らは自分の行動が他者（批判した人）を喜ばせておらず愛されていないと感じ，自らを否定してしまう。

8　診断の方法

(1) さまざまな方法

　適応タイプを診断する方法はいくつかある。一つはクライアントの成育歴をインタビューすることであろう。詳細にインタビューすることによって，彼らが今までどのように環境に適応しようとしてきたか，その方略を知ることができる。そして次にワークを実施することも適応タイプを知る方法である。彼らが幼少期の養育者に見立てた空椅子に対して，どのように要求しどのような態度を見せるのかを観察することによって，適応タイプを知る手がかりが得られる。

　その他に適応タイプを診断する方法として，
・社交スタイルから診断する方法
・ストレスに対する反応から診断する方法
・時間の構造化の好みから診断する方法
・質問紙を使用する方法
・ドライバー観察によって診断する方法
などがある。

　社交スタイルから診断する方法は，査定図表に記された「能動的―受動的」「関わる―引きこもる」のいずれの領域の社交スタイルを好んで取っているかについての観察から診断する方法である（図4-1参照）。

　ストレスに対する反応から診断する方法は，それぞれ適応タイプごとに下記の反応を示すことから診断できる。
・CD（想像型）：固まっている
・CM（行動型）：状況を有利にしようとして他者を操作する
・BS（信念型）：鋭く対立者を攻撃する

問 No.	質　　問	A：かなり当てはまる	B：多少当てはまる	C：あまり当てはまらない	D：当てはまらない	問1～問5 合計
問1	私はよく自分の世界に入って空想している	3	2	1	0	
問2	人と一緒の時、自分の意見はめったに口にしない	3	2	1	0	
問3	しばしば誰とも連絡を取らずず一人になりたくなる	3	2	1	0	
問4	欲求を口にすると、相手を困らせやしないかと思う	3	2	1	0	
問5	注目の的になるのが苦手だ	3	2	1	0	
	小　　計					

問 No.	質　　問	A：かなり当てはまる	B：多少当てはまる	C：あまり当てはまらない	D：当てはまらない	問6～問10 合計
問6	私は要領よく立ち振る舞える	3	2	1	0	
問7	予期せぬことが起きないと人生は面白くない	3	2	1	0	
問8	前に言ったことが変わっても悪いと思わない	3	2	1	0	
問9	時には多少の危険を覚悟で進むのは好ましい	3	2	1	0	
問10	先に動き出して後から考えていることが多い	3	2	1	0	
	小　　計					

問 No.	質　　問	A：かなり当てはまる	B：多少当てはまる	C：あまり当てはまらない	D：当てはまらない	問11～問15 合計
問11	自分が正しいと思ったことはしっかりと主張する	3	2	1	0	
問12	不注意な人が非常に多いと思う	3	2	1	0	
問13	悪いことが起きた時のために前もって備えるべきだ	3	2	1	0	
問14	人から信頼に足ると評価されるよう、気を抜かず振る舞わなければならない	3	2	1	0	
問15	人は私のことを「頑固だ」と言うと思う	3	2	1	0	
	小　　計					

第4章　人格適応論

問No.	質問	A：かなり当てはまる	B：多少当てはまる	C：あまり当てはまらない	D：当てはまらない	問16～問20 合計
問16	仕事や勉強であっても、楽しくやることを好む	3	2	1	0	
問17	いかにやりたいことを自由にやれるかが大切	3	2	1	0	
問18	人から指示されるとよけいに嫌になる	3	2	1	0	
問19	人間関係ではユーモアが大切である	3	2	1	0	
問20	どちらかを選ぶように求められると、どちらにしたらいいか困ることが多い	3	2	1	0	
	小　計					

問No.	質問	A：かなり当てはまる	B：多少当てはまる	C：あまり当てはまらない	D：当てはまらない	問21～問25 合計
問21	私はテキパキと行動したいし他の人にもそうであって欲しい	3	2	1	0	
問22	いつもやることを探して何かをしている	3	2	1	0	
問23	これといった趣味が無い（仕事や家事などやるべきことが趣味）	3	2	1	0	
問24	物事は順序立てて計画的に進めたい	3	2	1	0	
問25	くつろぐ時もくつろいだあとのことを決めてゆっくりできる	3	2	1	0	
	小　計					

問No.	質問	A：かなり当てはまる	B：多少当てはまる	C：あまり当てはまらない	D：当てはまらない	問26～問30 合計
問26	自分の気持ちを話したり、分かち合ったりするのが好き	3	2	1	0	
問27	心地よい人間関係が何より大切である	3	2	1	0	
問28	私は人から気にかけられたい	3	2	1	0	
問29	私は周囲の人が心地よく過ごせているかが気になる	3	2	1	0	
問30	人の話に気持ちを動かされやすい	3	2	1	0	
	小　計					

図4-9　人格適応タイプアンケート簡易版

・PR（反応型）：泣き言を言い不満を言ってあがく
・RW（思考型）：超理性的に振る舞おうとする
・EO（感情型）：感情をエスカレートさせる

　時間の構造化に対する好みは、それぞれの適応タイプは下記のとおり特定の時間の構造化の仕方を好むところから診断できる。
・CD（想像型）：引きこもり、活動、親密を好む
・CM（行動型）：（優位に立ち馬鹿にする）ゲームと暇つぶしを好む
・BS（信念型）：儀式、暇つぶし、（非難する）ゲームを好む
・PR（反応型）：（楽しさの）暇つぶしと（受動攻撃や私に何かしてという立場から）ゲームを好む
・RW（思考型）：活動、（できる以上をやろうとし不平を言ったり自己批判をする）ゲーム、親密を好む
・EO（感情型）：暇つぶし、（関心を引く）ゲーム、親密を好む

　以下（2）（3）では、もっとも頻繁に使用される、質問紙を使用する方法とドライバー観察によって診断する方法の2つの方法について紹介する。

（2）質問紙を使用する方法

　質問紙については「ジョインズ人格適応型心理検査（JPAQ）第3版」（ジョインズ，V. 著，白井幸子・繁田千恵・城所尚子訳，誠信書房）を使用するのが好ましい。ジョインズが科学的アプローチを経て作成した質問紙を翻訳した信頼性が高い質問紙である。72項目の質問にイエス・ノーで回答し、6つの適応タイプについてそれぞれの傾向の得点がどの程度高いか、プロフィールで表される。

　図4-9にコミュニケーション研修において筆者が使用している簡易の質問紙を参考までに添付している。これはあくまで研修用であることは断っておく。より正確で信頼に足る情報を得る必要がある場合や、カウンセリング臨床において使用する場合には、「ジョインズ人格適応型心理検査（JPAQ）第3版」を

第4章　人格適応論

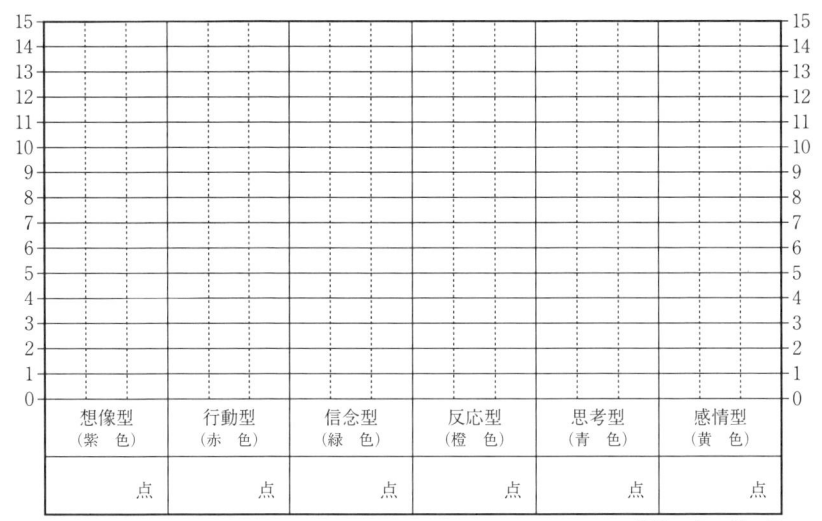

図4-10　プロフィール表

使用することが好ましい。

　筆者の簡易の質問紙では，
・問1～問5：CD（想像型）の得点
・問6～問10：CM（行動型）の得点
・問11～問15：BS（信念型）の得点
・問16～問20：PR（反応型）の得点
・問21～問25：RW（思考型）の得点
・問26～問30：EO（感情型）の得点

　となっている。タイプごとの得点（選んだ数字の合計）を算出し，それをプロフィール表（図4-10）に表す。

（3）ドライバー観察によって診断する方法
　人には5つのドライバーが見られることを第1章で述べた。「ドライバー」は，人種・民族の枠を超えて観察可能である。ドライバーは，「完全であれ」

表4-6 一次的ドライバーと人格適応タイプの対応

主要なドライバー	人格適応タイプ
強くあれ （＋努力せよ　または　喜ばせろ）	CD（想像型）
強くあれ 喜ばせろ	CM（行動型）
完全であれ＝強くあれ	BS（信念型）
努力せよ （＋強くあれ）	PR（反応型）
完全であれ （＋強くあれ）	RW（思考型）
喜ばせろ （＋努力せよ　または　急げ）	EO（感情型）

（出所）　Joines & Stewart/白井・繁田（監訳）（2002/2007）
より名称など一部改変

「強くあれ」「喜ばせろ」「努力せよ」「急げ」の5つである。ドライバーは拮抗禁止令の役割を果たし，個人にとって主要なドライバーが一次的ドライバーである。

　交流分析の「ドライバー理論」の提唱者であるテイビー・ケーラーは，脚本の構成要素である「ドライバー」から適応タイプが見分けられることを発見した。ドライバーは，その人の言葉・口調・身振り・姿勢・表情における行動観察により判別が可能であり，それらを読み取ることによって相手の適応タイプを知ることができると考えられているのである。すなわち，秒刻みで行動上に表れるドライバーを判別し，その組み合わせによって，その人の現在の適応タイプを知ることができるのである。

　表4-6は，それぞれの適応タイプがドライバーにどのように対応しているかを示したものである。BS（信念型）の「完全であれ＝強くあれ」とは，「完全であれ」と「強くあれ」が同様の強さで一次的ドライバーとして表れることを意味している。

　5つのドライバーの区別は，「言葉・口調・身振り・姿勢・表情」の行動パッケージから観察する。これらのドライバー行動は，1～2秒というほんの短

表4-7 ドライバー行動の識別

ドライバー	言葉	口調	身振り	姿勢	表情
完全であれ	挿入語句、括弧の言い回し、番号をつけて述べる「いわば」「ご覧のように」	普通より早口で歯切れ良い／普通よりなめらか／普通よりよく調整された	指で数える／あご（頬）をなでる／両手の指先を山形に合わせる	直立した／左右バランスのとれたまっすぐ	会話の途切れに、一方向を見上げる／口元はやや緊張し、軽く閉じている
強くあれ	距離を置く言葉、Iの言葉「怒らせないで」「うんざりさせられた」「それは良い感じだ」	抑揚がない／普通より単調な／普通より通常低め	身振りはほとんどないか、欠如している	不動の閉じる（腕を組む、足を組む）／まっすぐより後ろ寄り	動きがない／感情を表さない
努力せよ	「なに？」「ハッ？」「エッ？」「〜やろうと思います」「〜できません」「〜は難しい」	緊張した／普通より締めつけられたような／口ごもったためらいがちな	頭の横に手を置く／手を上に上げる（精一杯説明するように）／手を硬く握り締める	身を前へ乗り出す／身をかがめる	眉をしかめる（眉間に皺をよせる）
喜ばせろ	「(高揚)〜しかし〜(低揚)」「大丈夫？」「いいですか？」「どう？」（同意を求めるように）	普通より高いキーキー声／文章の最後が上がる	うなずく／両手を伸ばす（手のひらを上に向けることが多い）	肩をすぼめて、前かがみ／相手のほうに身を傾ける	眉毛を上げ、下から見上げる／額に横皺をよせる、歯を出し、大げさに笑ううつむく
急げ	「早く！」「急ごう！」「さあやろう！」「時間がない」	スタッカート／機関銃のような一気に話すせかせかす	指でこつこつたたく／貧乏ゆすりそわそわする	イライラし、せわしなく姿勢を変える	素早く、頻繁な視線の変化

(出所) Joines & Stewart/ 白井・繁田（監訳）（2002/2007）より一部改変

い時間に表れることも珍しくない。表4-7の「ドライバー行動の識別」はドライバー行動の手がかりである。ヴァン・ジョインズが表したものに，筆者らが日本人のクライアントの観察を通してたびたび現れる特徴をいくつか書き足している。書き足したのは下記の項目である。
・「完全であれ」の姿勢（まっすぐ）
・「強くあれ」の言葉（I→Itの言葉），「強くあれ」の姿勢（まっすぐより後ろ寄り）
・「努力せよ」の身振り（手を上にあげる）

　行動パッケージからのドライバー観察は，練習を重ねることで熟練していくため，練習を繰り返すと良い。練習方法は実際に人間観察をしてみること，またはテレビの出演者を観察することなども良い方法である。

9　適応タイプのワーク事例

　再決断のワークは，クライアントが変わりたいと思っていることを具体的な行動として提示して，契約を取り決めることから始まる。クライアントの自分の能力や責任を値引きするやり方や，無意識な防衛の現れ方を注意深くたどり明らかにしていく。このときカウンセラーは，クライアントのNCに寄り添い，それが活性化するよう支援する。そしてクライアントに最近の経験を一人称・能動態・現在形を使って話すように求める。

　次に，今感じていることや，心の中で自分自身について，他者について，自分の人生についてどのようなことを言っているかを話してもらう。人は困った状況に直面すると，子どものころに下した早期決断から生じる慣れ親しんだ実存的な立場を再現するからである。その方略は，子どものころはたしかに自分を守るために良い選択であったかもしれない。ここで問題になっているのは，目の前の状況に対して他の選択肢のほうがより有効に働くにもかかわらず，早期決断の選択肢に縛られていることである。再決断の過程はこうした過去の決断から自由になることを許可し，現状にもっとも適した選択肢を求めてもよい

と認めることである。カウンセラーはクライアントに，今自分がいる状況は慣れ親しんできた感情のあり方かどうか，子どものときに同じような感情のあり方を体験したか，その場面はどのような場面で誰と一緒であったかを尋ねる。クライアントはその早期の場面に身を置き，そこで何が起きているかを再び，一人称・能動態・現在形で語る。カウンセラーは空椅子の技法を使ってクライアントに働きかけ，そのときに解決されなかった感情についての問題を話し合う。そしてクライアントが今問題を解決し，現状でどのように自律していくかについて新しい決断，再決断に至るよう支援するのである。

　人格適応タイプは普遍的なものであり，全てのクライアントは一つまたはそれ以上の適応タイプを使っている。クライアントが使っている適応タイプを判別することで，クライアントとラポールをつくるもっとも良い方法や，最良の効果を得るためにカウンセリングのそれぞれの段階で働きかけるべき領域（思考・感情・行動）がわかる。同様にクライアントの防衛によって行き詰まらないために避けるべき領域が理解できる。

　一つの優勢な適応タイプを持っているクライアントへの効果的治療をするのに，人格適応タイプの考え方がどのように役立つのかを事例を通し説明する。下記の逐語において，〈　〉内はカウンセラー，「　」内はクライアントの言葉である。その他クライアントの様子は（　）内で説明している。なお逐語の内容は一部修正してある。

(1) EO（感情型）のクライアントの事例

> 40歳代女性，うつ病
> クライアントは一貫して周囲の犠牲者であることを訴えていた。自分がつらく悲しいのは周囲の無理解のせいであると訴えていた。そして家族にも感情的に文句を繰り返しては，文句の後は消えたいような気持ちを味わっていた。カウンセラーはクライアントに，つらく悲しい気分を軽減するためにワークを提案した。クライアントはそれを了解し，7回目のカウンセリングにおいてワークを実施した。下記はそのときのワーク場面の逐語の一部である。

「もう，何もかも意味がなくて，つらいです。もうそういうふうになるのをやめてしまいたいです」
〈何の意味がないと考えてつらい気分にしていますか？〉①
「(30秒）わかりません（60秒）」
〈あなたはどんなことを考えて，根拠に意味がないと言っているのですか？〉②
「(10秒）よくわかりません（30秒）」
〈わからないんですね。でも，つらいですね（10秒）今，何を感じてますか？〉③
「悲しい（泣：20秒）誰も私のこと，わかってくれない」④
〈あなたのこと誰もわかってくれないと感じているんですね。そう感じるとつらいですね〉⑤
「つらいです（泣：10秒）主人もわかってくれないから，私のこと，誰もわかってくれようとしないんです。だからつらい（泣）」⑥
〈あなたはときどきそういう気分，同じような気持ちになるのではないですか？〉
「しょっちゅう（泣）」
〈いつごろからそういう気持ちを感じていますか？〉
「（泣きながらうなずく）」
〈自分のことを誰もわかってくれないと思い，こういうつらい気持ちをいつぐらいから感じているんですか？〉
「もう小さいころからずっと（泣：15秒）」
〈そう思ってつらい気持ちを感じている小さいころに身を置いたつもりになってください。小さいころのあなたは，どんな場面でそういう気持ちを感じていますか？〉
「妹が生まれて，それで，誰も私のことをみてくれない。私は必要とされていない（泣）」
〈誰がみてくれないのですか？〉
「お父さんもお母さんも，妹のほうばっかりみてる（泣）」
〈お父さんもお母さんも妹さんのほうばかり見ていて，あなたは悲しい気持ち

第4章　人格適応論

を感じているんですね〉
両親に見立てた空椅子をClの目の前に置く。
〈この椅子にそのときの両親が居ると思って，両親に今の気持ちを言ってみてください〉
「ママ，私は悲しい（泣）」
〈悲しいんですね，何が悲しいですか？　両親に何が悲しいのか直接伝えてください〉
「だって，私のことはもう可愛くないと思ってるから」
〈両親の椅子のどちらかにスイッチしてください。（Clは母親の椅子に移る）その椅子に座ったら，あなたはその椅子ではお母さんです。お母さん，あなたのお名前は？〉
「（母の椅子）○美です」
〈お母さん，目の前にいるあなたの娘さんが，可愛くないと思われているようだと悲しんでいますが，その言葉に答えてください〉
「（母の椅子）私はどっちが可愛いとかそんなことはしてない。平等。それにあなたはもうお姉ちゃんでしょ」
〈自分の椅子に戻ってください。そしてお母さんの言葉に答えてください〉
「そんなの嘘。お母さんは■（妹の名）のほうばっかり可愛がってる。■のほうが可愛いんだ」
〈お母さんの椅子にスイッチしてください。そしてお母さんに身を置いて目の前の娘さんの言葉に答えてください〉
「（母の椅子）あなたは大きくなったからもういいでしょ。あなたは愚図ってばかりだから，そんなところが嫌なの。■のほうが素直で言うこと聞くからかわいらしい」
〈自分の椅子に戻って，そして言いたいことを言ってください〉
「やっぱり私より■がいいんだ（泣）」
〈お母さんに，"あなたが妹のほうが可愛いと言うから，私は生きる価値がないと思うようにする"と試しに言ってみてください〉⑦
「えっ，そんなの変だと思うんですけど」
〈でもあなたはそう言っているのですよ。あなたの言っているのはそういうこ

219

とです。そうじゃないですか？　試しにさっきの言葉を言ってみましょう〉
「あなたが■のほうが可愛いと言うから，私は生きる価値がないと思うようにする」
〈言ってみてどうですか？〉
「変だと思う気がするんです」
〈変ですか？　変じゃないですか？〉
「変だし，そういうの嫌です」
〈何が変ですか？〉
「だって，お母さんが妹を可愛がるからといって私が生きてられないなんて」
〈たしかに変な考えですよね。じゃあ，その変な言葉の代わりに，お母さんに何と言いたいですか？〉
「お母さんが妹を可愛がっても，私は生きる価値がある」
〈もう一度，お母さんの椅子に向かって，そう身体を，背中を伸ばして，そう言ってください〉
「お母さんが妹を可愛がっても，私は生きる価値がある」
〈そう言ってみてどんな感じですか？〉
「そのほうが良いです」
〈そう言ったとき，身体にどんな感覚を感じていますか？〉
「力が強くなった感じが」
〈相手があなたを大事にしてくれないと，その態度を見てあなたは，自分のことを"生きる価値がない"と考えてしまっていたんですね。そして自分を悲しい気分にさせていた。"誰も自分のことをわかってくれない"と犠牲者の立場に立った考えかたをすることで悲しい気分を味わっていたんです〉⑧
「たしかにそうだったんでしょうね」
〈でもそれがおかしいと，その考え方は変だとあなたはおっしゃった。つまり考えが違うと気づかれた〉⑨
「はい，たしかにそれは変でしたね」
〈その代わりに，違うことを考えることで，あなたは自分を悲しい気分にさせるのではなく，自分を力が強くなった気分に変えた。これは素晴らしいことですね〉

> 「たしかにそうです。ああ，そうです。でも，私は自分でそういう気分にさせていたんですね」
> 〈そうなんですよね。他にこの件に関して，何か言いたい人はいますか？〉
> 「夫に言いたいです」
> 夫の空き椅子をクライアントの目の前に出す。
> 〈ここにご主人が居ると思って，言いたいことを言ってください〉
> 「私はあなたが嫌な顔してても，それでも生きる価値がある」
> 〈いいですね，その通りです。今どんな感じですか？〉
> 「なんか，良い気分です」

　このワーク以前からの面談においてこのクライアントは，「…ですよね？」「そうじゃないですか？」といった相手の同意を求める言葉使い，文章の語尾が上がる口調，カウンセラーの座っている方向へ自身の身体を傾ける姿勢，眉毛を上げ下から見上げるような表情，といった「喜ばせろ」のドライバーの行動特徴を頻繁に示した。そこから，このクライアントはEO（感情型）であると推察された。

　この面談逐語の冒頭①②において，カウンセラーは〈何の意味がないと考えてつらい気分にしていますか？〉〈あなたはどんなことを考えて，根拠に意味がないと言っているのですか？〉という質問を投げかけ，クライアントは，混乱を示しよくわからないという返答をしている。その後カウンセラーが，〈でも，つらいですね。今，何を感じてますか？〉③と尋ねることで，「悲しい。誰も私のこと，わかってくれない」④と感情を表し始めている。そのクライアントの感情に共感的に寄り添い，〈あなたのこと誰もわかってくれないと感じているんですね。そう感じるとつらいですね〉⑤と語りかけると，「つらいです。主人もわかってくれないから，私のこと，誰もわかってくれようとしないんです」⑥とクライアントは自身の内面へ深まりを見せ始めている。そして，〈お母さんに，"あなたが妹のほうが可愛いと言うから，私は生きる価値がないと思うようにする"と試しに言ってみてください〉⑦から思考へのアプローチ，

ターゲット・ドアへのアプローチを始めている。さらに，〈相手があなたを大事にしてくれないと，その態度を見てあなたは，自分のことを"生きる価値がない"と考えてしまっていたんですね。そして自分を悲しい気分にさせていた。〉⑧〈でもそれがおかしいと，その考え方は変だとあなたはおっしゃった。つまり考えが違うと気づかれた〉⑨で，クライアントが感じていた悲しみの感情と自身の否定的な思考との関連についての理解を促すことによって，感情と思考との統合を図ろうと試みている。

EO（感情型）のクライアントは感情を通して世界と向き合うので，円滑な生活を送るためには思考と感情を統合する必要があると考えられている。思考が治療のターゲット・ドアであるが，思考にアプローチするためには，まず感情から入って思考に通じる道を見つける必要がある。感じていることを深く掘り下げて話すように促すことで，結果的に思考の領域に入って行く。そのためにカウンセラーは最初，NP の自我状態で優しく包み込むように語り，思考に働きかける過程に移ると客観的で事実志向の A の自我状態で語りかけ，クライアントの A を導き出す。行動はこのタイプのトラップ・ドアであり，直接的に取り扱おうとするとクライアントは防衛的になったり，傷つくことがある。感情から入り思考を統合するという過程を経て，このタイプのクライアントは，感情的に過剰な反応をする代わりに，「今，ここ」での状況に対応して適切な方法で行動するようになる。EO（感情型）の人のドライバーは「喜ばせよ」であり，他者が喜ぶために考えることなしに自身のあり方を定めている。彼らが，自分で考え，自分の能力を認め，自分の力を取り戻すことが，カウンセリングの目的となると考えられている。

（2）RW（思考型）のクライアントの事例

40歳代女性，うつ病
クライアントはうつ病で家事ができない。うつ病だから家事ができなくても仕方がないと治療者に慰められても，一時的に納得するものの，またすぐにそのことを嘆いては，自分に価値がないという思考に陥る。クライアントは幼少期

から，何かをやることで自分の価値はあるのであり，何もやれていない自分には何の価値もないという考え方を持っていたため，その思考を変えていくためにワークを実施することになる。以下は5回目のカウンセリングで実施されたワークの逐語である。

「そうですね。頭ではそうではないとわかっているんですが，でも，やっぱり家事ができていない，掃除もできていない，実際に毎日満足にできていないんですが，そういう自分は居る意味がないと思ってしまいます」①
〈それではここからワークに入ります。最近，そういうふうに，家事ができない自分は居る意味がないと，そう思った場面に身を置いてください。そしてその場面を，今ここで起きているように現在形でしゃべって表現してください〉
「はい，子どもがもうすぐ帰ってくるのに，だいたい3時過ぎに帰ってくるんですが，それなのにおやつの準備もできていない。まだ私は子どもが出て行った朝のままの恰好で，まだ起きたときと同じ部屋着で，調子が良ければ朝ちゃんと着替えるんだけど，ずっとごろごろ寝てます」
〈その場面で，あなたは，自分について，そして他者について，どういう存在であると自分の頭の中で言ってますか？ 自分で自分のことを何と言っていますか？〉
「やらなきゃとわかっているけど身体を動かしたくない。だるい。やるべきことをやれていない自分は生きている意味がない，実際にやれていないことが多いし，やれていることのほうがないんですが，そして他の人は，私のことをダメなやつだと笑っていて批判している，実際には笑っていないのかもしれませんが，ダメと笑っているように思ってしまう」
〈やるべきことをやれてない自分のことを生きている意味がないし，他の人はやるべきことをやれてない自分を笑い批判していると思った最初の場面はいつですか？ その場面に身を置いてください。それはどんな場面ですか？〉
「そうですね，小学校に入るころです。父や祖父が私のことをいつも笑っています。実際に何度も笑われたことがあるんですが，私が何かできないところを捕まえて，"やっぱり女は何もできない。お兄さんとはずいぶん出来が違う"と。このままでは自分が生まれてきた意味がない。だからそう言われなくて良

いように，言われないためになんでもちゃんとやろうと必死で勉強もお習字も頑張ってます。実際に頑張ってきたと思います」

〈その場面に身を置いたつもりになって，目の前の椅子をそのときのおじいさんとお父さんと思って，言いたいことを言ってみてください〉

（Clの前に空椅子を2脚並べて置く）

「私は，このままでは居る意味がないから，だからちゃんとやる，頑張る。（10秒）そうですね，実際にこういう気分でした。口には出したことがないですけど，でもそうしてきたと思います」②

〈あなたはそう考えて頑張ってきたんですよね。よく頑張りましたね〉③

「そうですね。いつもちゃんとしなきゃと思ってました。笑われないように。それが私にとって大事なことだったのです。実際に笑われていないかと人の顔色を見るようになっていたのかもしれません。人の顔色が気になってましたから。だからちゃんとして，いつもそう思って」

〈そう考えてきたんですね。頑張ってきたんですね〉

「でも，もう疲れた（涙ぐむ）」④

〈ずっと頑張ってきたんだから，もう疲れたと思いますよね。あなたが流しているその涙は何と言っているのでしょう？〉

「悲しい（泣）悲しいと，涙はそう言っているような」

〈悲しい気分なんですね。そうですよね（15秒）。その言葉をおじいさんとお父さんに直接言ってください〉

「気を抜かないように頑張ってきたけど，もう疲れた（涙を流す）」

〈そうなんですね（20秒）目の前のお父さんの椅子にスイッチしてください。（Cl父親の椅子に移動する）この椅子ではあなたはお父さんです。お父さん，あなたのお名前は？〉

「●です」

〈お父さん，娘さんが"もう疲れた"と言って涙を流して悲しんでおられます。その言葉に答えてください〉

「（父の椅子）できないから人一倍頑張るのは当たり前だ。やってもできない上に頑張りもしないなら生きている資格なんてない」

〈お父さんに質問します。なぜ頑張らないと生きている資格がないのです

か？〉
「（父）ちゃんとできないと私たち家族が恥ずかしい」
〈そうなんですね，お父さん，あなたが恥ずかしいから頑張らなきゃいけないんですね。なぜできていないと恥ずかしいのですか？〉
「（父の椅子）私は中卒で馬鹿にされてきたから，見返してやらなきゃいけない」
〈そうなんですね。あなたが恥ずかしかったから見返したいんですね。そのように娘さんに直接言ってください〉
「（父の椅子）俺は，自分が学歴がなくて恥ずかしかったから，見返したい」
〈自分の椅子にスイッチしてください。（Cl 自分の椅子に戻る）今父親の言葉を受け止め，聞いてください。（10秒）父親の言葉を聞いてどう思いますか？〉
「私の人生は，あなたのためにあるのではない」
〈父親にこう言ってください。"あなたが認めてくれて批判しなくなるまで，私は自分が生きる価値がないと思い続ける"と〉
「あなたが認めてくれて批判しなくなるまで，私は自分が生きる価値がないと思い続ける。（10秒）そうですよね。私はそうやってきたんですよね。父親から馬鹿にされないようにばかり」
〈どうですか？　まだ自分の生きる価値を父親がどういう態度を取るかということに託しますか？〉
「いいえ，そういうのはやめたいです」
〈それでは，父親に今までの自分と違うことを言ってみてください〉
「もう，あなたに馬鹿にされないように気にして生きるのはやめたい。私は，あなたがどういう態度にでるかに関係なく価値がある」
〈その同じ言葉をおじいさんにも言ってみてください〉
「私はあなたがどんな態度を取っても生きる価値がある」
〈その言葉を言ってみてどうですか？〉
「その通りですね。そのほうが良いです」
〈そうなんですね。今まで，自分がちゃんとできないとき，自分が相手から笑われ批判されていると想像して，自分のことを生きる価値がないと思ってしまってたんですね。そして，そう思わなくて良いように頑張り続けて，そしてそ

> れができないときには疲れてしまい悲しい気分を味わっていた。そういうことを繰り返していたんですね〉⑤
> 「そうしていたんですね。でもそういうのは違いますよね」
> 〈そうですね。違いますよね。本当はどうでしょうか？〉
> 「本当は，人がどう思うかに関係なく，私の価値は私自身のものですよね」
> 〈そうですね。今どんな気分ですか？〉
> 「スッキリした感じがします」

　クライアントの最初の言葉，「そうですね。頭ではそうではないとわかっているんですが，でも，やっぱり家事ができていない，掃除もできていない，実際に毎日満足にできていないんですが，そういう自分は居る意味がないと思ってしまいます」①に表現された，"頭ではそうではないとわかっているんですが""実際に毎日満足にできていないんですが"の言葉は，説明のために挿入される「括弧つきの言葉」とよばれる，「完全であれ」のドライバーの言葉の特徴である。「括弧つきの言葉」を頻繁に使っているこのクライアントは，「完全であれ」のドライバーを強く使っている状態と言え，これはRW（思考型）の適応タイプの特徴でもある。また，話をしている途中で自身の顎をなでる身振り，まっすぐに座る姿勢，会話の途切れに一方向を見上げる表情，やや緊張し閉じた口元という表情，なども頻繁に見せたが，これらも「完全であれ」のドライバーの行動特徴であり，それを頻繁に表したこのクライアントはRW（思考型）であると思われた。

　クライアントは，"ちゃんと頑張れていない自分は居る価値がない"と幼児決断し，その後の人生においても，ちゃんとやれていないと思ったときには頭の中でその決断の言葉を繰り返しては自分を批判し，自分を落ち込ませてしまっていた。クライアントは「私は，このままでは居る意味がないから，だからちゃんとやる，頑張る」②と幼少期の決断の場面で，自身の思考を空椅子に向かって語った。カウンセラーは，クライアントのオープン・ドアである思考に，〈あなたはそう考えて頑張ってきたんですよね。よく頑張りましたね〉③と優

しく共感している。その後クライアントは，「でも，もう疲れた（涙ぐむ）」④と感情を表現し始め，カウンセラーはターゲット・ドアである感情に共感し，それをより感じてもらうよう支援する。そして感情を感じた後，〈今まで，自分がちゃんとできないとき，自分が相手から笑われ批判されていると想像して，自分のことを生きる価値がないと思ってしまってたんですね。そして，そう思わなくて良いように頑張り続けて，そしてそれができないときには疲れてしまい悲しい気分を味わっていた。そういうことを繰り返していたんですね〉⑤とクライアントの思考と感情を関連づけている。

　RW（思考型）のクライアントは，思考を通して外界と接触する。RW（思考型）のクライアントは，調和を図るために感情と思考を統合する必要がある。感情が治療のためのターゲット・ドアなので，思考を通して感情への道筋を作る。このタイプのクライアントは深い思考を促し，思考に共感するうちに感情が浮き上がってくる。最初の関係を作るために考えていることを話してもらい，感情の領域にクライアントを招き入れるときにはNPで語りかけることは効果がある。行動はトラップ・ドアなので，そこへの批判的に受け取られる対決や指摘はしない。行動面の変容は感情を引き出すことによって実現されるのである。

　このタイプの人の主要ドライバーは「完全であれ」であるため，自分がやっていることは別にして，自分が魅力的な存在であり，「存在してもよい」ことを感じることが重要であるとされる。「もっと」「もっとよく」「できるようになる」などの言葉は脚本を支持するものであり，これらの言葉は対決の対象とされる。

10　「人格適応論」と精神疾患

（1）人格適応論のうつ病クライアントへの応用

　筆者は，2010年に「人格適応論」提唱者ヴァン・ジョインズのトレーニングに参加した後より，面接に人格適応論の理論を活用し，クライアントの適応タ

イプを判別した上で，各タイプに合った接し方を心がけるようにした。その後，人格適応論を活用して30人を超えるうつ病のクライアントのカウンセリングを担当してきた。ここではそれを通して筆者なりに感じた，適応タイプとうつ病の関係および適応タイプごとのうつ病の特徴について述べたい。ただし本研究においては被験者の数が十分ではないため，ここで述べることは今後面接数を重ねていくことにより修正が必要であることが前提であり，少ないケースを通して感じたことに留まることを強調しておく。

　人格適応論を使用する前は，うつ病の病前性格として几帳面であることや完璧主義であることが指摘されるところから，うつ病は「完全であれ」のドライバーと深い関わりがあると想像していた。そのため当初うつ病のクライアントにはRW（思考型）の適応タイプが多いのではないかと予想していた。しかしうつ病のクライアントを担当した結果，特定の適応タイプにうつ病クライアントが多いという傾向は見受けられなかった。むしろうつ病のクライアントは，全ての適応タイプが存在した。そこから，適応タイプは，うつ病のなりやすさを決定するものではないと思えた。

　たしかに特定の適応タイプがうつ病になりやすいことを表しているものではないが，うつ病のクライアントがうつ病に至った経緯やうつ病から回復していく様子から，適応タイプごとに，うつ病に至る葛藤のパターンの特徴が見受けられた。以下，筆者が感じたタイプごとのうつ病の特徴について述べたい。

① CD（想像型）の場合

　CD（想像型）のクライアントは，病前から自分の欲求を相手に表現することが少なく，感情も抑圧気味である。とくに怒りの感情を他者に表現することについて抵抗を覚えている。彼らが対人関係で問題を抱え，その相手と継続して交流を持つ必要がある場合，彼らは我慢する。それがパワーハラスメント気味の上司であれ，DVの夫であれ，到底無理な量の仕事を押し付けられたときであれ，彼らは相手に自分の気持ちを伝えるという選択をギリギリまで取ろうとしない。自分の欲求を表すことを我慢する生き方を続けてしまう結果，何も

感じなくなってしまい，疲労感や抑うつ気分を招いてしまう。それが発病のきっかけになることが多い。感情を抑圧し続けた結果であろうが，彼らは自分が本当は何を感じているのか，"嫌"なのか"嫌ではない"のかすらわからなくなっている。

彼らのカウンセリングでは，怒りを表現すること，自分の欲求をあきらめずに相手に伝えることについて支援していくことを通して，活き活きと自分の感情を感じることができるようになり，彼らは今までと違ったストレス対処ができるようになる。

② CM（行動型）の場合

CM（行動型）のクライアントは，病前から他者に対してイニシアティブを取ろうと操作していることが多い。これはほとんど本人の意識外で行われており本人もそれに気づいていなかった。周囲に対してうまくイニシアティブを取ることができ，自身のコントロール下に置くことができている間は他者操作のために多くのエネルギーを消費しているものの大きな葛藤を抱えることはない。しかしコントロール不能の事態に遭遇し，他者に対してイニシアティブを取ることができなくなったときには，周囲の人が自分から離れていってしまい孤独になったかのような「見捨てられ不安感」を訴え，抑うつ気分に陥る。それはたとえば自分がリーダーシップを取っていたグループのメンバーが自分から離れてしまったときなどである。また彼らが，イニシアティブを取ることができない環境に身を置かざるを得ない，同じことの繰り返しの毎日を送ることを強いられたとき，たとえば子育てや親の介護により毎日同じことの繰り返しと思えるような生活を強いられたときなどに，彼らは無気力になり，抑うつ気分を感じる。これらが発症のきっかけになる。

カウンセリングにおいては，彼らが，他者を操作しイニシアティブを取ろうとしていることに気づき，それから解放され，たとえ傷ついても他者と対等の親密さを求めていこうとするときに，また自分が真に求めているものは刺激よりも親密さであると理解したときに，他者操作のための多大なエネルギー消費

から解放され，楽で自分の欲求に正直な生き方ができるようになる。

③ BS（信念型）の場合

　BS（信念型）のクライアントは，病前から注意深く考えて行動している。自分の考えにこだわった生き方をしており頑固である。自分と考え方が合わない他者には批判的な面も見られる。自分の考えに基づいて生き，その姿勢や信念の正しさを他者からも評価されたいと望む。自分の考え通りに物事が運ばなくなったときに，たとえば仕事において今まで信じてきたやり方で成果が出せずそれが通用しなくなったとき，または自身の取り組み姿勢について否定的な評価を受けてしまったとき，自分の人生を支えてきた信念を否定されたと感じ，それがまるで自身の存在価値を否定されたほどの大きな落胆を感じ，抑うつ気分を引き起こす。これが発病のきっかけになることが多い。彼らは他者から評価されること，すなわち自分の考えや姿勢が評価されることが何より大切なため，また新しい考えを受け入れていくことに慎重であるため，急かしては信頼関係が築けなくなる。

　彼らのカウンセリングでは，ゆっくりとしたペースを守りながら，少しずつ他者を信頼し，他者の考えを柔軟に受け入れ，自分の考えにこだわりすぎない生き方を学んでいくことで，今までより楽に仕事に取り組めるようになる。

④ PR（反応型）の場合

　PR（反応型）のクライアントは，自分が好きと思っていることを自由にやれているときには問題ない。しかし好きではないことを押し付けられたりやらされる（義務を果たすだけでもとくにそう感じやすい）という状況では大きなストレスを感じる。やりたくない仕事をやらされたり，パートナーからスケジュール通り行動することを強いられたり，友だちとの交流を制限されたりなどの状況ではストレスが大きい。その状態を，受動攻撃行動や引き延ばし行動をしながら，また不平不満を言いながらも我慢し続けた結果，抑うつ気分と怒りを溜め込むようになる。これが発症のきっかけになる。彼らが感じる大きなス

トレスの背景に潜む葛藤の構図は，彼らの幼少期の"指示的・支配的な親 VS 受動攻撃行動で応戦する子ども"そのままにも見えてしまう。

　カウンセリングは，彼らが，幼少期からの受動攻撃行動によって自分を抑えつける全ての相手に応戦し続けていることに気づき，そこから脱却することを決めることで，不平不満の代わりに直接相手に自分の意思を伝えるという行動を選択できるようになる。これは彼らが受動的かつ反抗的な生き方から，大人として自分の意思を明確に主張する生き方に変わることにもなる。

⑤ RW（思考型）の場合

　RW（思考型）のクライアントは，物事を完全にやるのが自分の責任であると信じている。自分が関わることについては，それが仕事であれレジャーであれ自分が事前に計画したとおりのスケジュールで物事が進められないとイライラを感じる。また成果や効率をあげることに大きな関心を示しそれを求めているものの，ゴールが設定されていない。すなわち成果を上げるために努力するものの，到達点がなく，つねに努力を継続している。彼らが，自分の成果を出せなかったとき，予定していた人生プランが大きく変更を余儀なくされたとき，たとえば仕事の失敗や夫の会社の倒産や家族の病気，子どもの不登校などに遭遇したとき，彼らは無力感と抑うつ気分を感じる。これが発症のきっかけになる。

　カウンセリングにおいては，彼らが何かを達成するかしないかを別にして，"たとえ何も達成してなくても，本来の自分は価値がある"と心から理解でき，家族との慈しみやリラックスのための時間を楽しむことに価値を見いだせるようになると，彼らは身体に入れた力を抜いて，楽な生き方ができるようになる。

⑥ EO（感情型）の場合

　EO（感情型）のクライアントは，他者が自分の存在を喜んでくれているか否かに敏感である。重要な他者が，彼らの存在を喜び（笑顔であり），彼らを必要としてくれるときには心地よくいられるものの，喜ばれていないと感じた

ときには、自分の存在の全てを否定された気分になり、"消えてしまいたい""どこかに逃げてしまいたい"と考え始める。たとえば妻としてお世話をしてあげても夫がいつも不機嫌であったり、夫が他の女性に関心を持ったり、自分ではなく仕事ばかりに熱中していたりなどの状況である。この状態になると、情緒的に不安定になり、アドバイスの形式を取った周囲の考えは耳に入らないためほとんど慰めにならず、ただつらい気持ちをわかってくれる人を探し求める。このような状態のとき、彼らは抑うつ気分と不安を感じる。これが発症のきっかけになることがある。

カウンセリングでは、彼らが"相手が喜んでくれているか否かだけで自分の価値が決まらない"ことを理解するよう優しく支援する。そして次に、自分が感じることと同じように考えることを大切にするようになると、客観的な事実から自分の感情を自分でコントロールできるようになる。それが相手の感情に大きく左右されない安定した生き方を送ることにつながる。

少ない臨床例からではあるが、以上のように、適応タイプごとにうつ病発症のきっかけや、それぞれが抱える特徴的な葛藤のスタイル、さらに支援のあり方について簡単にまとめた。

(2) 人格適応論とパーソナリティ障害

人格適応論における適応タイプとパーソナリティ障害は区別される。適応タイプは生き延びるためまたは周囲の期待に応えるための適応の方略を表したものであり、健康的から機能不全までの一線上のどこかに位置する。一方パーソナリティ障害は機能不全な病理を表している。

人は適応タイプのいずれも持ちうるため、パーソナリティ障害をはじめ他の精神疾患のクライアントにも適応タイプのいずれかの特徴が見られる。ヴァン・ジョインズが報告した精神疾患ごとにつねに確認できる適応タイプもしくは適応タイプの組み合わせは下記の通りである。もちろん、それぞれの精神疾患には下記以外に他の適応タイプも確認できる。

- スキゾイドパーソナリティ障害……CD（想像型）
- 反社会性パーソナリティ障害………CM（行動型）
- 妄想性パーソナリティ障害…………BS（信念型）
- 受動攻撃性パーソナリティ障害……PR（反応型）
- 強迫観念性パーソナリティ障害……RW（思考型）
- 演技性パーソナリティ障害…………EO（感情型）
- 境界性パーソナリティ障害…………CM（行動型）＋PR（反応型）
- 自己愛性パーソナリティ障害………CM（行動型）＋BS（信念型）
- 回避性パーソナリティ障害…………CD（想像型）＋BS（信念型）
- 依存性パーソナリティ障害…………CD（想像型）＋PR（反応型）
- 神経性無食欲症………………………BS（信念型）
- 神経性大食症…………………………PR（反応型）
- ADHD …………………………………CM（行動型）＋EO（感情型）
- ADD ……………………………………CM（行動型）＋EO（感情型）＋CD（想像型）

11　人格適応論の他領域への活用

　人格適応論は，カウンセリングを効果的に進めるカウンセラーのためのノウハウとしてだけでなく，職場内人間関係，職場内マネジメント，営業力向上，家族内コミュニケーション，子育て，介護職員と利用者などさまざまな領域での活用が可能であり，大きな効果が期待できる。筆者はヴァン・ジョインズより，コミュニケーションノウハウとして幅広い分野での活用が可能であると聞いたが，事実その通りである。

　コミュニケーションノウハウとして他領域で活用する場合，これまで説明した
- タイプ別の特徴
- タイプごとの心理的欲求
- コンタクト・ドア理論（ウェア理論）

・ストレスへの反応
・タイプの診断方法
等，全ての考え方が有益である。
　ここでは，コミュニケーションノウハウとしての他領域での活用内容の一部について紹介したい。

（1）職場でのモチベーション向上への活用
　タイプごとの心理的欲求を知り活用することは，そのタイプの人のモチベーション向上に有益であり，またストレス予防などに役に立つ。心理的欲求の考え方を活用し，職場で働く人のモチベーション向上にどう活用するか以下に説明する。

① CD（想像型）の働く人への心理的欲求の活用
　彼らの心理的欲求は一人になることである。これを考慮すると，業務の遂行に人との関わりが頻繁に必要となる業務は心理的負担が大きい。逆に一人で完遂可能なタスクに対しては心理的負荷が少なく効率が上がる。なるべく自己完結できるよう彼らの業務を見直すことは意味がある。
　また彼らは他者との応答の心地よさについて学ばなければならないが，かといって一人でいることをいつも侵害することは良くない。彼らは一人になることで満足を得，自身のストレスを軽減しているため，彼らが一人でいることを尊重することも重要である。

② CM（行動型）の働く人への心理的欲求の活用
　彼らの心理的欲求は刺激や興奮である。したがって，ルーティンなタスクに対してはモチベーションが上がらないであろう。業務に刺激や興奮を感じていけるように工夫することにより，良い状態になるであろう。そのためには彼らが仕事のどのような部分に刺激を得ることができるか話し合い，知っておくことは大切である。

また彼らの刺激を満たすような働きかけも必要である。彼らとNCを使い楽しく交流すること，楽しく一緒に何かをやることは，彼らの刺激を満たすことに貢献するであろう。

③ BS（信念型）の働く人への心理的欲求の活用

彼らの心理的欲求は業績や考え方への承認である。彼らはとくに"どういう人間であると見られるか"という部分に気を抜かずに生きている。したがって，彼らの業績を認め評価する，とくに彼らの仕事に対する考え方やこだわりについて評価することはモチベーションを上げることにつながる。

また彼らは細かいチェック業務や管理業務では能力を発揮するであろう。仕事の緻密さを評価されることもやる気になる。

④ PR（反応型）の働く人への心理的欲求の活用

彼らの心理的欲求は楽しい触れ合いである。彼らは楽しいと感じる環境や，フレンドリーで遊び心がある人間関係の中では，やる気を持って物事に取り組む。逆に細かく管理されたり，遊び心がない人間関係の中では受動的に反抗的になるかもしれない。彼らのモチベーションを高め能力を発揮するためには，多少の遊び心を許容することも必要であろう。

また彼らのクリエイティブさを活かせるような業務では能力を発揮するであろう。

⑤ RW（思考型）の働く人への心理的欲求の活用

彼らの心理的欲求は，業績や時間の構造化への承認である。彼らには，業績や実績を評価する。とくにそれをきちんとやろうとしているため，やったことの効果の高さを認めることは好ましい。また何かを計画しその通りに完璧に進捗していくことには喜びを感じる。計画通りに進めないとやり遂げられない業務を任せてみると良い。

何かの業務の計画作成や責任を任される業務などにも能力を発揮するであろ

う。しかし責任感が強いあまり抱え込み過ぎたり，働き過ぎにならないよう配慮も必要である。

⑥ EO（感情型）の働く人への心理的欲求の活用
　彼らの心理的欲求は喜ばせることと関心を持たれることである。互いに関心を持って接し合う暖かい人間関係の中では，彼らは心地よく過ごすことができる。彼らがモチベーションを高く維持するためには職場内の人間関係が暖かく養育的なものであるよう配慮が必要である。
　また人に喜んでもらえることが実感できるような業務には積極的に取り組むであろう。人と関われて自分の仕事の成果によって人の喜ぶ顔が直接見られるような業務はやる気になる。

（2）子どもへの関わりへの活用
　コンタクト・ドアの考え方は，人間関係を構築し深める上で役に立つものである。コンタクト・ドアの考え方では，コミュニケーション上の問題は，
・その人のオープン・ドアへの間違った領域でのコンタクト
・トラップ・ドアへの早過ぎる関わり
によって生じている。これらの問題を回避するために，コンタクト・ドア理論の活用は有用である。
　これらは保育園・幼稚園・小学校などの教育機関や子育て中の親たちに活用され効果を上げている。ここではコンタクト・ドアの理論を子どもとのコミュニケーションに活用した一例を紹介する。

① CD（想像型）の子どもへのコンタクト・ドアの活用
　彼らのオープン・ドアは行動であり，行動しないことにエネルギーを注いでいるので，こちらから誘うかもしくは指示することが必要である。誘いや指示は行動レベルのものではなくてはならないので，その内容は具体的であることが大切である。もしそれが曖昧だと，彼らはどう動いていいかわからないので

混乱する。

　またトラップ・ドアの感情や欲求を直接尋ねることはよろしくない。彼らがそれらについて話してくれないのは事実であるが，それらについて話してくれないことを批判するのも好ましくない。そうすることによって彼らはますますこちらとの現実的な交流を避けるようになる。また彼らの期待以上に感情を大きく表現して話しかけることもトラップ・ドアへの直接的なコンタクトと同じ意味を持つ。効果的なのは，期待を伝えることであり，人間関係を深めるには考え方について話し合うことである。そして彼らが自分の気持ちや欲求について話すことに心地よさを感じるようになると深い関係が築けてくる。

② CM（行動型）の子どもへのコンタクト・ドアの活用

　彼らのオープン・ドアは行動であり，こちらより優位に立つための闘いを挑んでくる。それと真正面から闘おうとしたり，彼らを見下したような態度をとったりすることは闘いを長引かせるだけである。彼らと良い関係を作るためにはその闘いに乗らないことが大切である。そのために頭が良いと思わせること，もしくは楽しく一緒に行動をともにすることである。

　彼らの考えは優位に立つことや損得に関係することであり，目先の結果が良ければいいというものである。この考えを直接批判することはトラップ・ドアへのダイレクトな批判になるので避けたほうが良い。彼らと気持ちのレベルでの話をすることで関係を深めていく。彼らが強く振る舞うのを止めて，弱いと思っている部分を見せることができるようになると深い関係になる。

③ BS（信念型）の子どもへのコンタクト・ドアの活用

　彼らのオープン・ドアは考え方である。彼らは意見で世界と関わっている。彼らの話の多くは自分の意見である。客観的な事実を述べるようにしながら意見を述べている。子どもの場合は意見というよりどうでもいいことへのこだわりに見える。この意見を批判するあるいは否定すること，または彼らがこの考えに納得していないにもかかわらず言うことをきかせようとする態度はオープ

ン・ドアに入れないばかりか，彼らの抵抗に遭う結果になる。一旦意見を受け入れ評価し，その上で考えを述べ合うのであれば彼らは耳を傾けるであろう。また，行動の動機を疑うこと，彼らの姿勢を疑うこと，彼らを信頼しない言動なども関係を破壊する結果になることがあるので避けなければならない。また彼らとの関係においては，彼らが安心と感じる距離感を保つ配慮も必要である。彼らが安心を感じる関係を作れることが深い関係につながる。

④ PR（反応型）の子どもへのコンタクト・ドアの活用

彼らのオープン・ドアは行動であり，受け身でありながら反抗的な行動である。ダイレクトにPで"ああしろ，こうしろ"と指示することやAで接すると受動攻撃にさらされることになる。また二者択一で尋ねることも同じ結果になる。彼らとは遊び心を持ってフレンドリーに接することが大切である。擬音を使った会話やふざけること，冗談なども効果的である。そして彼らと行動レベルで関わる。

彼らの気持ちを聴きそれに寄り添う。彼らの考え方（姿勢）を直接批判すると，彼らはより強い反抗心を抱く結果になる。

⑤ RW（思考型）の子どもへのコンタクト・ドアの活用

彼らのオープン・ドアは考え方である。彼らの考え方は事実や情報に基づいており，より高い効果やより高い効率を求めて思考している。また彼らの"すべきこと"や良心について考えている。彼らの考えを聞きポジティブな評価を与えるのが関係の入り口である。

彼らができていないことを直接批判するのは控えたほうが良い。彼らは自己否定感を感じながらも反撃してくるか，もしくはくよくよする。

また彼らの時間の計画を乱すのもよろしくない。彼らは意識せず時間について考えている。彼らが時間の計画を立てることができるように予定を伝えることは大切である。

⑥ EO（感情型）の子どもへのコンタクト・ドアの活用

　彼らのオープン・ドアは感情である。彼らに関わる際には気持ちに寄り添う。養育的に関心を持って接すると気持ちに寄り添える。"大丈夫？""ありがとう"などの言葉は気持ちに触れ，彼らが好む存在肯定の言葉になるので効果的である。また理屈ばかりで話すことは，彼らにとっては心地よくない。

　彼らに対しては関心を払うことが必要である。彼らは自分の服装や髪形などの変化への関心を示されることも愛情と受け取る傾向にある。

　彼らの行動はトラップ・ドアである。彼らの言動への批判，とくに彼らの言動が良くないという批判は，彼らの言動が他者を喜ばせていないという意味に受け取られることになるので避けたほうが良い。

（3）適応タイプの組み合わせと人間関係のパターン

　適応タイプの組み合わせにより，人間関係のパターンの特色がある。これを知ることは，彼らとコミュニケーションを取り人間関係を深める上で役に立つ。ヴァン・ジョインズが著書（Joines & Stewart, 2002/2007）で示した内容を参考に説明する。

① CD（想像型）と CM（行動型）

　彼らは一人でいたがる人であり，単独行動を好み，口数が少なく，人目につかない。しばしば優しく思いやりがあり，ときどき人と一緒に時間を過ごすが，それが終わるとそれから再び逃げたがる。黙々と一人で何かをやることを好む。彼らは注目を集めることと孤独を求めることの間でまとまっておらず，確約するのを好まない。

② CD（想像型）と BS（信念型）

　彼らは自分を多く見せる前に引きこもって安全にする。他者を信頼し近づくことができず，必ずしも自分の考えを他者と共有しない。他者が何を言おうが気にかけず，頑固であまり愛想は良くない。彼らは人との交流の中にいるより

も，自分を頼り自分の世界で何かをやることを好む。

③ CD（想像型）と PR（反応型）

　彼らは誠実な友人になり穏やかだが，むら気でもある。世話をされたいが，望むことを頼めず苛立ったりすねたりふくれたりゆううつになる。彼らが何に不機嫌なのか明らかにしないため，周囲は不快を感じる。怒ると強情で頑として動かない。また他者とたびたび依存的な関係になる。何かを解決するときは他者を頼りにし，自分で処理することになったときはそれを意味がないことだと思う。

④ CD（想像型）と RW（思考型）

　優しく思いやりがあり支持的である。物静かで養育的で責任感があり，断ることをせず自分を害すまで他者の世話をする。また自分のためにものを頼まない。臨機応変な対応は苦手で，愛想はないが淡々とやることをこなす。また物事をきちんとこなそうとし，自分の手柄を自分のものにしない。

⑤ CD（想像型）と EO（感情型）

　彼らは他者に自分のために考えさせ自分で決めない。他者と適切な境界線を引かずその人に入れ込む。他者の感情や欲求をサポートし，自分の感情や欲求を気にかけてもらうことを期待する。自分ではっきりした立場を取らず，傷つくと引きこもり不快気分を感じるがそれを言わない。また，人と一緒に居たいがそれが疲れるので一人で居たくなる。

⑥ CM（行動型）と BS（信念型）

　カリスマ性がありリーダーになりやすく他の人が関心を示す話をする。腹が据わって見え行動力もある。しかし彼らは親しい関係において基本的に他者を信頼せず，傷つかないように一段上の立場に留まる。また彼らは善人にも悪人にもなり，明晰な頭脳とずるさを持つ。

⑦ CM（行動型）と PR（反応型）

　他者との交流に多くを費やすが表面的であまり親しくない。陽気で楽しいが，他者との関係は闘争的であり，自分の行動に理由づけし正しいと思い攻撃するので，周囲はしばしば彼らに関わるのが嫌になる。他者を信頼できず，不満が多く，怒ると執念深く復讐するかもしれない。思いついたらすぐ行動し飽きたらすぐにやめてしまう。

⑧ CM（行動型）と RW（思考型）

　彼らはカリスマ性があり信頼性もあるが，親しい個人的な関係の中で不快に感じる。そして仕事を，距離を保つ手段として用いる。誰かが本当に自分のためにそばにいることを信じることができず，傷つくのを避けるため知恵で負かして一段優位でいようとする。合理的で理屈が通ることには行動力がある。

⑨ CM（行動型）と EO（感情型）

　社交的で人脈も広く，誰とでも友だちになりつねに笑うが，表面的なレベルで他者とつながっていて，本当は誰とも親しくない。操作的であり注目されちやほやされることを好むが，親しい関係で傷つくことを怖れているので，安全な距離を取り多くの注目を集める。彼らの言動は派手でありしばしば芝居がかっている。

⑩ BS（信念型）と PR（反応型）

　強い姿勢で自分をしっかり管理する。物事がうまくいっているときは陽気で社交的だが，しばしば不満を感じる。他者を自分の問題の原因とみて権力闘争に従事する。また親しくなると傷つくのを怖れる。自分が傷つけられないために他者のあらを探す。自分を守るために状況をコントロールしようとする。好き嫌いが明確で，自分を偽れない。皮肉っぽく物事を見る。

⑪ BS（信念型）と RW（思考型）

　彼らは他の人が近づきすぎて，自分の欠点を知ることを怖れ，壁を囲って人を中に入れない。彼らにはつねにやらなければならないことがあり，親分風を吹かせ，どうやるかを教えたがる。自分も周囲もコントロールする。自分の意見に固執し，神経質で動揺しやすい。行動を批判されることには敏感である。秩序愛を強く持ち，正しくこつこつと物事をやる。

⑫ BS（信念型）と EO（感情型）

　考えずに感じるところから感じずに考えるところに移動するため，はじめは開放的に他者を信頼して近づきすぎるが，傷つくと疑い深くなり自分を守って他者を攻撃し締め出す。主導権を握り，強い意見を持っていて，彼らが怒ると，周囲は不快に感じ，逆らわないほうが良いという印象を与える。義理人情を重んじ，そのために自分を犠牲にしているとも考えがちである。

　以下では，PR（反応型）と RW（思考型），PR（反応型）と EO（感情型），RW（思考型）と EO（感情型）の組み合わせで，2つの適応タイプが強く表れることによって見られる特徴を参考までに説明している。これらの3つの組み合わせについては「生き延びるための適応タイプ」が含まれていない。人は生き延びるための適応タイプのいずれか一つかそれ以上の特徴を強く持っているので，この3つの組み合わせが示すタイプだけということはあり得ない。適応タイプの質問紙で，いずれの生き延びるための適応タイプも低い結果しか出なかったにせよ，その人のストレス時を注意深く観察すると，いずれかの生き延びるための適応タイプが確認できるであろう。

⑬ PR（反応型）と RW（思考型）

　陽気で人当たりは悪くないが，自分がやりたいようにやっていくかと思えば，秩序を気にしたり，従順なようで突然反抗的に何もかも白紙に戻したりする。彼らは普段は表面には見せないが，自分の中にきちんとやることと壊してしま

うことの葛藤を抱えていることが多く，それが突如顔を見せると，周囲は混乱する。

⑭ PR（反応型）と EO（感情型）

明るく楽しく，気配りもするので人付き合いが上手である。人と居るときのエネルギーも大変高い。しかし自分の気持ちに正直に行動するためわがままに見えることがある。思いつきで行動することも多く，その結果一貫性が無くやることが散らかっているようになることもしばしば。不満を持つことが多く，それを溜めていく傾向がある。感情的になりやすく，そうなると他者の意見は批判にしか聞こえないことが多い。

⑮ RW（思考型）と EO（感情型）

人当たりが良く，自分のためではなく人のために行動することが多い。行動は合理的で自分の納得がいくようにやっているようでありながら，他者からの関心を求めること，人のためにということを目的にしていることも多い。目的どおりの結果が得られないときには相手に対して批判し攻撃的になることもしばしばある。

12　類型論の枠を超えた人格適応論

クレッチマー（Kretschmer, E.）やシェルドン（Sheldon, W.H.），アイゼンク（Eysenck, H.J.）らの理論によって発達した類型論は，現在臨床現場ではあまり重視されていない。クライアントは2人として同じ人がいないユニークな"個"として捉え，何かのタイプであるといった分類は避けられる。これは，クライアントをタイプに分類することにより，レッテルを貼ったクライアントの見方や画一的な支援に陥ってしまうことを回避するためであると思われる。そういう昨今の時代背景から見ると，人格適応論の理論は人を6つのタイプに分類するという類型論的な見方に立脚しているため，時代に逆行しているとも

受け取られる。現に筆者は，数名の臨床家より，人格適応論の臨床への応用について否定的な意見を聞いたことがある。しかし筆者が臨床において人格適応論を使用した感想は，人格適応論は決して類型論的な枠組みにクライアントをあてはめての分類・解釈を目的としているものではないということである。

　心理療法は，背景となる問題論や病理論，そしてカウンセリングの進め方が明確にされているがゆえに，その療法の問題論や病理論的な解釈を全てにあてはめ，クライアントの個別性を無視し，その心理療法が重視する感情面もしくは思考面のいずれかの領域へのアプローチに焦点化しがちな傾向に陥いる危険性を内包している。また，カウンセラーは，臨床経験と過去の成功体験に基づいて構築した自身の言葉遣いや表情，ジェスチャーの使い方をクライアントに応じて変えるという観点を持ち合わせ十分に発揮しているとはいえず，クライアントには養育的に接すれば良いと画一的な対応をしている場合も多い。クライアントに応じて，表情や言葉遣いを変えているとしても，その根拠はカウンセラーの個人的経験に裏づけされたものであり，理論的背景を持つものではない場合が多い。

　人格適応論は，クライアントに合った対応をするために，クライアントのタイプに合わせてカウンセラーの言葉，表情，声の調子，ジェスチャーを変えていく。また，クライアントのタイプに応じて思考・感情などアプローチする領域を変えていく。これはまさにクライアントの個性に合わせた対応をするという考え方と同義であり，類型論の特徴を持つ人格適応論は，類型論の枠を超え，クライアントに合ったカウンセリングを提供していく方法を理論化した新たな試みであると考えられる。

　人格適応論を考慮してカウンセリングを実施することで，たんにうつ病のクライアントという単一視眼的なものの見方や，一つの心理療法のアプローチ方法にあてはめたものの見方から解放される。それは，個々のクライアントのより深い理解を可能にすることにつながり効果的であると考えられる。

引用・参考文献

阿部隆明（2005）．気分障害　精神医学，**47**(2)，125-131．

阿部隆明（2006）．未熟型うつ病　精神療法，**32**(3)，31-37．

安藤義将・北澤康久・馬渕麻由子・内海健（2006）．若年性うつ病に対する集中的精神療法の試み　精神療法，**32**(3)，38-45．

荒井稔・荒井りさ（1998）．軽症うつ病（仮面うつ病）松下正明（総編集）臨床精神医学講座第4巻　気分障害　中山書店　pp. 361-372．

Avery-Dahl, C. (1997). Impasses: Accessing, Experiencing, and Resolving. C. E. Lennox (Ed.), *Redecision Therapy: A Brief, Action-Oriented Approach*. London: Jason Aronson Inc.

Baird, J. L. (1997). Contracting for Change. C. E. Lennox (Ed.), *Redecision Therapy: A Brief, Action-Oriented Approach*. London: Jason Aronson Inc. pp. 179-196.

Berne, E. (1964). *Games People Play*. （バーン，E.　南博（訳）（1967）．人生ゲーム入門――人間関係の心理学　河出書房新社）

Carrnicle, L. (1997). The Treatment of Bulimia. C. E. Lennox (Ed.), *Redecision Therapy: A Brief, Action-Oriented Approach*. London: Jason Aronson Inc. pp. 179-196.

Crumpton, C. (1999). EMDR and Redecision Therapy. *Journal of Redecision Therapy*, **1**(2), 165-178.

江花昭一（2009）．交流分析はどのように発展してきたのか　現代のエスプリ，**506**，5-21．

Freud, S. (1916). Trauer und Melancholie. Internationale Zeitschrift für ärzriche Psychoanalyse, **4**, 288-301.（フロイト，S.　井村恒郎・小此木啓吾（訳）（1970）．悲哀とメランコリー　フロイト著作集6　人文書院 pp. 137-149.）

深澤道子（2001）．禁止令の概念の発達とその背景にあるもの　交流分析研究，**26**(1)，7-16．

福島寛（2001）．新版　性格のバイブル――エゴグラム式・性格診断の本　ダイヤモンド社

Goulding, R. L. (1974). Thinking and feeling in transactional analysis: Three impasses. *Voices-New York-*, **10**(1), 11-13.

Goulding, R. L. (1976). Four models of transactional analysis. *International Journal of*

Group Psychotherapy, **26**(3), 385-387.
Goulding, R. L. (1985). History of Redecision Therapy. *Redecision Therapy Expanded Perspectives.* Western Institute Press. pp. 9-10.
Goulding, R. L., & Goulding, M. M. (1978). *The Power Is in the Patient.* San Francisco: T. A. Press.
Goulding, R. L., & Goulding, M. M. (1979). *Changing Lives through Redecision Therapy.* New York: Brunner/Manzal.（グールディング，R. L., & グールディング，M. M. 深澤道子（訳）(1980). 自己実現への再決断　星和書店）
Greenberg, L. S., Rice, L. N., & Eliott, R. (1993). *Facilitating Emotional Change.*（グリーンバーグ，L. S., ライス，L. N., & エリオット，R. 岩壁茂（訳）(2006). 感情に働きかける面接技法――心理療法の総合的アプローチ　誠信書房）
Hargaden, H., & Sills, C. (2002). *Transactional Analysis: A Relational Perspective.* (ハーガデン，H., & シルズ，C. 深澤道子（監訳）(2007). 交流分析――心理療法における関係性の視点　日本評論社）
Hersen, M., & Van Hasselt, V. B. (1998). *A Practical Guide for Counselors and Clinicians.*（ハーセン，M., & ヴァン ハッセル，V. B. 深澤道子（監訳）(2001). 臨床面接のすすめ方　日本評論社）
広瀬徹也（2006). 逃避型抑うつ　精神療法，**32**(3)，15-21.
池見酉次郎（1963). 心療内科　中央公論社
池見酉次郎・杉田峰康（1998). セルフコントロール　創元社
稲田俊也・八木剛平・中根允文（1995). ハミルトンうつ病評価尺度――その歴史と用法　季刊 精神科診断学，**6**(1), 61-71.
James, M. (1985). *It's Never Too Late to Be Happy:The Psychology of Self-Reparenting.* Lafayette Hills Publishing.
James, M., & Jongeward, D. (1971). *Born to Win: Transactional Analysis with Gestalt Experiments.*（ジェイムス，M., & ジョングオード，D. 本明寛・織田正美・深沢道子（訳）(1976). 自己実現への道――交流分析（TA）の理論と応用　社会思想社）
Janoff, D. (1997). The Treatment of Panic Disorder and Agoraphobia. C. E. Lennox (Ed.), *Redecision Therapy :A Brief, Action-Oriented Approach.* London: Jason Aronson Inc. pp. 159-178.
Joines, V. S. (1998). Redecision Therapy and the Treratment of Depression. *Journal of Redecision Therapy,* **2**, 35-48.
Joines, V. (2014). 3月サウスイースト研究所ワークショップ資料

Joines, V., & Stewart, I. (2002). *Personality Adaptation:A New Guide to Human Understanding in Psychotherapy and Counseling*. Nottingham and Chapel Hill: Lifespace Publishing.（スチュアート，I., & ジョインズ，V. 白井幸子・繁田千恵（監訳）（2007）．交流分析による人格適応論　誠信書房）

Kahler, T. (2008). *The Process Therapy Model: The Six Personality Types with Adaptations*. Taibi Kahler Associates, Inc.

倉成央（著）杉田峰康（監修）（2013）．カウンセラー養成講座テキスト　メンタルサポート研究所

倉成宣佳（2009）．交流分析における禁止令「お前の性であるな」に関する考察　桜美林大学大学院紀要，**6**, 9-18.

倉成宣佳（2010）．教師のうつ病治療に再決断療法のカウンセリングが奏功した2事例　学校メンタルヘルス，**13**(2), 105-114.

倉成宣佳（2012）．うつ病治療における再決断療法の効果の検討　桜美林大学大学院博士論文

倉戸ヨシヤ（1989）．ゲシュタルト療法の誕生　鳴門教育大学研究紀要教育科学編，**4**, 23-32.

倉戸ヨシヤ（1992）．ゲシュタルト療法　氏原寛・小川捷之・東山紘久・村瀬孝雄・山中康裕（編）心理臨床大事典　培風館　pp. 364-366.

Lowen, A. (1985). *Narcissism: Denial of the True Self*.（ローウェン，A.　森下伸也（訳）（1990）．ナルシシズムという病　新曜社）

Masse, V. (1997). The Treatment of Post-traumatic Stress Disorder. C. E. Lennox (Ed.), *Redecision Therapy: A Brief, Action-Oriented Approach*. London: Jason Aronson Inc. pp. 197-212.

丸田俊彦（1992）．コフート理論とその周辺——自己心理学をめぐって　岩崎学術出版社

松浪克文・上瀬大樹（2006）．現代型うつ病　精神療法，**32**(3), 46-55.

松浪克文・山下喜弘（1991）．社会変動とうつ病　社会精神医学，**14**, 193-200.

McNeel, J. R. (1976). The Parent Interview. *The Transactional Analysis Journal*, **6**(1), 61-68.

McNeel, J. R. (1977). The Seven Components of Redecision Therapy. In G. Barns (Ed.), *Transactional Analysis after Eric Berne: Teachings and Practices of Three TA School*. Harper's College Press.

McNeel, J. R. (1999). Redecision therapy as a process of new belief acquisition. *Journal of Redecision Therapy*, **1**, 103-115.

McNeel, J. R. (2000). Redecision therapy as a process of new belief acquisition: The Survival Injunctions. *Journal of Redecision Therapy*, **2**, 32-48.

McNeel, J. R. (2002). Redecision therapy as a process of new belief acquisition: The Attachment Injunctions. *Journal of Redecision Therapy*, **2**, 108-122.

McNeel, J. R. (2002). Redecision therapy as a process of new belief acquisition: The Identity Injunctions. *Journal of Redecision Therapy*, **2**, 123-134.

McNeel, J. R. (2010). Understanding the power of injunctive message and how they are resolved in redecision therapy. *Transactional Analysis Journal*, **40**, 159-169.

McNeel, J. R. (2014)．8月サンフランシスコワークショップ資料

中村和子・杉田峰康（1984）．わかりやすい交流分析　チーム医療

日本臨床精神薬理学会（2003）．GRID-HAM-17 GRID-HAM-21 構造化面接ガイド　日本臨床精神薬理学会

小此木啓吾（1979）．対象喪失――悲しむということ　中公新書

大前晋・松浪克文（2006）．うつ病態の精神療法　精神療法，**32**(3)，4 -14.

Perls, F. S. (1973). *The Gestalt Approach & Eye Withness to Therapy*. CA: Science and Behavior Books.（パールズ，F. S. 倉戸ヨシヤ（監訳）　日高正宏・井上文彦・倉戸由紀子（訳）（1990）．ゲシュタルト療法――その理論と実践　ナカニシヤ出版）

六角浩三（1989）．再決断療法　伊藤隆二（編）心理治療法ハンドブック　福村出版 pp. 454-466.

Rolfe, W. (1999). A redecision therapy approach to treating adults with ADHD. *Journal of Redecision Therapy*, **1**(2), 134-150.

Rush, A. J., Beck, A. T., Kovacs, M., & Hollon, S. (1977). Comparative efficacy of cognitive therapy and pharmacotherapy in the treatment of depressed outpatients. *Cognitive Therapy and Research*, **1**(1), 17-37.

繁田千恵（2009）．グールディング夫妻と再決断療法　現代のエスプリ，**506**，61-78.

新里里春（2001）．禁止令と自己実現について　交流分析研究，**26**(1)，17-25.

新里里春（2005）．再決断療法とゲシュタルト療法の理論と実際　交流分析研究，**30**(1)，16-24.

白井幸子（2004）．臨床にいかす心理療法　医学書院

白井幸子（2009）．「交流分析による人格適応論」は臨床の現場でどのように役立つか　ルーテル学院大学臨床心理センター紀要，**2**，5 -22.

Steel, C. A., & Steel, N. P. (1997). Treating Depression. C. E. Lennox, (Ed.), *Redecision*

Therapy: A Brief, Action-Oriented Approach. London: Jason Aronson Inc. pp. 143-158.

Stewart, I. (1989). Transactional Analysis Counselling in Action. London: Sage Publications.（スチュアート，I. 杉村省吾・酒井敦子・本多修・柴台哲夫（訳）（1995）．交流分析のカウンセリング——対人関係の心理学　川島書店）

Stewart, I., & Joines, V. (1987). TA Today:A New Introduction to Transactional Analysis. Nottingham and Chapel Hill: Lifespace Publishing.（スチュアート，I., & ジョインズ，V. 深澤道子（監訳）（1991）．TA TODAY——最新・交流分析入門　実務教育出版）

杉田峰康（1989）．交流分析　伊藤隆二（編）心理治療法ハンドブック　福村出版

杉田峰康（1992）．交流分析　心理臨床大事典　氏原寛・小川捷之・東山紘久・村瀬孝雄・山中康裕（編）　培風館　pp. 366-369.

杉田峰康（1993）．カウンセリングの進め方　チーム医療

杉田峰康（2004）．あなたが演じるゲームと脚本　チーム医療

樽味伸（2005）．現代社会が生む"ディスチミア親和型"　臨床精神医学，**34**(5), 687-694.

Tilney, T. (1998). Dictionary of Transactional Analysis.（ティルニー，T. 深澤道子（監訳）（2013）．交流分析事典　実務教育出版）

Vorkoper, C. F. (1997). The Importance of Saying Goodbye. C. E. Lennox, (Ed.), Redecision Therapy: A Brief, Action-Oriented Approach. London: Jason Aronson Inc.

Wagner, A. (1981). The Transactional Manager.（ワーグナー，A. 諸永好孝・稲垣行一郎（訳）（1987）．マネジメントの心理学　社会思想社）

Woollams, S., & Brown, M. (1978). Transactional Analysis.（ウラムス，S., & ブラウン，M. 繁田千恵（監訳）（2013）．交流分析の理論と実践技法　風間書房）

索　引

あ　行

愛着のカウンセリング　168
「愛着を感じるな」（Don't Be Attached）　72
空椅子の技法（empty chair work）　102
新たな信念（new belief）　93
安全に関する禁止令（Security Injunctions）　83
生き延びるための適応タイプ（surviving adaptations）　182
一次的ドライバー（primary driver）　37
一貫した（constant）自我状態　14
イムパス（impasse）　93
イライラ（agitation）　22
インテーク（intake）　118
ウェア理論（Ware sequence）　204
うつ病　137, 227
裏面的交流（ulterior transactions）　25
A1　41
A2　41
A3　43
エゴグラム（egogram）　12
演技型（Histrionic）　179
オープン・ドア（Open door）　204
汚染（contamination）　13
おどけた反抗者（Playful Resister：PR）　179
「お前であるな」（Don't Be You）　74
親の自我状態（Parent：P）　3

か　行

解決感情　152
解決行動（resolving activity）　93
関わる（involving）　181
「関わるな」（Don't Invest）　73
過剰適応（over-adaptation）　22
過食症　143
活動（activities）　20
勝てない者の脚本（non-winning script, non-winner）　53

「考えるな」（Don't Think）　82
観察可能な行動（observable behaviors）　49
「感謝するな」（Don't Be Thankful）　84
感情型　180, 192
感情処理法（Feeling-Focused approach）　145
感情の体験　156
感情モード（Emotive mode）　202
「感じるな」（Don't Feel）　85
儀式（rituals）　20
犠牲者（Victim）　31
気づき（awareness）　56
拮抗脚本（counterscript）　47
拮抗禁止令（counterinjunctions）　36
脚本空想（fantasies）　49
脚本信条（script belief）　14, 35, 46, 48
脚本のマトリックス（script matrix）　44
脚本のメッセージ（script message）　44
救済者（Rescuer）　31
強化された記憶（reinforcing memories）　50
共生関係（symbiosis）　15
強迫観念型（Obsessive-Compulsive）　179
禁止令（injunction）　36, 60
「くつろぐな」（Don't Relax）　86
契約（contract）　126
ゲーム（games）　21, 28
ゲームの公式（formula G）　29
ゲシュタルト療法（Gestalt therapy）　58
「健康であるな」（Don't Be Well）　64
言語的・間主観性自己（sense of a verbal self・sense of an intersubjective self）　43
言語的ストローク（verbal-stroke）　17
現象学的診断（phenomenologinal diagnosis）　10
交叉的交流（crossed transactions）　25
肯定的なプラスのストローク（positive stroke）　17
行動型　180, 188

索　引

行動上の適応タイプ（performing adaptations）183
行動的診断（behavioral diagnosis）9
行動プログラム（program）40
交流分析（TA：Transactional Analysis）1
誇張（grandiosity）22
「子どもであるな」（Don't Be A Child）70
子どもの自我状態（Child：C）3
コミュニケーションモード（communication modes）202

さ　行

才気ある懐疑者（Brilliant Skeptic：BS）179
再決断療法（Redecision Therapy）57
C1　41
C2　41
C3　43
自我状態（Ego-state）3
自我状態の機能モデル（functional model）5
自我状態の構造モデル（structural model）3
自我状態の二次構造（second-order structural analysis of ego-states）41
時間の構造化（time structuring）20
思考型　180, 191
自己に関する禁止令（Identity Injunctions）74
自然な感情　155
自然な子ども（Natural Child：NC）6
実際の要望　105
実存的立場（existential positions）27
支配モード（Directive mode）202
自発性（spontaneity）56
社会的診断（social diagnosis）9
従順な子ども（Compliant Child：CC）7
「重要であるな」（Don't Be Important）63
受動攻撃型（Passive-Aggressive）179
受動的（passive）181
受動的行動（passive behavior）22
「正気であるな」（Don't Be Sane）65
条件付きのストローク（conditional stroke）17
勝者の脚本（winning script, winner）53

承認要求（recognition hunger）20
除外（exclusion）13
自律性（autonomy）56
人格適応論　177
信条（beliefs）34
人生脚本（life script）33, 60, 194
新生自己（sense of an emergent self）43
人生の基本的構え（life positions）27
「人生をともにする」（Don't Share Your Life）87
信念型　180, 189
親密さ（intimacy）21, 56
「信頼するな」（Don't Trust）66
心理ゲーム（games）28
心理的な要望　105
スキゾイド型（Schizoid）179
スタンプ（stamps）149
ストローキング・プロフィール　20
ストローク（stroke）17
ストローク経済（stroke economy）19
「するな（自分の人生を生きるな）」（Don't be engaged in your own life））77
成人の自我状態（Adult：A）3, 8
「成功を感じるな」（Don't Feel Successful）78
生存に関する禁止令（Survival Injunctions）62
「成長するな」（Don't Grow Up）80
責任感ある仕事中毒者（Responsible Workerholic：RW）179
接触要求（stimulus hunger）20
絶望的な決断（despairing decision）87
セルフリペアレンティング（self reparenting）114
早期決断（early decision）45
想像型　180, 188
創造的夢想家（Creative Daydreamer：CD）179
相補的交流（complementary transactions, parallel transactions）24
「属するな」（Don't Belong）69
「存在するな」（Don't Exist）62

251

た 行

ターゲット・ドア（Target door）　204
対決（confrontation）　26
対象喪失（object-loss）　113
対処行動（coping behavior）　60, 93
「楽しむな」（Don't Enjoy）　83
小さな教授（Little Professor：LP）　8, 42
チェアワーク（chair work）　102
「近づくな」（Don't Be Close）　68
中核自己（sense of a core self）　42
中断モード（Interruptive mode）　202
適応した子ども（Adapted Child：AC）　6
転移（transference）　166
逃避口（escape-hatch）　123
ドライバー（drivers）　36
トラップ・ドア（Trap door）　204

な 行

「成し遂げるな」（Don't Make It）　79
なにもしない（doing nothing）　22
にせものの感情　148, 151
人間関係に関する禁止令（Attachment Injunctions）　68
熱狂的過剰反応者（Enthusiatic Overreactor：EO）　179
値引き（discounting）　21
能動的（active）　181
能力に関する禁止令（Competence Injunctions）　78
ノンストローク（non-stroke）　17

は 行

敗者の脚本（losing script, loser）　53
迫害者（Persecutor）　31
発達障害　142
「離れるな」（Don't Be Separate）　75
パニック障害　143
パラノイド型（Paranoid）　179
反抗する子ども（Rebellious Child：RC）　7
反抗的な決断（defiant decision）　87
反社会型（Anti-social）　179
反応型　180, 190
P1　41
P2　41
P3　43
引きこもり（withdrawal）　20
引きこもる（withdrawing）　181
非言語的ストローク（nonverbal-stroke）　17
否定的なマイナスのストローク（negative-stroke）　17
人喰い鬼（ogre parent）　42
批判的な親（Critical Parent：CP）　8
暇つぶし（pastimes）　20
複合汚染（double contamination）　13
複合決断（compound decision）　47
豚のような親（pig parent）　42
「触れるな」（Don't Touch）　67
プロセス脚本（process script）　51
ペアレントインタビュー（parent interview）　106
防衛的応答　106
報告された内的経験（reported internal experiences）　49
暴力（violence）　22
「欲しがるな」（Don't Want）　71
本物の感情（authentic feelings）　148

ま 行

魔女的親（witch parent）　42
魔力を持った親（magical parent）　42
「見えるな」（Don't Be Visible）　76
ミニ脚本（miniscript）　38
魅力的操作者（Charming Manipulator：CM）　179
無条件のストローク（unconditional stroke）　17
無能（incapacitation）　22
喪の仕事（mourning work）　113

や 行

養育的な親（Nurturing Parent：NP）　8
養育的な立場（parental stance that

heals) 93
養育モード（Nurturative mode） 202
要求モード（Requestive mode） 202
妖精（good fairy） 42

ら行

ラケッティアリング（racketeering） 33

ラケット（racket） 33
ラケット感情（racket feelings） 33, 148
ラケット行動（racket behaviour） 148
ラケットシステム（racket system） 47
ラケット的表出（rackety displays） 49
歴史的診断（historical diagnosis） 10

《著者紹介》

倉成宣佳（くらなり　のぶよし）

　博士（学術），臨床心理士，公認心理師
　桜美林大学大学院博士課程卒　東京都在住
　長崎大学医学部客員研究員，（株）メンタルサポート研究所代表，山の手クリニックカウンセラー
　交流分析や感情処理法を使ったカウンセリングを行う傍ら，カウンセラーの育成にも注力している。また刑事施設でこれらの理論を活用したプログラムを作成・実施している。
　主な著書に，『いじめで受ける心の傷とその対処法』（倉成央名義，チーム医療，2009年），『震災の心の傷みを癒す方法』（倉成央名義，大和出版，2011年）などがある。

第3章・共同執筆者紹介

中谷　晃（なかたに　あきら）

　医学博士，精神科医
　長崎大学医学部卒　長崎市在住
　心療内科・精神科山の手クリニック院長

交流分析にもとづくカウンセリング
――再決断療法・人格適応論・感情処理法をとおして学ぶ――

2015年4月25日	初版第1刷発行	〈検印省略〉
2022年9月30日	初版第7刷発行	

定価はカバーに
表示しています

著　者	倉　成　宣　佳
発行者	杉　田　啓　三
印刷者	中　村　勝　弘

発行所　株式会社　ミネルヴァ書房
607-8494 京都市山科区日ノ岡堤谷町1
電話代表 (075)581-5191番
振替口座 01020-0-8076番

© 倉成宣佳, 2015　　　　　中村印刷・新生製本

ISBN978-4-623-07350-4
Printed in Japan

ユング派心理療法
河合俊雄 編著　A5判　308頁　本体2800円

「発達障害」「解離」「摂食障害」……ユング心理学は現代をどう受け止めるか。気鋭のユング派分析家による最新の入門書。詳しい解説と事例で学ぶ。

心理療法プリマーズ
行動分析
大河内浩人・武藤　崇 編著　A5判　272頁　本体3000円

クライエントと環境との相互作用を明らかにし，それに働きかけることによって，不適応行動の解消や望ましい行動の生起をうながす「行動分析」の理論と実践。

心理療法プリマーズ
森田療法
北西憲二・中村　敬 編著　A5判　392頁　本体3200円

日本で独自に発展した心理療法である森田療法の理論と，様々な症状に対する治療の事例を紹介する入門書。

知的障害のある人への精神分析的アプローチ
――人間であるということ
ヴァレリー・シナソン 著・倉光　修・山田美穂 監訳　A5判　412頁　本体5500円

性的虐待や自傷などの困難を抱える知的障害者をめぐり，精神分析的なかかわりを通して見えてくる彼らの豊かな知性や内面世界を描出する。

臨床ナラティヴアプローチ
森岡正芳 編著　A5判　300頁　本体3000円

さまざまな領域にまたがって発展している「ナラティヴアプローチ」を，詳しい解説と多様な事例エピソードで学べる入門書。

関係性の発達臨床――子どもの〈問い〉の育ち
山上雅子・古田直樹・松尾友久 編著　A5判　242頁　本体2500円

発達障害をもつ子どもや，ネグレクト状況で育った子どもらへの，関係性を重視した発達臨床的アプローチの実際。

――ミネルヴァ書房――
https://www.minervashobo.co.jp/